Francesco Lo Iacono

Watercolor FASHION ILLUSTRATION

stiebner

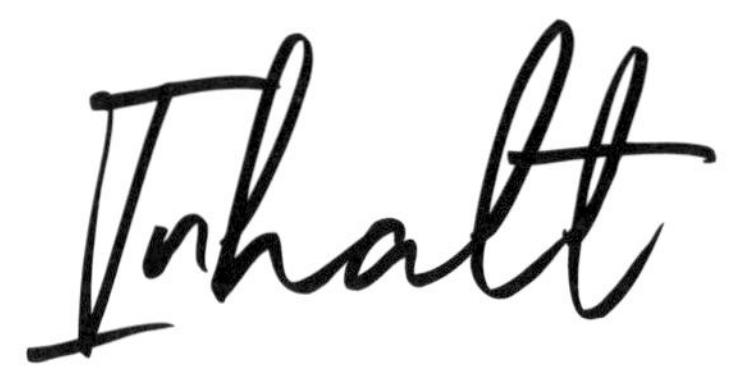

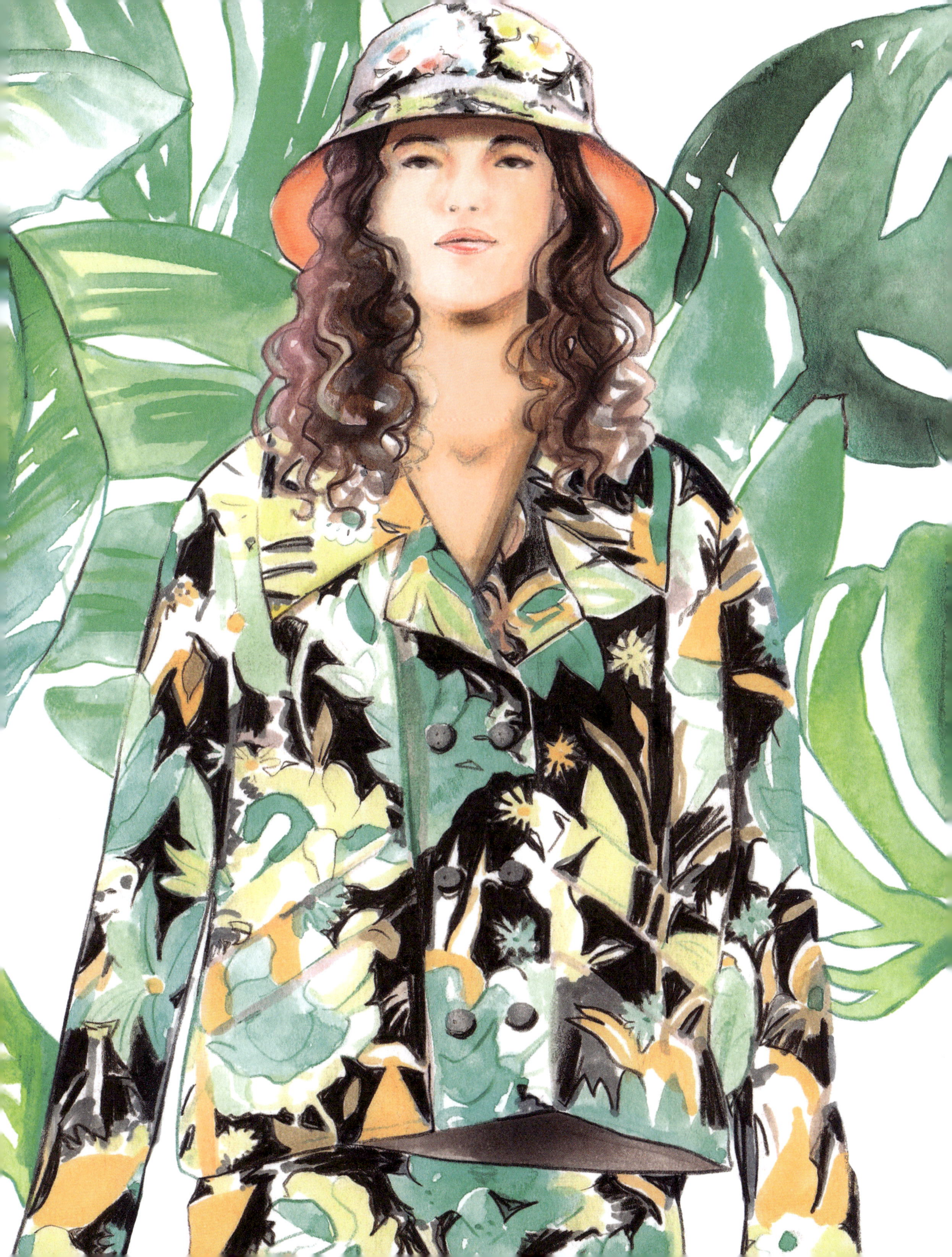

Vorwort

Mit diesem Buch begeben wir uns auf eine – von vielen praktischen Tipps und Hilfestellungen unterstützte – Entdeckungsreise in die faszinierende Welt der Modeillustration mit Wasserfarben. Diese bietet uns ein großes Spektrum emotionaler Ausdrucksformen – egal, ob wir mal eben schnell etwas zeichnend festhalten oder es sehr detailliert, in abstrakter, grafischer oder typografischer Form ausarbeiten wollen.

Das Malen mit Wasserfarben (bzw. Aquarellfarben, siehe S. 8) ist eine sehr vielseitige Technik, an der sich jede Künstlerin und jeder Künstler rasch versuchen kann. Unsere Ziele erreichen wir dabei auf unmittelbar-direkte, spielerische oder auch auf avantgardistische Art und Weise.

Das Schöne daran sind nicht nur die Bilder, die dabei entstehen, sondern auch die Begegnungen mit Menschen und die Freundschaften, die diese Maltechnik ermöglicht. Als ich im Rahmen der Ausstellung »Christian Dior: Designer of Dreams« im Londoner Victoria and Albert Museum (V&A) eine Reihe von Meisterkursen für Modezeichner:innen gab, suchte ich nach Künstler:innen, die eine eigenständige, interessante Sichtweise auf das Erfassen von Mode entwickelt haben. Dabei stieß ich auf Francesco Lo Iacono, einen branchenbekannten Profi in der Modeillustration, der dieses Medium mit dem Blick für besondere Momente zu nutzen weiß, um mit Wasserfarben die Essenz einer Modekollektion einzufangen. Das erste Mal begegnet waren wir uns zuvor schon auf einer Modenschau in Paris, wo ich ihn beim Live-Zeichnen beobachten konnte. Wir lernten uns kennen, und ich freue mich sehr darüber, ihn als Botschafter für die Fashion Illustration Drawing Awards (Fida) gewonnen zu haben. Fida steht für eine neue Vision der Modeillustration rund um den Globus und präsentiert die besten Künstler:innen der Branche. Zugleich entstand damit ein Ort des Austauschs für die Community, in der Arbeiten gezeigt und geteilt sowie Fragen über die Zukunft der Modeillustration, die zeichnerische Praxis und die Rolle der Modeillustration in der Industrie diskutiert werden können.

Sowohl in der Kunst als auch im kommerziellen Gewerbe kann sich die Aquarellmalerei genauso frisch und lebendig wie dunkel und düster präsentieren. Sie findet sich im Repertoire vieler vergangener und gegenwärtiger Meister wie David Hockney, William Turner und Tracey Enims.

Von David Hockney stammt die folgende Erkenntnis: »Bei der Aquarell-Malerei kann man die Spuren nicht überdecken. Da ist zum einen die Geschichte des Bildaufbaus, und dann erzählt das Bild selbst vielleicht auch noch eine andere Geschichte.«

Wie in der Kunst gibt es auch in der Modeillustration Meister des Aquarells wie David Downton, Antonio Lopez und Kenneth Paul Block. Francesco transportiert dieses Medium in eine neue Zeit, indem er die traditionelle Aquarellmalerei mit den Möglichkeiten moderner Technologien kombiniert, um seine Ergebnisse zu bearbeiten und zu verfeinern. Seine reichen, lebendigen Farbtöne begeistern immer wieder und wecken beim Betrachter den Wunsch, mehr davon zu sehen.

Wie bei Franceso, wenn er als kleiner Junge die Regenbogenpalette seines ersten Wasserfarbkastens enthüllte, wird dieses Buch auch dir die Möglichkeit geben, deine eigenen Zeichen zu setzen und deine eigenen Geschichten zu erzählen.

In der Kunst geht es nicht nur darum, wie man zeichnet, sondern auch darum, seine Vision zu teilen und sich darüber auf eine erhellende Art und Weise auszutauschen.

Patrick Morgan RCA

Fida-Gründer und Modeillustrator

EINLEITUNG

Wenn ich jemandem sage, dass ich als Illustrator arbeite, ist es nicht immer ganz einfach zu beschreiben, was das genau heißt. Für mich bedeutet mein Beruf, dass ich mich auf einer aufregenden Reise befinde, auf der ich mich ständig neuen Herausforderungen stellen muss – und immer neue Erfahrungen machen darf. Im Zentrum meiner Arbeit steht natürlich das Zeichnen selbst. Das habe ich schon immer geliebt, und wie viele begann ich damit bereits als Kind. Ich erinnere mich gut, wie ich in der Grundschule alle meine Bücher mit Skizzen füllte, um meine Eindrücke festzuhalten – es kommt mir so vor, als hätte ich nie damit aufgehört. Natürlich habe ich mich seitdem weiterentwickelt. Während meines Studiums in Italien verliebte ich mich in Wasserfarben – die Aquarellmalerei wurde zu meiner mit Abstand liebsten Maltechnik. Zudem begann ich, mich mit Fotografie zu beschäftigen. Über sie kam ich zur Mode, und bald beschloss ich, nach Paris zu ziehen, wo ich für kurze Zeit in der Damenmodeabteilung einer Agentur für Trendprognosen arbeitete. Dabei erkannte ich, dass sich alle meine Interessen in der Modeillustration vereinen ließen, und von da an arbeitete ich hart, um daraus einen Vollzeitjob für mich zu machen. Über die Jahre absolvierte ich noch eine Ausbildung zum Lehrer, gab einige Malkurse in Italien und leitete zuletzt in London zwei Jahre ein monatliches Tutorial für das Live-Zeichnen in der Modeillustration. Das war eine sehr bereichernde Erfahrung, und ich halte dieses Buch für den natürlichen nächsten Schritt.

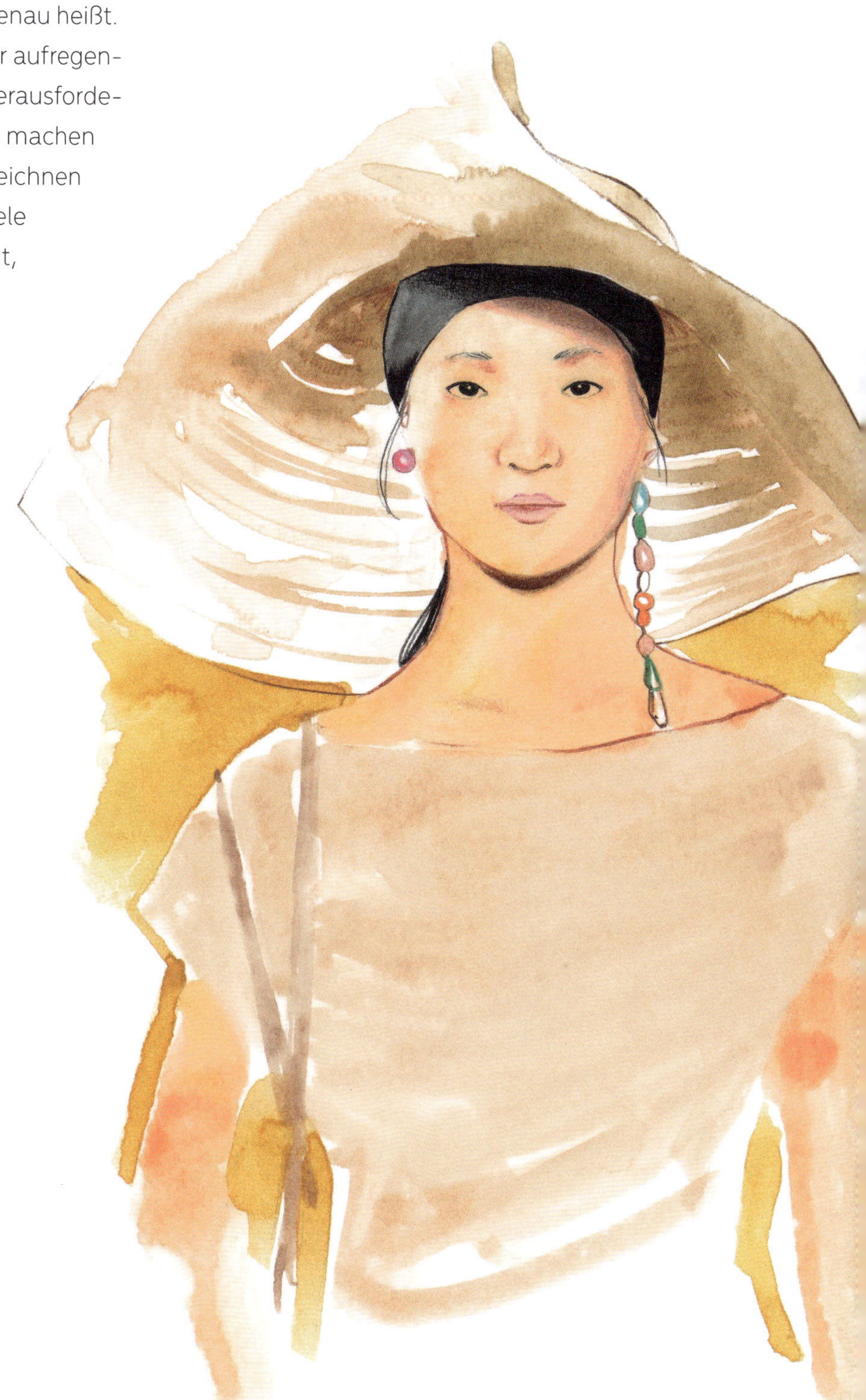

Zum Gebrauch

Auf den folgenden Seiten werden wir nach einem kurzen Überblick über die Materialien, die ich täglich verwende, die Grundlagen der Modeillustration mit Wasserfarben erkunden. Ich gebe dir auch ein paar wichtige Informationen zu Themen wie Licht und Schatten, Farbgebung und weiteren Aspekten der Modeillustration. Danach konzentrieren wir uns auf die menschliche Figur, insbesondere das Gesicht, die Haare und den Körper, und später befassen wir uns damit, wie man Stoffe und Gewebe sowie Prints mit Wasserfarben wiedergibt.

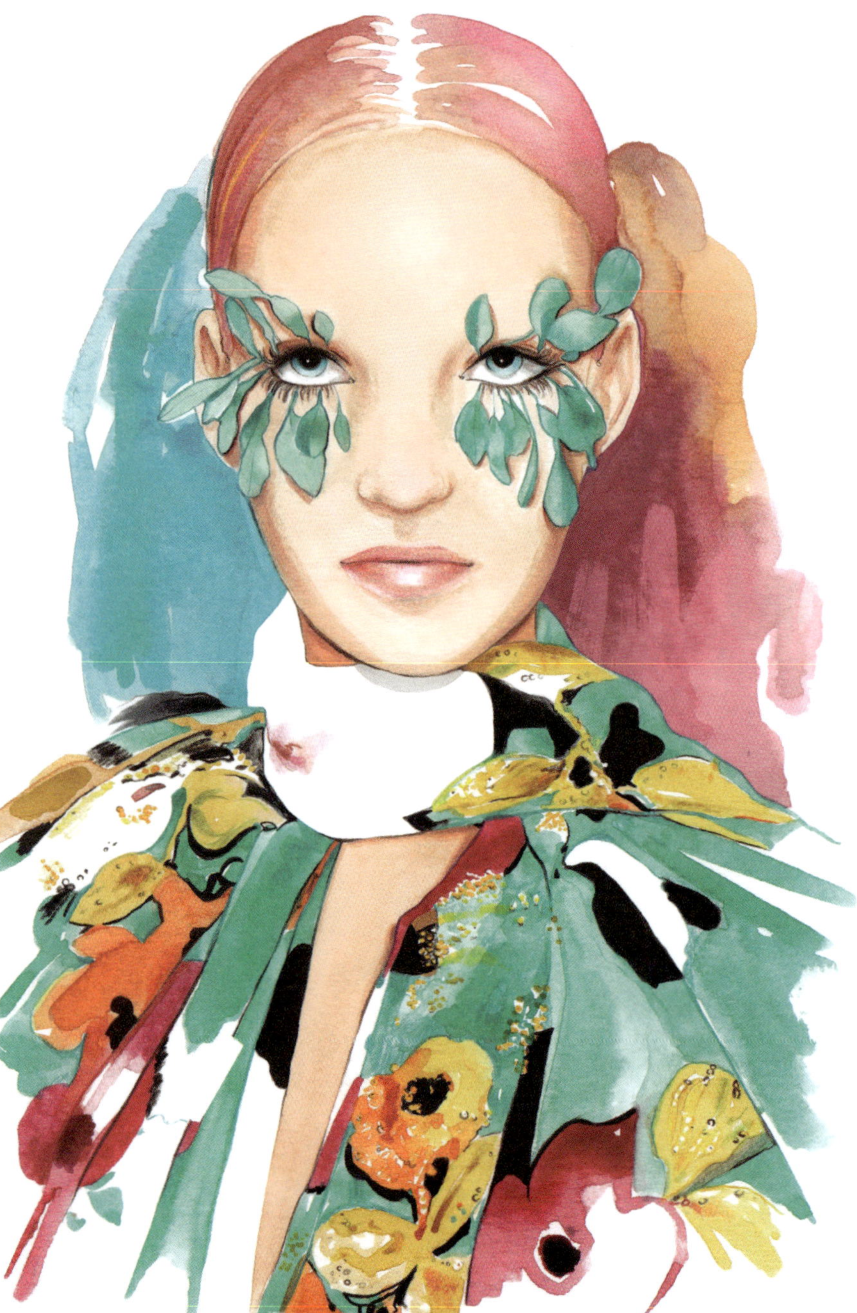

DIE TUTORIALS

Hauptbestandteil dieses Buches ist eine Serie von zwanzig Tutorials. Diese sind so konzipiert, dass sie dich schrittweise von den Grundlagen der Modeillustration mit Wasserfarben zu immer kunstvoller gestalteten Projekten führen werden. Damit kannst du dir ein gutes Portfolio erstellen, das Damen- und Herrenmode sowie Accesoires und Beautyartikel umfasst.

Das ganze Buch ist ein Ausdruck all meiner Liebe zum Aquarell und zur Modeillustration. Seite für Seite gebe ich mit vielen Tipps Einblicke in meine Arbeitsweise – immer mit dem Ziel, dich in deiner Vision zu unterstützen und dir dabei zu helfen, deine eigene kreative Stimme zu finden.

DEINE REISE IN DIE WELT DER MODEILLUSTRATION

Ich würde mich freuen, wenn du dieses Buch als Beginn deiner eigenen Entdeckungsreise in die faszinierende Welt der Modeillustration mit Wasserfarben sehen könntest. Und ich wünsche mir, dass du auf dieser Reise stets neugierig bleibst und soviel Freude und Begeisterung empfindest, wie ich bis heute an meiner Arbeit.

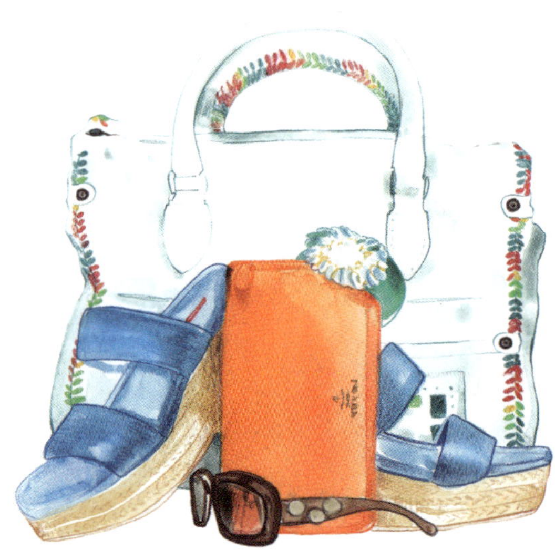

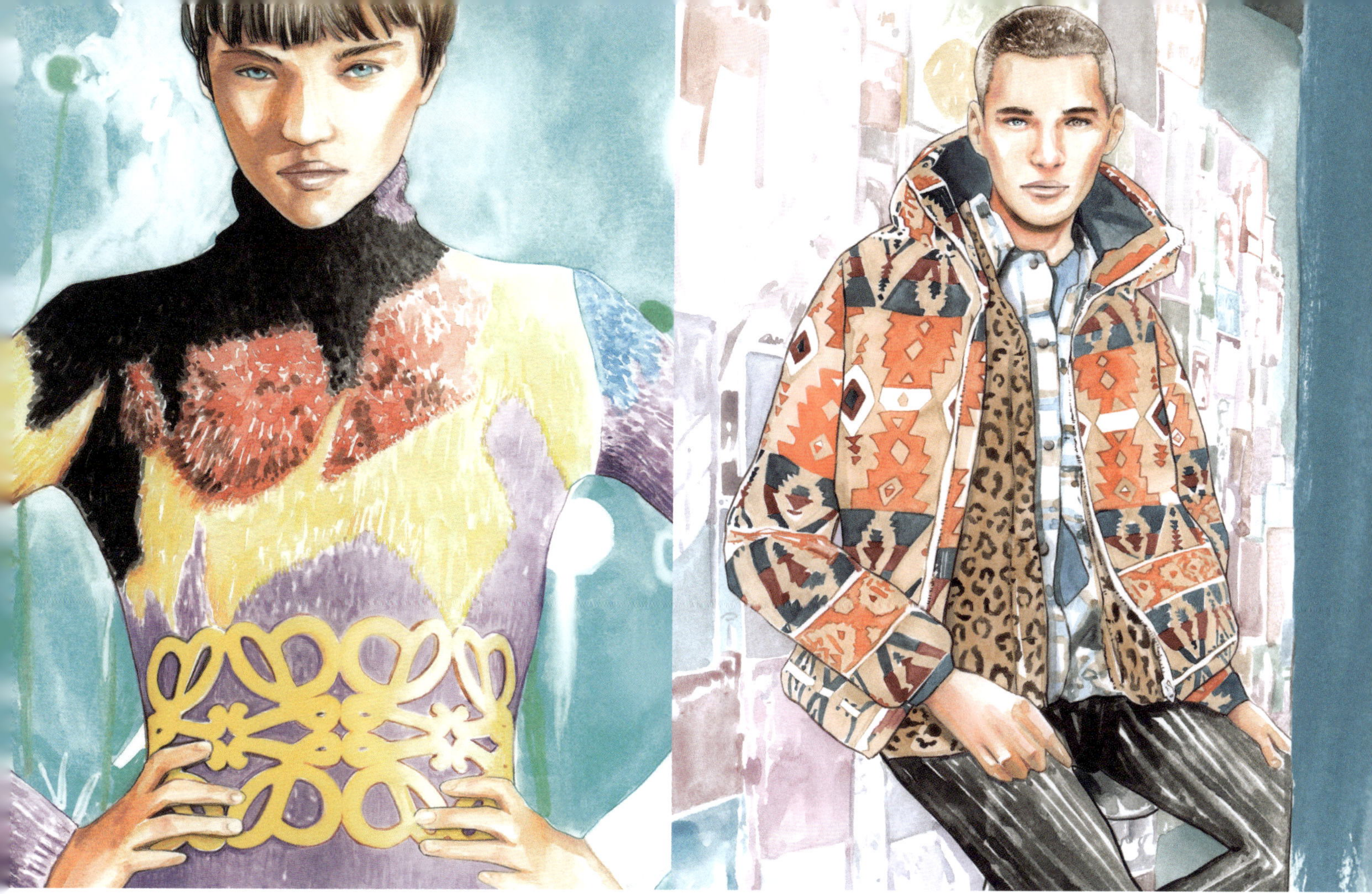

EINE KURZE GESCHICHTE DER MODEILLUSTRATION

Die Blütezeit der Modeillustration gegen Ende des 19. und im frühen 20. Jahrhundert ist untrennbar mit dem historischen, sozialen und ökonomischen Geschehen dieser Zeit verbunden, in der sich die Modebranche zu einem profitablen Geschäft entwickelte. Modezeitschriften wie Vogue und Harper's Bazaar begannen parallel zur aufkommenden Modeindustrie zu florieren. Sie präsentierten ihren Leserinnen und Lesern die bedeutendsten Entwürfe und Trends der Saison. Damit boten sie zugleich der Modeillustration ein Rampenlicht. Auf den Titelseiten der Ausgaben und in den Heften selbst präsentierten sie originalgetreu gezeichnete Wiedergaben der aktuellen Mode und weckten damit Begehrlichkeiten bei den Konsumentinnen und Konsumenten. So trugen sie zur weiteren Entwicklung des Modemarktes bei.

Heute wird diese Phase oft als »das goldene Zeitalter« der Modeillustration angesehen. Zu einem Rückschlag kam es mit dem Aufkommen der Fotografie, deren revolutionäre Möglichkeiten in der wirklichkeitsgetreuen Darstellung von Kleidung die Rolle der Modeillustration viele Jahre lang zurückdrängte. Dieser Bedeutungsverlust führte allerdings auch dazu, dass die Illustratorinnen und Illustratoren nach neuen Wegen suchen mussten, um sich schließlich mit viel Kreativität ihren Platz als wichtige Alternative zur Fotografie zu etablieren.

Im Lauf der Jahrzehnte ebneten Schlüsselfiguren wie René Gruau, Antonio Lopez und Jean-Philippe Delhomme neben vielen anderen den Weg für eine neue Generation von Illustratorinnen und Illustratoren, die aus der Not (in der naturgetreuen Wiedergabe der Fotografie unterlegen zu sein) eine Tugend machten, indem sie stattdessen umso mehr Wert auf individuellen Ausdruck, Inspiration, Interpretation und vieles andere mehr legten, das die Modeillustration in ihrer zeitgenössischen Form auch heute auszeichnet.

Werkzeuge und Materialien

Zunächst werfen wir einen Blick auf die grundlegenden Werkzeuge und Materialien. Dabei hebe ich jene hervor, die ich selbst regelmäßig verwende, und liste noch einige weitere auf, die du ganz nach deinen eigenen Bedürfnissen ausprobieren kannst.

FARBEN

Wasserfarben in ihrer klassischen Form kennen die meisten von uns schon aus dem Kindergarten oder der Schule. Im Englischen gibt es keine Unterscheidung von Aquarell- und Wasserfarben, weshalb auch in diesem Buch das englische Wort »Watercolors« allgemein mit dem deutschen Oberbegriff »Wasserfarben« übersetzt wird. Dieser bezeichnet eine Gruppe von Farben, die vor dem Malen mit Wasser angerührt werden müssen, um eine bestimmte Konsistenz zu erzielen. Im Begriff »Aquarell« ist das lateinische Wort für Wasser (»aqua«) bereits enthalten. Die höherwertigeren, auch teureren Aquarellfarben, die wir für die Modeillustration verwenden, unterscheiden sich von den klassischen, günstigeren Wasserfarben unserer Kindheit dadurch, dass sie wesentlich mehr Farbpigmente enthalten.

Aquarellfarben sind in Form von Tuben oder im Aquarellkasten erhältlich. Ich verwende beides, auch wenn ich eine Vorliebe für Letzteres habe. Im Aquarellkasten befinden sich die Farben in getrockneter Form in Näpfchen, sodass sie vor dem Gebrauch befeuchtet und damit rehydriert werden müssen. Sie sind handlich, langlebig und die beste Option, wenn man unterwegs ist oder schnell arbeiten muss. Für den Anfang ist ein Set mit zwölf Aquarellfarben ideal – tatsächlich arbeite ich noch heute gern damit. Schon mit wenigen Farben lassen sich viele Schattierungen erzeugen, sodass du zunächst – vor allem, wenn du ein Anfänger bist – nicht viele Näpfchen verwenden musst.

Bei den Tuben kannst du die Farbe für bestimmte Effekte gleich direkt auftragen und verwenden, oder du fügst auf herkömmliche Weise einfach Wasser hinzu. Das Mischen der Farben ist mit den Tuben definitiv einfacher – im Malkasten muss die Mischung erst im Vorfeld sorgfältig vorbereitet werden. Ich nehme die Tuben immer dann, wenn ich eine große Fläche abdecken muss (zum Beispiel einen abstrakten Hintergrund). Aber denke daran, die Tube immer wieder zu verschließen, sonst trocknet die Farbe aus.

Für einen Anfänger ist das Malen mit dem Malkasten vermutlich einfacher, weil man dabei mehr Kontrolle hat. Du solltest aber beides ausprobieren und prüfen, was für dich am besten funktioniert. Außerdem kannst du natürlich auch in einer Arbeit sowohl mit den Tuben als auch mit den Näpfchen hantieren.

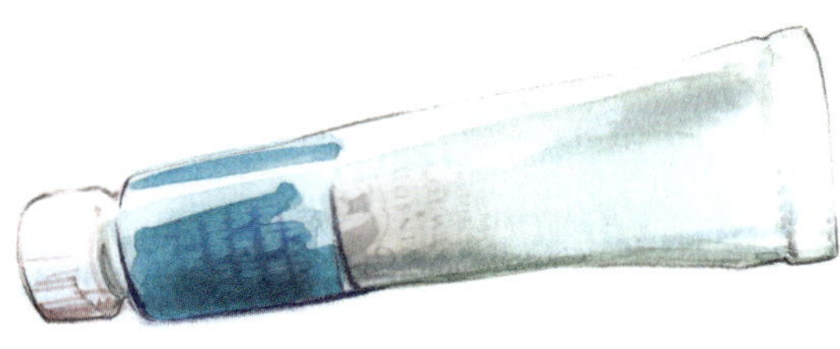

PINSEL

Manchmal wird der Wert von Pinseln unterschätzt, aber für mich sind sie genauso wichtig wie die Farben. Es gibt eine große Vielfalt davon, und jeder Pinsel erzeugt einen anderen Effekt. Deshalb solltest du mehrere Pinsel ausprobieren, um zu sehen, was für dich am besten ist.

Sortieren können wir die Pinsel nach der Art der verwendeten Materialien sowie nach ihrer Form und Größe. Ein guter Pinsel sollte eine ordentliche Menge Wasser und Farbe aufnehmen, eine feine Spitze haben und nach dem Trocknen seine ursprüngliche Form behalten. Rotmarderhaarpinsel haben in der Regel alle diese Eigenschaften und gelten deshalb als besonders hochwertig; sie sind aber meist recht teuer. Ein synthetischer Pinsel oder ein solcher, bei dem synthetische mit natürlichen Haar- bzw. Borstenmaterialien gemischt werden, sind eine günstigere Option. Allerdings halten diese manchmal nicht so lange wie die höherwertigen Pinsel.

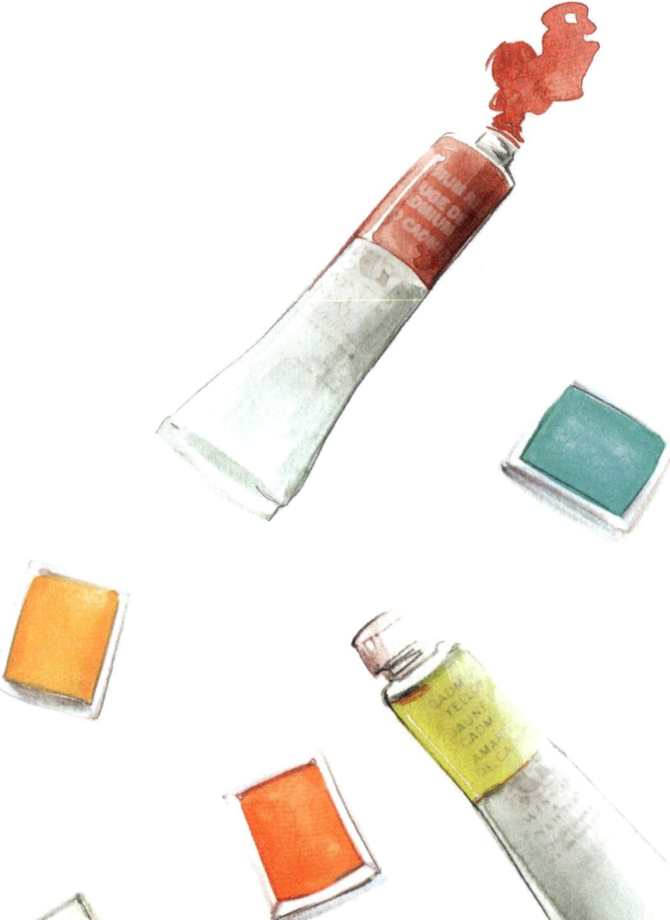

PINSELFORMEN

Die Pinsel haben unterschiedliche Borstenformen, jeweils mit besonderen Merkmalen. Ich zeige dir hier einige der gängigsten und was sie auf dem Papier bewirken.

Runde Pinsel: Wegen ihrer Vielseitigkeit sind das wohl die gängigsten Pinsel für das Malen mit Wasserfarben. Ein Rundpinsel kann gut für verschiedene Striche, breite oder kleine Flächen sowie zum Hinzufügen von Details verwendet werden.

Flache Pinsel: Diese eignen sich für präzise, scharfe und grafische Linien. Sie können auch sehr nützlich für ungewöhnliche Effekte und Texturen sein.

Verwaschpinsel: Die einzigartige Form eines Verwaschpinsels ermöglicht es dir, mit der feinen Spitze feine Linien zu erzeugen, während ihre unregelmäßige Form perfekt ist, um schöne, unerwartete Ergebnisse zu erzielen. Sie sind auch ideal, um große Flächen abzudecken. Verwaschpinsel können sehr praktisch sein, ich verwende sie oft.

PINSELGRÖSSEN

Pinsel gibt es in verschiedenen Größen – je kleiner die Zahl, desto kleiner die Borstenform. Welcher Pinsel für dich am besten geeignet ist, hängt davon ab, wie du ihn verwenden möchtest. Ich arbeite meistens auf A4-Papier, daher verwende ich hauptsächlich kleinere Pinsel und nur ein paar größere. In der Regel arbeite ich mit etwa fünf Pinseln: drei Rundpinsel (Größe 0, 1 und 2), ein Verwaschpinsel (Größe 2) und ein Flachpinsel. Mit diesen Pinseln werden wir auch in den Tutorials arbeiten.

Sehr wichtig ist es, dass du deine Materialien sorgfältig behandelst. Wasche die Pinsel nach jedem Gebrauch aus, um sie so lange wie möglich in einem guten Zustand zu halten.

Statt viel Geld für immer neue und oft sehr teure Pinsel auszugeben, solltest du dir erst einmal darüber klar werden, welche Pinsel du für welchen spezifischen Effekt in deiner Malerei einsetzen kannst. Dabei stellst du vermutlich fest, dass du gar nicht so viele Pinsel brauchst.

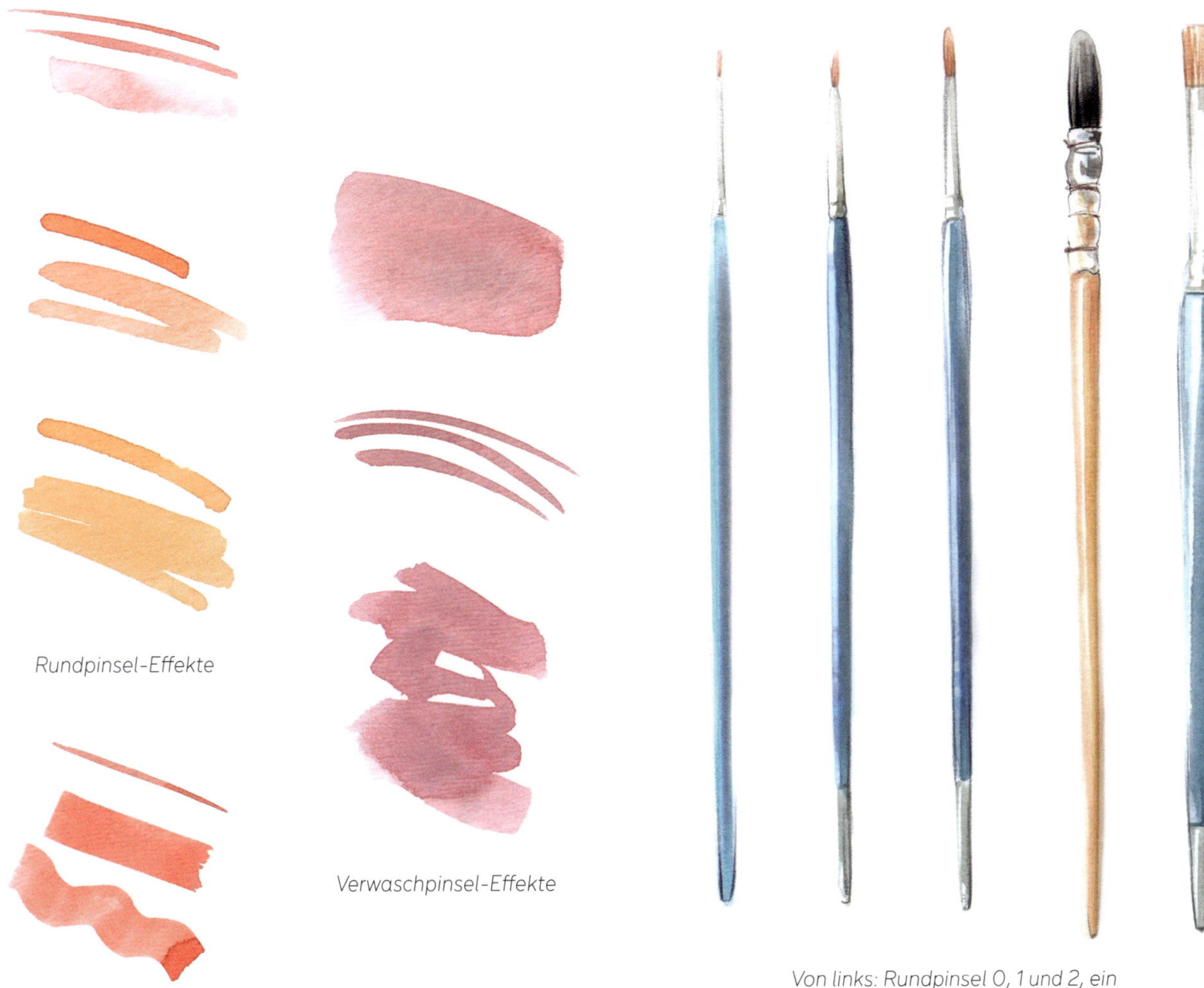

Rundpinsel-Effekte

Verwaschpinsel-Effekte

Flachpinsel-Effekte

Von links: Rundpinsel 0, 1 und 2, ein Verwaschpinsel 2 und ein Flachpinsel

PAPIER

Um das beste Ergebnis beim Malen mit Wasserfarben zu erzielen, brauchst du das richtige Papier. Aquarellpapier gibt es in verschiedenen Größen, Gewichten und Sorten. Ich verwende meistens Papier im Format DIN A4, manchmal auch A5 oder A3, und bevorzuge ein Gewicht von 300 Gramm. Das Aquarellpapier gibt es im Wesentlichen in drei Sorten: heißgepresst, kalt gepresst und rau. Das heißgepresste hat die glatteste Oberfläche, das kalt gepresste eine weichere Struktur, und das raue Papier ist noch stärker strukturiert.

Ich bevorzuge die heißgepresste Variante, da sie für meine Arbeitsweise am besten geeignet ist. Aber wie bei den Pinseln solltest du auch bei den Papieren erst einmal verschiedene Sorten ausprobieren, um herauszufinden, was für dich am besten geeignet ist.

BUNTSTIFTE UND MARKER

Ich verwende in meiner Arbeit oft Buntstifte und Marker. Sie ergänzen meine Pinselstriche, und ich benutze sie meist, um weitere Details hinzuzufügen, sobald die Wasserfarbe getrocknet ist. Mit Buntstiften haben ja sicher die meisten schon als Kind gern gezeichnet. Ich nehme sie für kleine Details, oder um Gewebe darzustellen. Einige Stifte kommen öfter zum Einsatz als andere – etwa für Hauttöne, für Grau- und Schwarztöne oder um den Kontrast an bestimmten Stellen zu betonen. Achte darauf, dass deine Buntstifte immer gut angespitzt und einsatzbereit sind.

Auch bei den Markern gibt es eine große Auswahl. Ich habe viel ausprobiert und bevorzuge die COPIC Ciao-Marker. Dabei handelt es sich um in Japan hergestellte Marker mit Tinte auf Alkoholbasis, die auch gern von Architekten, Comiczeichnern und Designern eingesetzt werden. Es gibt sie in den verschiedensten Farben. Besonders nützlich finde ich sie, um dunkle Töne zu akzentuieren: Mit ihren Farbabstufungen und der weichen Spitze mischen sie sich gut mit Wasserfarben.

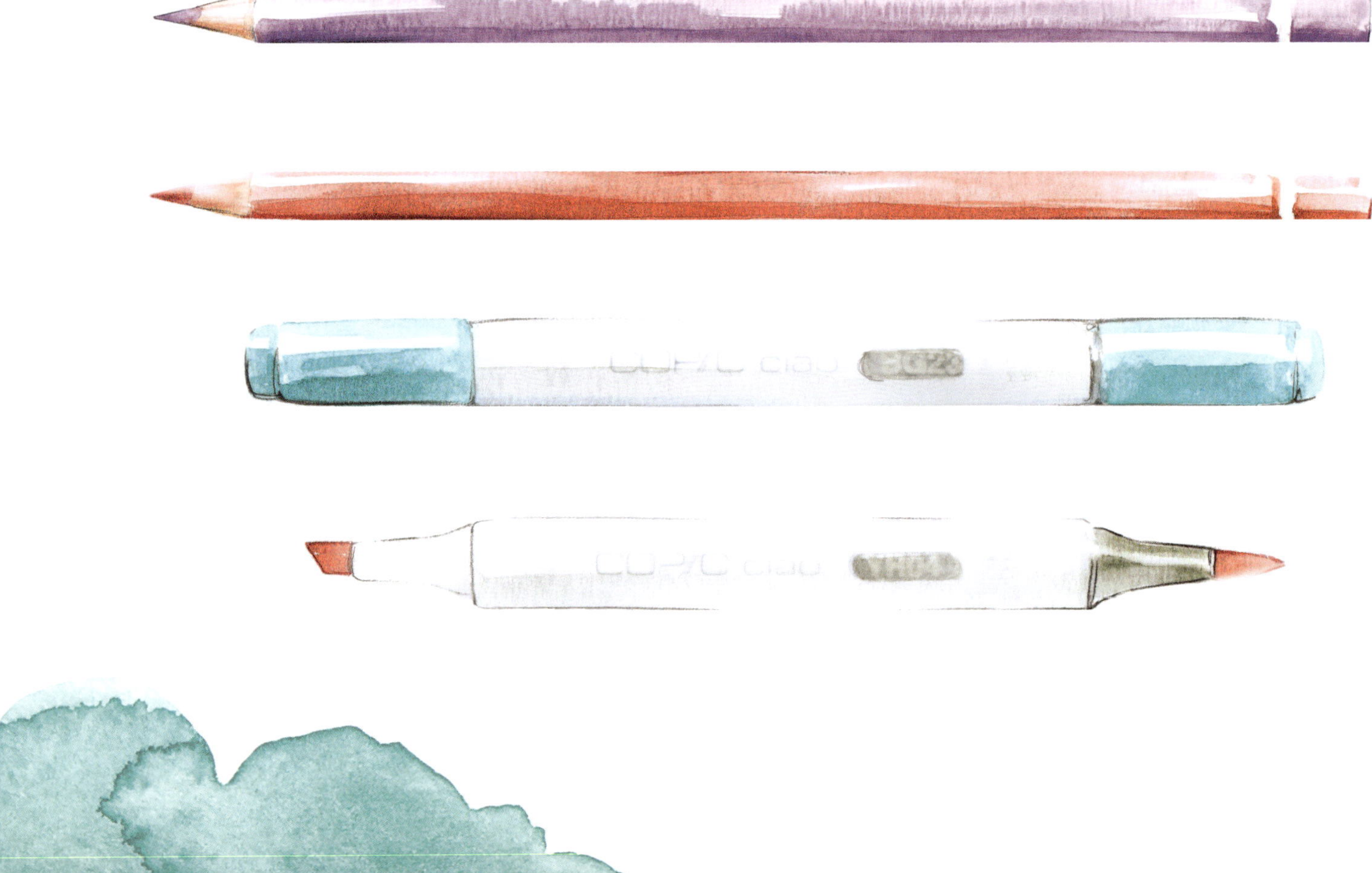

WEITERE HILFSMITTEL

Auf unserer Reise durch die Welt der Modeillustration mit Wasserfarben brauchen wir noch einige weitere Hilfsmittel, die du für bestimmte Effekte einsetzen kannst. Es macht Spaß, mit ihnen zu spielen und herauszufinden, wofür sie geeignet sind.

- Für die Übungen und Anleitungen in diesem Buch benötigst du einen feinen Bleistift. Das muss nichts Ausgefallenes sein, da es nur um die ersten Entwürfe geht, deren Linien später ausradiert werden. (Deshalb brauchst du auch einen Radiergummi.) Als Stift verwende ich oft einen Druckbleistift (0,7 mm, HB 2).
- Ein Wasserglas ist natürlich ebenfalls unerlässlich. Nimm dafür, was du willst, aber denke daran, dass es wichtig ist, das Wasser sauber zu halten, besonders wenn du mit dunklen Farben arbeitest.
- Ein weiteres wichtiges Werkzeug ist eine Palette zum Mischen der Farben. Ich habe zwei Plastikpaletten: eine kleine und eine etwas größere, wenn ich viel Farbe brauche. Die meisten Aquarellsets werden mit einer eigenen Palette geliefert, was sehr nützlich sein kann, besonders wenn man unterwegs ist. Halte deine Paletten sauber und versuche die gleichen Stellen für dunkle und helle Farben zu verwenden.
- Ein Papiertaschentuch oder ein Blatt von einer Küchenrolle kann hilfreich sein, um Striche zu entfernen, mit denen du nicht zufrieden bist. Nimm deinen Pinsel, um etwas sauberes Wasser auf den zu löschenden Bereich aufzutragen, und hebe die Farbe dann mit dem Tuch vorsichtig ab.
- Hilfreich ist zudem die Verwendung von Maskierflüssigkeit. Diese schützt alle Bereiche, die du von Farbe freihalten willst – entweder um sie weiß zu lassen oder um sie für eine andere blasse Farbe sauber zu halten. Sobald die Flüssigkeit getrocknet ist, lässt sie sich abnehmen und gibt den unbemalten Bereich darunter frei. In meiner Arbeit verwende ich nur selten Maskierflüssigkeit, aber sie kann nützlich sein, um einen positiven oder negativen Raum zu schaffen, oder wenn es darum geht, einen komplizierten Druck zu erstellen.

Reinige deinen Pinsel sofort nach dem Auftragen von Maskierungsflüssigkeit und verwende dafür keine wertvollen oder solche Pinsel, die du besonders magst, da die Flüssigkeit den Pinsel beschädigen kann.

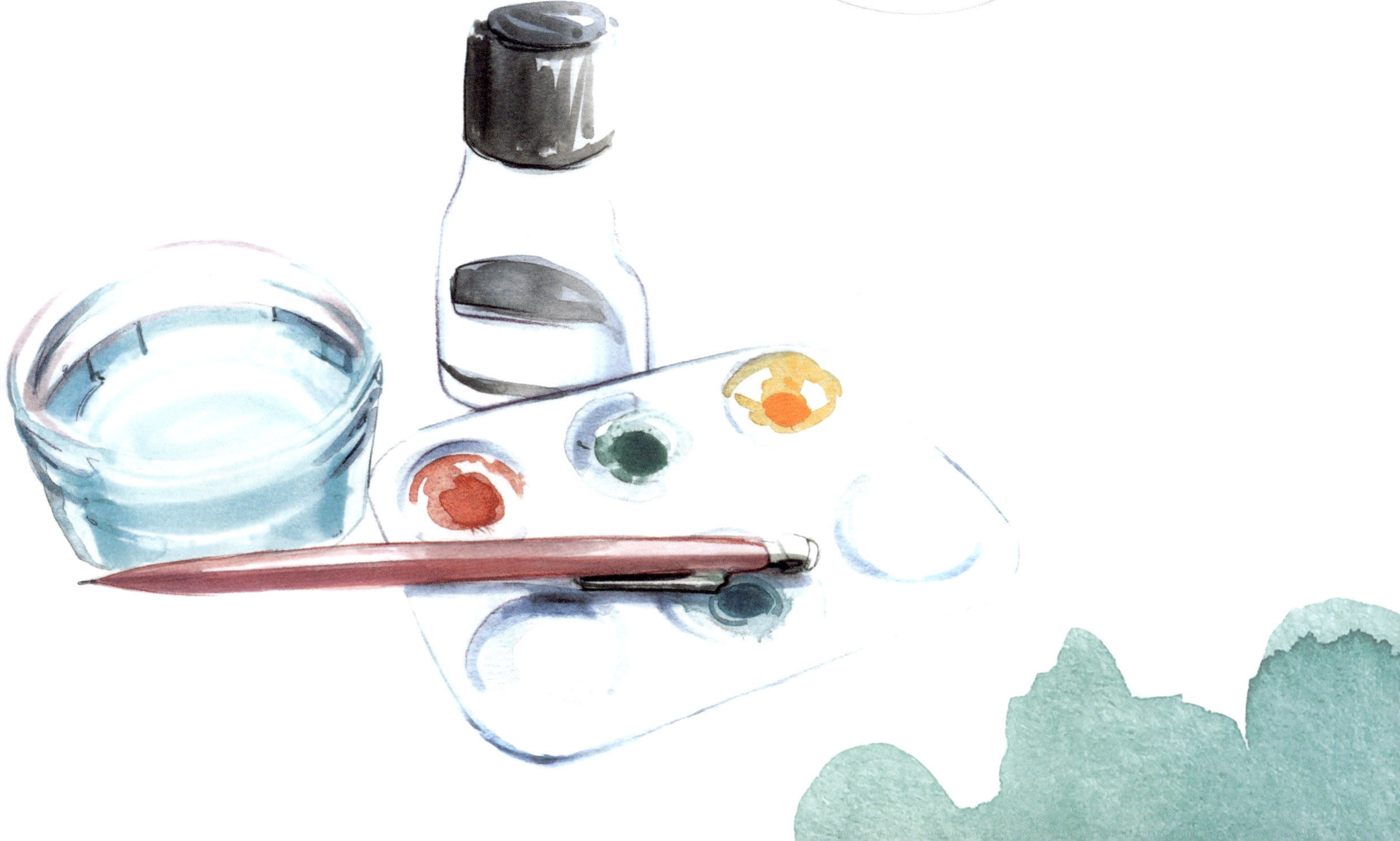

WASSERFARBEN ENTDECKEN

Für mich hatten Wasserfarben schon immer etwas Magisches. Mit ihnen lässt sich vielseitig arbeiten – schnell, wenn man einen frischen Ansatz sucht, oder langsamer, wenn man Schicht für Schicht aufträgt, um wunderschöne, detailreiche Bilder zu erhalten. Es erfordert ein wenig Übung, um die Qualitäten der Wasserfarben zu verstehen und für das eigene Malen einsetzen zu können, aber wenn du erst mal ihren Zauber erfasst hast, bin ich sicher, dass auch du dich in sie verlieben wirst!

Die Aquarellmalerei lernt man nicht von heute auf morgen. Das braucht seine Zeit, und da gibt es auch keine Abkürzungen auf dem Weg zur Meisterschaft. Das beste, was du machen kannst, ist üben! Je mehr du ausprobierst – beginnend mit diesen ersten Übungen –, desto mehr wird dich dieses Buch weiterbringen können.

Das leere Blatt

Papier ist geduldig, heißt es – genau das richtige Motto auch für dich, wenn du noch ein Anfänger bist. Beim Lernen wirst du zwangsläufig einige Fehler machen, wirst sie verarbeiten und weiter üben müssen, um neue Erfahrungen zu sammeln und so diese Maltechnik immer besser zu verstehen. Kann sein, dass das manchmal auch frustrierend ist – aber vergiss nicht, dass du das Malen vor allem genießen sollst!

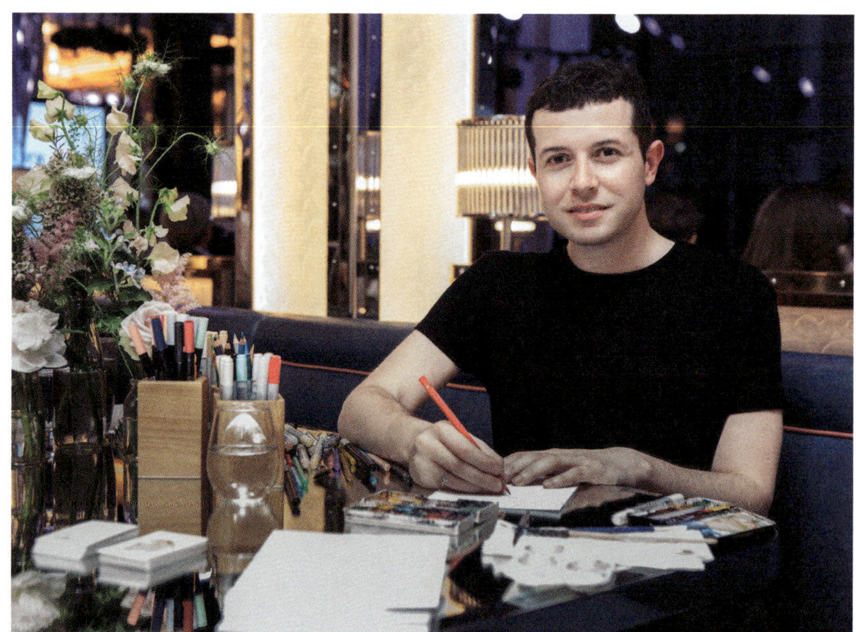

Francesco beim Live-Zeichnen im Selfridges, einem Luxuskaufhaus in London.

Farben mischen

Wasserfarben bestehen vor allem aus sehr feinen Pigmenten (farbgebende Substanzen) und wasserlöslichen Bindemitteln. Mit das erste, das wir lernen müssen, ist die Frage, wie Pigment und Wasser zusammen wirken. Wir müssen verstehen, wie man Farben im richtigen Verhältnis dieser beiden Komponenten mischt. Dafür gibt es kein genaues Rezept – das muss man einfach ausprobieren. Dann müssen wir herausfinden, wie man die Farbe am besten aufträgt, und verstehen, wie sie mit dem Papier interagiert. Wir müssen lernen, wie man den Pinsel optimal einsetzt. Alle diese Fragen werden wir nun mit einigen Übungen erkunden und uns dabei auch gleich mit den jeweiligen Materialien vertraut machen. Das ist der beste Weg für einen sanften Einstieg in die Praxis der Aquarellmalerei.

1. Für jede Übung bereitest du dir zunächst etwas Farbe auf deiner Palette vor. Drücke einen erbsengroßen Farbklecks aus der Tube oder benetze den Napf in deinem Malkasten mit einem Tropfen Wasser und übertrage etwas Farbe auf die Palette.

2. Mach deinen Pinsel nass und mische das Wasser nach und nach in die Farbe auf der Palette. Nimm anfangs nicht zu viel Wasser, da man es leicht übertreiben kann und es dann schwierig wird, die Farbe zu kontrollieren.

3. Die Mischung auf deiner Palette gibt dir bereits eine Vorstellung von ihrer Konsistenz, aber um zu überprüfen, ob die beiden Komponenten Pigment und Wasser im richtigen Verhältnis sind, gibt es vor allem für Anfänger keine bessere Möglichkeit, als sie auf dem Papier auszuprobieren. Wenn du das Gefühl hast, dass sich das Papier dem Pinsel widersetzt, ist die Mischung möglicherweise zu trocken. Dann fügst du etwas mehr Wasser hinzu. Zudem lassen sich mit einer stärker verdünnten Farbe hellere Töne erzeugen – das werden wir an anderer Stelle noch genauer untersuchen.

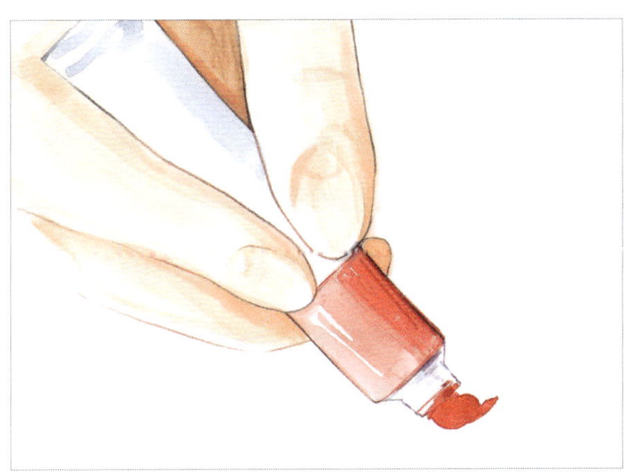

1

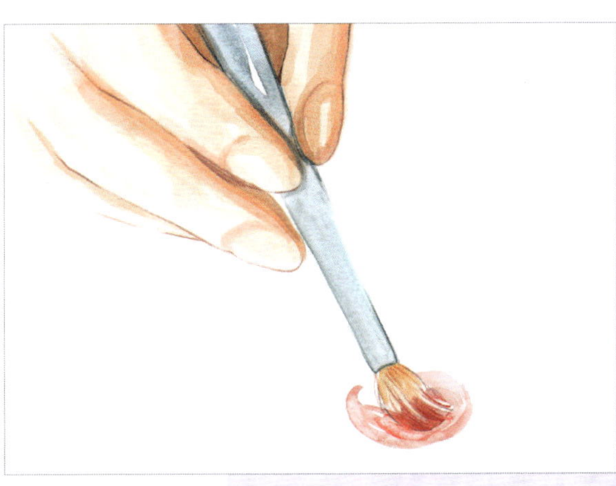

2

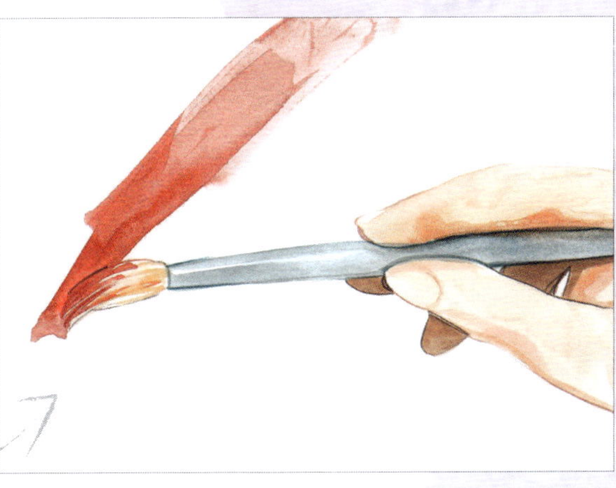

3

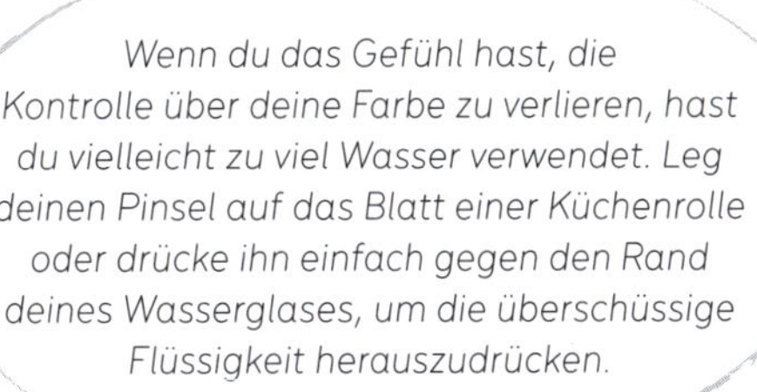

Wenn du das Gefühl hast, die Kontrolle über deine Farbe zu verlieren, hast du vielleicht zu viel Wasser verwendet. Leg deinen Pinsel auf das Blatt einer Küchenrolle oder drücke ihn einfach gegen den Rand deines Wasserglases, um die überschüssige Flüssigkeit herauszudrücken.

Praktische Übungen

Die Aquarellmalerei bedeutet ein andauerndes Ringen, um ein stimmiges Verhältnis zwischen Wasser und Farbe zu finden. Um besser mit dieser Malerei vertraut zu werden, machen wir hier einige einfache Übungen.

NASS-IN-NASS UND NASS-AUF-TROCKEN

Bei der Nass-in-Nass-Technik befeuchtest du zunächst dein Papier mit einem großen Flachpinsel, den du in sauberes Wasser getaucht hast, und trägst dann die Farbe auf das nasse Papier auf. Diese Technik wird oft von Aquarellisten verwendet, um stimmungsvolle Landschaften zu schaffen: Da das Pigment dem Wasser folgt, das sich bereits auf dem Papier befindet, entstehen glatte Formen mit weichen Kanten. Ich verwende diese Technik nicht oft in meiner Arbeit, da ich meine Modeillustrationen möglichst detailreich gestalten möchte. Aber es lohnt sich, sie zu auszuprobieren – etwa wenn man einen effektvollen abstrakten Hintergrund für eine Figur malen möchte.

Die Nass-auf-Trocken-Technik, also das Auftragen der angemischten Farbe auf trockenem Papier, ist die von mir am häufigsten verwendete Methode. Sie ist tendenziell einfacher und erlaubt mehr Kontrolle: Während du dein Kunstwerk Schicht für Schicht aufbaust, bleibt dir Zeit, dich auf die Details zu konzentrieren.

Denke daran, dass die Menge des verwendeten Wassers Einfluss darauf hat, wie lange es dauert, bis das Papier vollständig trocknet, bevor du die nächste Schicht hinzufügen kannst. Wenn du schnell arbeiten musst, verwende weniger Wasser als üblich.

LASIEREN UND LAVIEREN

Die beiden grundsätzlichen Maltechniken der Aquarellmalerei sind das Lasieren und das Lavieren.

»Lasieren« nennt man das schichtweise Auftragen gelöster Farben, wobei als Lösungsmittel Wasser verwendet wird. Je mehr Wasser man zur Lösung verwendet, desto transparenter ist der Farbauftrag; je weniger, desto deckender. Farbmischungen entstehen im Schichtverfahren. Dazu könnt ihr eine beliebige Anzahl von Schichten übereinanderlegen, bis ihr mit dem Ergebnis zufrieden seid. Allerdings müsst ihr die aufgetragenen Schichten stets erst gut durchtrocknen lassen, bevor ihr eine weitere auftragt, sonst vermischen sich die Farben, statt sich zu überlagern. Erst durch die Überlagerung der Farben stellt sich der gewünschte Effekt ein, mit dem ihr Farben und Motiven mehr Tiefe verleihen könnt.

»Lavieren« (ital. »lavare« = waschen) nennt man das Auswaschen der Farbe: Um nahtlose Farbverläufe etwa für die Darstellung von Hintergründen oder einem Himmel etc. zu erzeugen, werden die Aquarellfarben verdünnt.

FLÄCHIGER FARBAUFTRAG

Ziel dieser Übung ist es, eine gleichmäßige Oberfläche zu produzieren. Dazu tauchst du deinen Pinsel in die Farbe und ziehst dann damit eine horizontale Linie. Das muss schnell geschehen, denn du möchtest die nächste horizontale Linie hinzufügen, bevor der Pinselstrich getrocknet ist, um keine Spuren zu hinterlassen. Füge weitere Linien hinzu, um eine vollständige Form zu schaffen, und halte diese so gleichmäßig wie möglich. Denk daran, den Pinsel immer wieder in die Farbe zu tauchen.

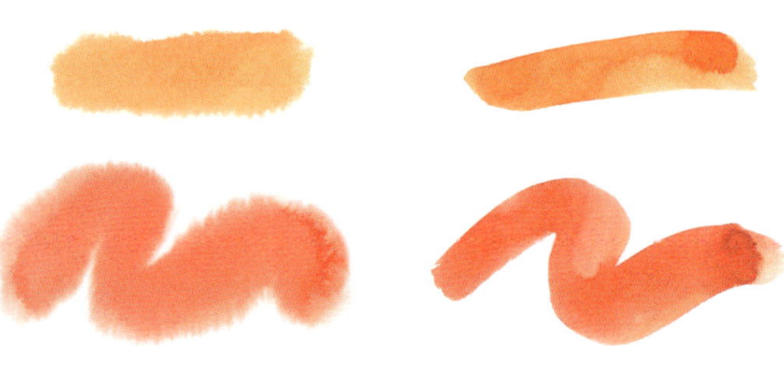

Nass-in-Nass *Nass-auf-Trocken*

Flächiger Farbauftrag

Abgestufter Farbauftrag

ABGESTUFTER FARBAUFTRAG

Diese Übung zeigt dir, wie man mit der gleichen Farbe einen sanften Übergang von dunkel nach hell schafft. Nimm mit dem Pinsel etwas Farbe auf und male wie zuvor eine horizontale Linie, aber tauche den Pinsel danach in sauberes Wasser und erstelle weitere horizontale Linien, ohne jeweils Farbe hinzuzufügen. Das machst du so lange, bis du eine ausreichende Abstufung erreicht hast.

MEHRFARBIGER FARBAUFTRAG

Der mehrfarbige Farbauftrag funktioniert so ähnlich wie die abgestufte Form, nur verwenden wir in diesem Fall zwei Farben und lassen sie in der Mitte ineinander übergehen. Dabei musst du schnell sein! Male zunächst mit der ersten Farbe eine horizontale Linie und füge dann für jede neue Linie sauberes Wasser hinzu, genau wie beim abgestuften Farbauftrag. Sobald du das Gefühl hast, dass es an der Zeit ist, mit dem Farbübergang zu beginnen, drehe das Papier um und tauche den Pinsel in die zweite Farbe, um den Vorgang zu wiederholen. Wenn du die erste Farbe erreichst, verwende den Pinsel nur mit sauberem Wasser, damit sich die beiden Farben vermischen.

Mehrfarbiger Farbauftrag

Wenn du mit dem Ergebnis zufrieden bist, trocknest du den Pinsel und nimmst gegebenenfalls überschüssige Farbe mit ihm auf.

AUFWEICHEN DER KANTEN

Eine weitere interessante Übung ist das Aufweichen der Kanten durch Verwässern. Mach zunächst einige Striche und lass sie dann eine Weile trocknen. Verwende nun denselben Pinsel (oder einen kleineren) mit sauberem Wasser, um die Kanten aufzuweichen und sie mit dem Papier verschmelzen zu lassen. Diese Technik ist äußerst nützlich: Nicht nur, um das Bild zu verbessern, sondern auch, um es zu bearbeiten oder Fehler zu korrigieren. Je mehr die Farbe getrocknet ist, desto schwieriger wird es natürlich, die Kanten aufzuweichen.

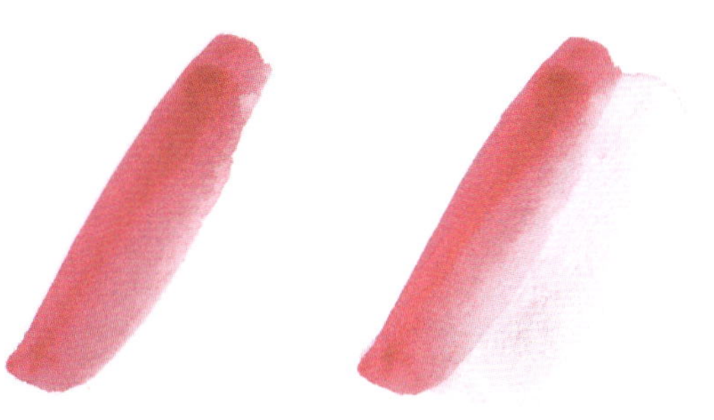

Originaler Pinselstrich — *Kanten mit Wasser aufgeweicht*

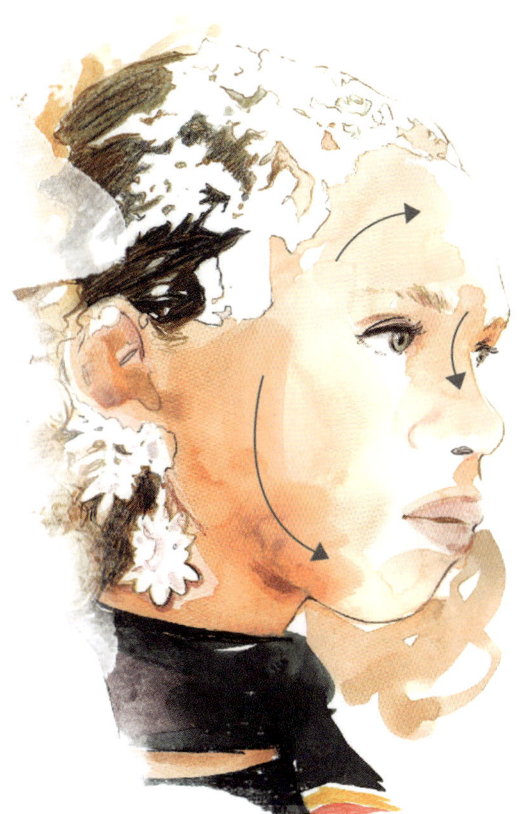

SINN UND FORM

In der Aquarellmalerei geht es nicht darum, nur eine Fläche mit der gleichen Farbe zu füllen. Denke von Anfang an daran, mit deinen Pinselstrichen auch ein Gefühl für die Richtung zu geben, in die sich etwas bewegt. Dazu gehört auch das Nachdenken darüber, wie dann das Licht reflektiert wird. Damit werden wir uns im nächsten Kapitel noch etwas genauer beschäftigen.

Die Bedeutung von Licht und Schatten

Damit dein Bild wirklich lebendig wirkt, muss es, egal um welches Motiv es sich handelt, einen plastischen Eindruck vermitteln. Diesen erzeugst du durch die Beobachtung des Lichts – aus welcher Richtung es kommt und wie viel davon einfällt. Zu verstehen, wie sich das Licht verhält, ist für eine erfolgreiche Illustration von grundlegender Bedeutung – darauf achte auch ich in meinen eigenen Arbeiten immer ganz besonders.

Tatsächlich sehen wir in der Regel nicht das Licht selbst, können aber wahrnehmen, wie eine Oberfläche auf das Licht reagiert. Insbesondere erzeugt jedes Licht, das auf eine Oberfläche trifft, einen Schatten. Mit ihm nehmen wir das Licht wahr, und das ist es, was wir hier noch genauer untersuchen werden.

Nimm dir vor jedem Bild, das du malen willst, die Zeit, eingehend zu analysieren, woher das Licht kommt und wie es mit deinem Motiv interagiert. Die vom einfallenden Licht erzeugten Schatten geben deinem Motiv Form und Tiefe und sind von grundlegender Bedeutung für den möglichst realistischen Eindruck, den dein Bild machen wird.

Bevor du beginnst, solltest du diese drei Bereiche identifizieren: Glanzlichter sowie mittlere und dunkle Töne. Glanzlichter bestimmen den hellsten Teil deines Motivs, wo das Licht direkt auf die Oberfläche trifft. Wir beginnen das Malen mit dem Mittelton – der Schicht zwischen dem Glanzlicht und dem dunklen Ton. Das ist die Ebene, auf der die beiden anderen Bereiche ineinander übergehen. Beim Aquarellmalen ergibt sich die Farbe Weiß aus den nicht bemalten Flächen des weißen Papiers. Der dunkle Ton markiert den dunkelsten Bereich deines Bildes und wird zuletzt aufgetragen.

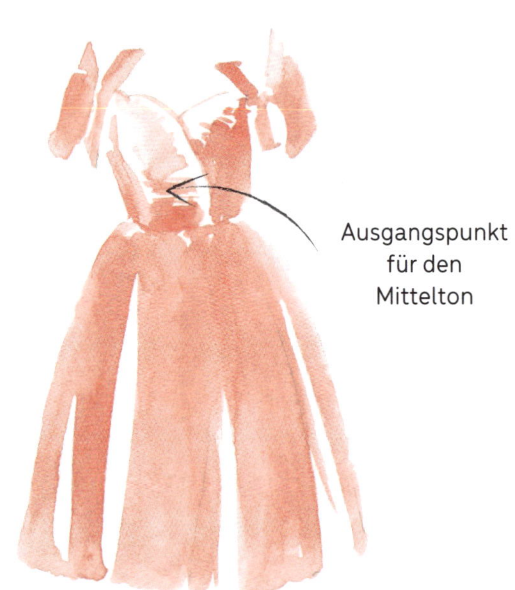

Abb. 1

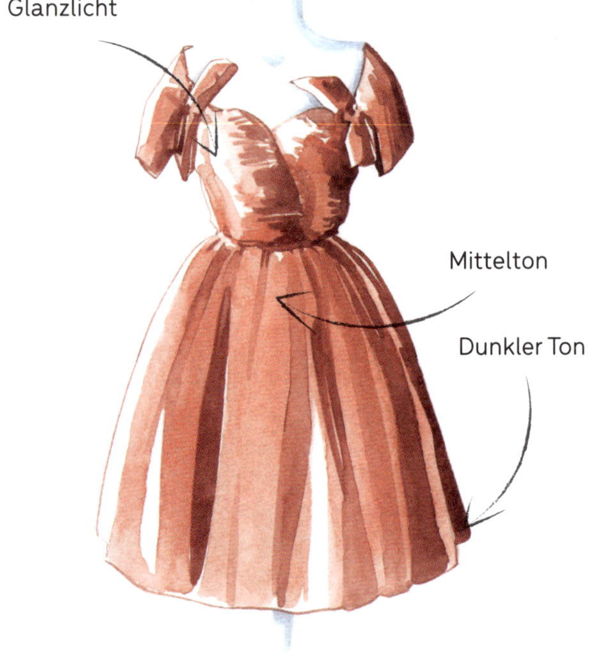

Abb. 2

FORMGEBUNG DURCH ABSTUFUNG

In der Skizze des Kleides auf der linken Seite fällt das Licht von links ein. Um eine plastische Wirkung zu erzielen, habe ich zuerst die Mitteltonebene dargestellt (Abb. 1). So gebe ich dem Kleid eine Form und definiere schnell die Glanzlichter in den nicht bemalten Bereichen des weißen Papiers.

Ich habe nicht nur eine einfache Farbschicht als mittlere Tonebene aufgetragen, sondern sie der gewünschten Form folgend abgestuft. Ich begann mit dem Farbauftrag unterhalb der Brust und fügte dann schnell ein wenig Wasser hinzu, um die Farbe zu verdünnen und sie zu den Glanzlichtern hin transparenter zu machen. Das ist eine Technik, die beim Aquarellmalen sehr wertvoll werden wird – es lohnt sich also, sie zu üben.

Um die Skizze zu vervollständigen, fügte ich dem Kleid den dunklen Ton hinzu (Abb. 2), wobei ich stets darauf achtete, wie wohl das Licht auf die Oberfläche treffen würde. Ich malte die dunklen Bereiche aus, formte die Schleifen, die Brust und berücksichtigte auch die Schatten, die durch die Falten entstehen.

Die hier auf ein Kleid angewandten Prinzipien gelten unabhängig von deinem Motiv. Bei sorgfältiger Betrachtung lassen sich die gleichen Regeln auch auf menschliche Figuren und insbesondere auf das Gesicht anwenden (siehe diese Seite unten). Nimm dir genügend Zeit, die genannten Bereiche auch im wirklichen Leben zu beobachten – du wirst feststellen, dass das für dein Malen sehr hilfreich ist.

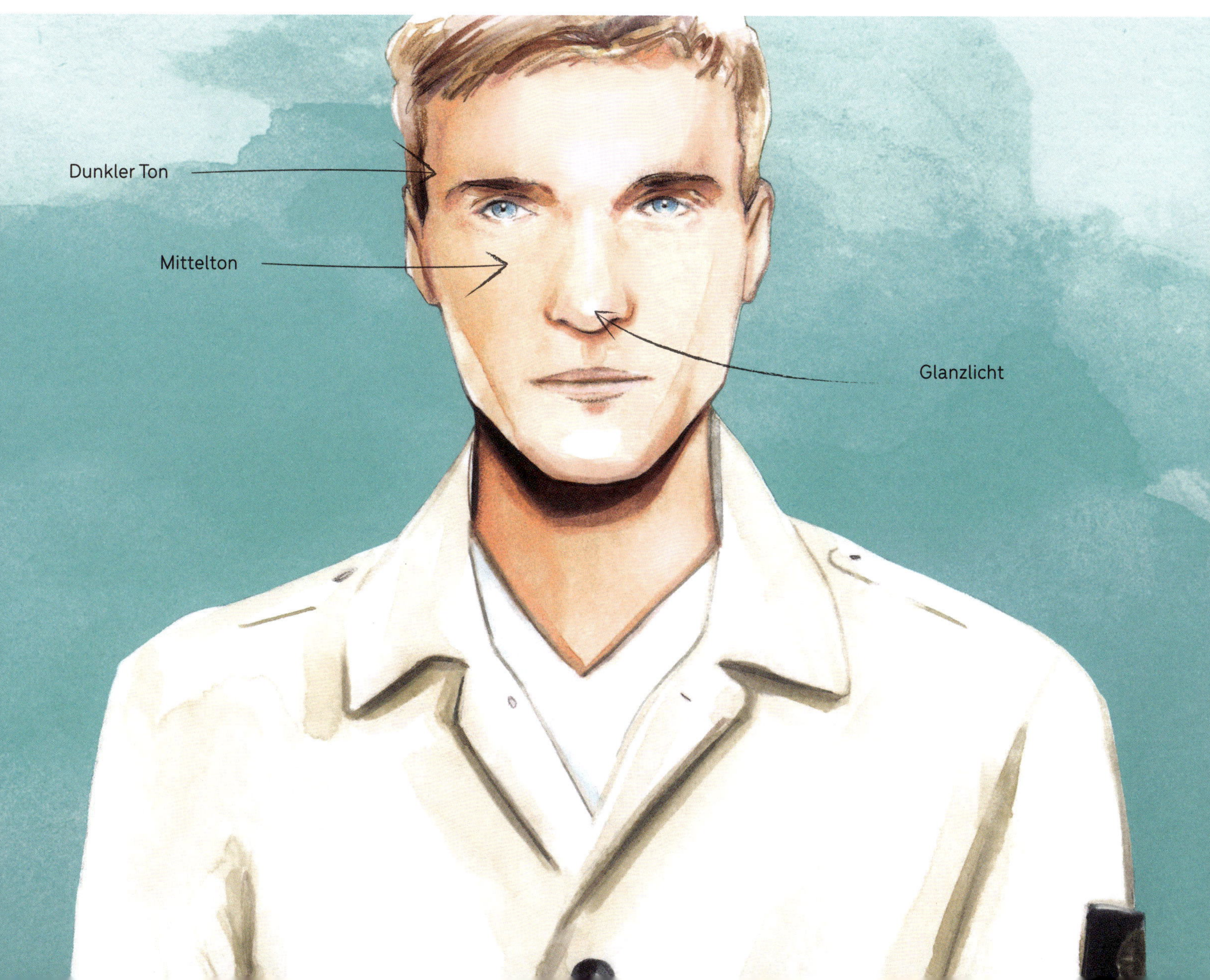

Lichtquelle

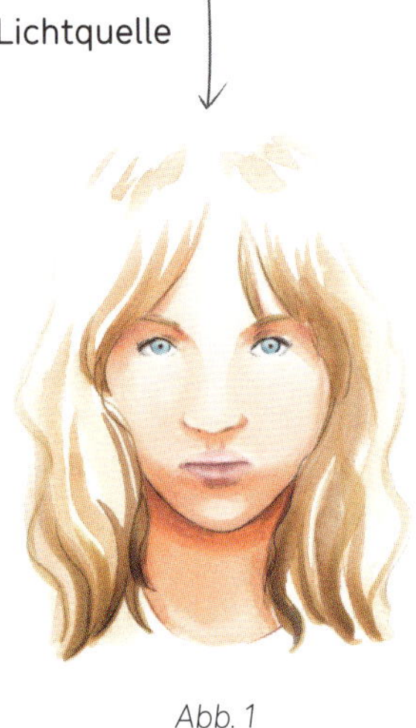

Abb. 1

Abb. 2

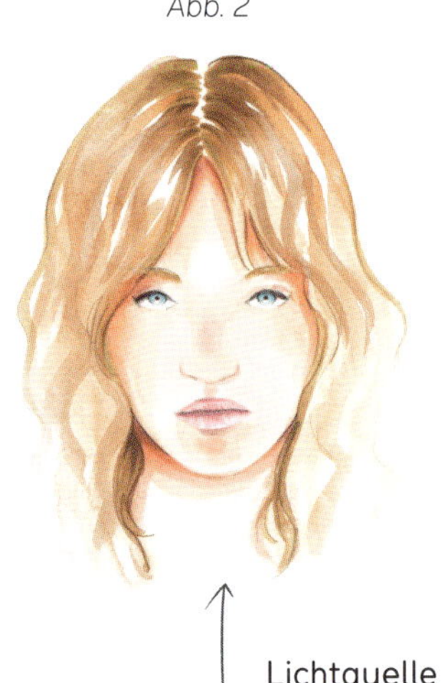

Lichtquelle

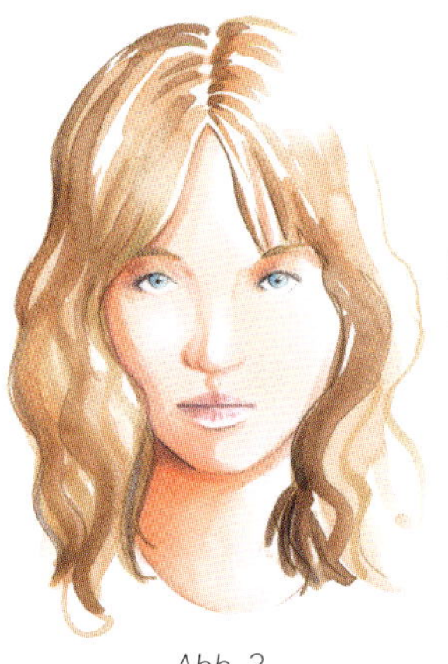

Lichtquell

Abb. 3

LICHTVERHÄLTNISSE

Das Erkennen der Richtung, aus der das Licht auf dein Motiv trifft, ist grundlegend für eine erfolgreiche Arbeit. Beachte, wie in den Abbildungen 1 bis 3 die verschieden platzierten Lichtquellen ein und dasselbe Motiv deutlich formen. Die Lichtverhältnisse schaffen eine bestimmte Atmosphäre – auch deshalb solltest du dir darüber Gedanken machen. Beachte zudem, wie das unterschiedlich einfallende Licht nicht nur auf das Gesicht (Augen, Nase, Lippen ...), sondern auch auf die Haare unterschiedlich wirkt.

MEHRERE LICHTQUELLEN

Bis jetzt haben wir nur eine einzige Lichtquelle berücksichtigt. Das ist die einfachste Herangehensweise, aber sie spiegelt nicht die reale Welt wider, in der es oft mehr als eine Lichtquelle gibt. In der Modebranche kann das besonders relevant sein – denke an eine Modenschau, bei der mehrere Lichtquellen auf den Laufsteg gerichtet sind.

Es gibt noch einige andere Faktoren, die du bei der Analyse des Lichts berücksichtigen solltest. Achte zum Beispiel auf die Lichtintensität, um darauf mehr oder weniger »dramatisch« reagieren zu können. Denk darüber nach, wie Objekte, Haare und Accessoires ihre eigenen Schatten auf anderen Oberflächen erzeugen. In Abb. 4 sehen wir einen dramatischen Schatten, den der Hut auf das Gesicht des Models wirft, und in Abb. 5 wirft die Brille des Models einen ungewöhnlichen Schatten.

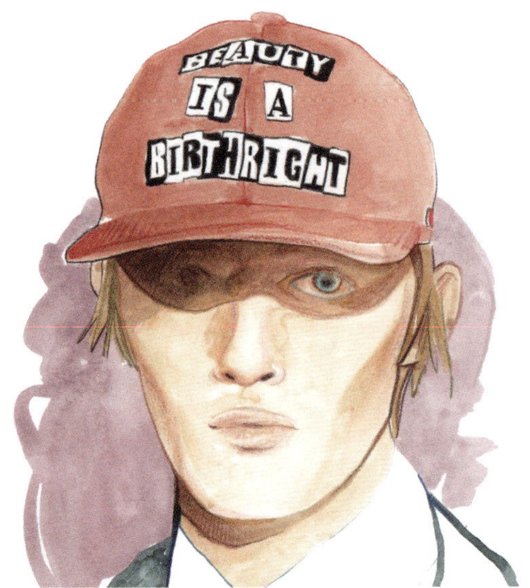

Abb. 4

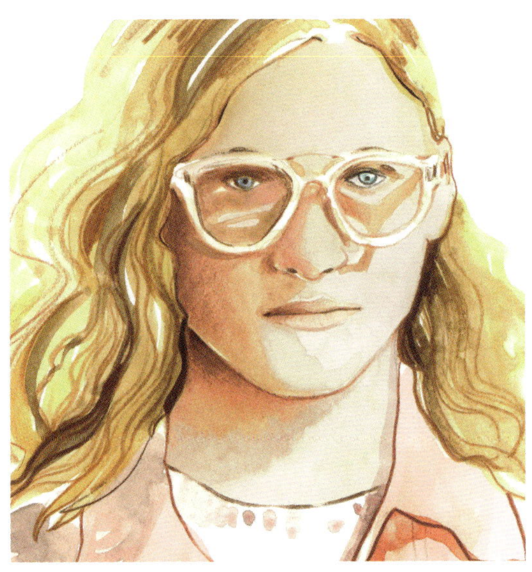

Abb. 5

Farbe verstehen

Ein Grundverständnis von Farben und darüber, wie man sie mischt, ist hilfreich, wenn man das Beste aus seiner Aquarellmalerei herausholen möchte. In der Regel werden Farben in drei Kategorien eingeteilt: Primär-, Sekundär- und Tertiärfarben. Dafür entwickelte der Schweizer Kunstpädagoge und Maler Johannes Itten einen zwölfteiligen Farbkreis (siehe Abb. unten rechts).

PRIMÄR-, SEKUNDÄR- UND TERTIÄRFARBEN

Die Primär- oder Grundfarben sind Gelb, Rot und Blau. Sie können nicht aus anderen Farben gemischt werden, aber alle anderen Farben können aus diesen drei Farben gemischt werden und sind die Basis jeder Farbpalette.

Die Sekundärfarben erhältst du, indem du zwei Primärfarben zu gleichen Teilen mischst: Wenn du Gelb und Rot mischst, erhältst du Orange. Rot und Blau ergibt Violett, Blau und Gelb wird zu Grün.

Wenn du eine Primärfarbe zu gleichen Teilen mit einer Sekundärfarbe mischst, erhältst du eine Tertiärfarbe (eine Zwischenfarbe). Diese sind nicht so klar, rein und leuchtend wie die Primär- und Sekundärfarben, deshalb spricht man auch von »gebrochenen« Farben.

Nach Itten gibt es sechs Tertiärfarben: rot-orange, gelb-orange, rot-violett, blau-violett, gelb-grün und blau-grün.

DER FARBKREIS

Alle zwölf Farben (drei Primär-, drei Sekundär- und sechs Tertiärfarben) des Farbkreises nach Itten bilden eine Grundlage der Farbtheorie und können sehr nützlich sein. Du solltest immer eine Vorstellung von den Farben haben, die du verwenden möchtest, bevor du mit einer neuen Illustration beginnst. Vor allem Anfängern hilft der Farbkreis zu verstehen, wie Farben zusammenwirken. Es gibt auch einige klassische Schemata (s. S. 20), bei deren Definition der Farbkreis helfen und interessante Lösungsansätze eröffnen kann. Er kann dir sehr hilfreich sein bei der Auswahl der Farben, die du mischen möchtest.

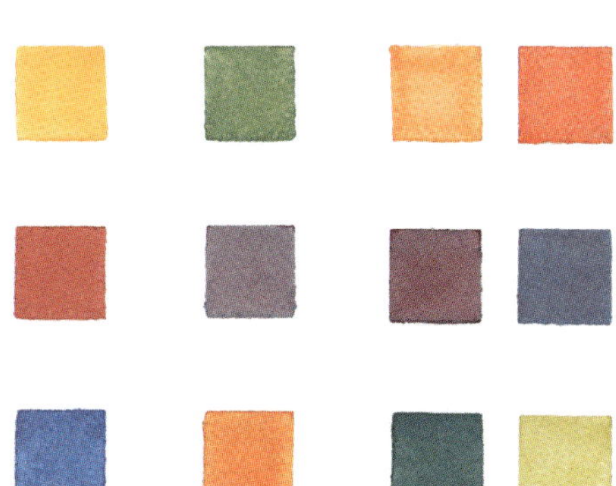

Primärfarben *Sekundärfarben* *Tertiärfarben*

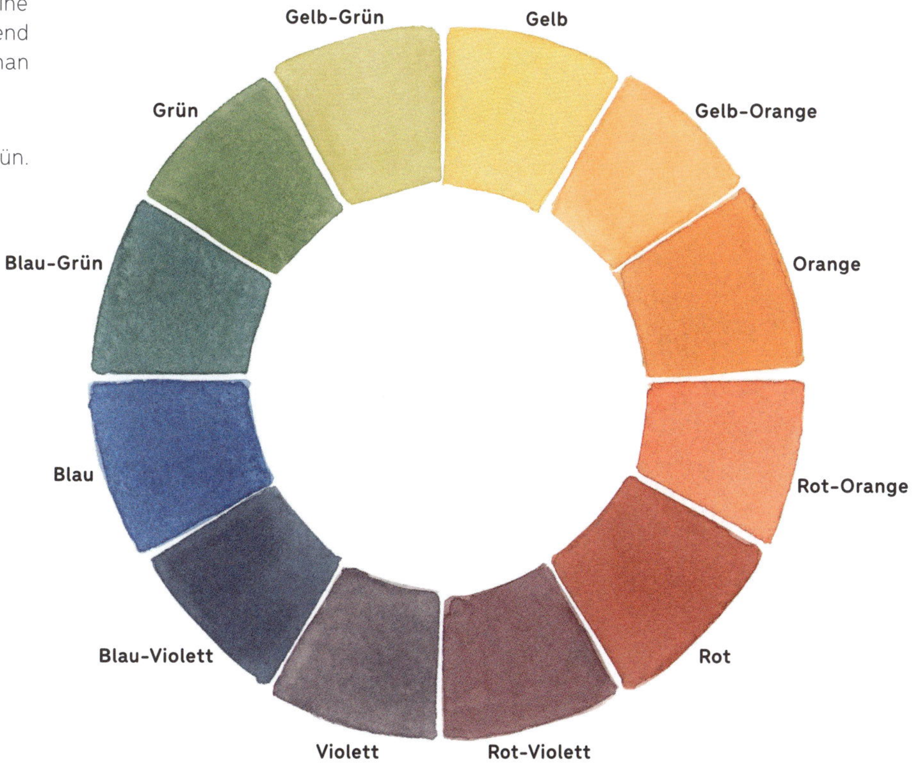

Der Farbkreis nach Itten

FARBSCHEMATA

KOMPLEMENTÄR: Das komplementäre Farbschema kombiniert zwei Farben, die sich auf dem Farbkreis direkt gegenüberliegen, zum Beispiel Rot und Grün. Der Kontrast zwischen komplementären Farben erzeugt sofort eine lebendige Atmosphäre.

ANALOG: Das analoge Farbschema wirkt am harmonischsten. Es verwendet Farben, die auf dem Farbkreis nebeneinander liegen, zum Beispiel Gelb, Gelb-Orange und Orange. Diese Farben passen in der Regel sehr gut zusammen und sorgen für eine ausgewogene Komposition.

TRIADISCH: Das triadische Farbschema verwendet drei Farben aus dem Farbkreis, die gleich weit voneinander entfernt sind. In diesem Beispiel habe ich die Sekundärfarben (Orange, Violett und Grün) gewählt. Das triadische Farbschema ergibt meist eine sehr interessante Kombinationen.

TEILKOMPLEMENTÄR: Das teilkomplementäre Farbschema ist eine weitere einfache Methode, um eine einzigartige Farbkombination zu erhalten. Suche dir eine Farbe aus dem Farbkreis und dann die beiden Farben, die auf der gegenüberliegenden Seite des Farbkreises genau neben der Komplementärfarbe liegen. In meinem Beispiel habe ich Rot gewählt und dann die Farben neben der Komplementärfarbe (Grün) verwendet: Blau-Grün und Gelb-Grün.

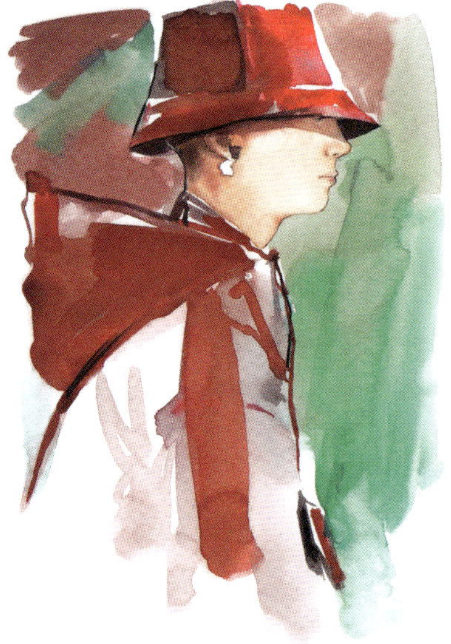

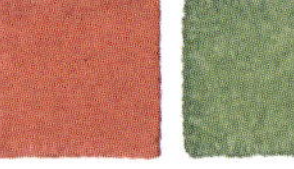

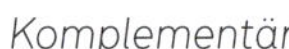

Komplementär

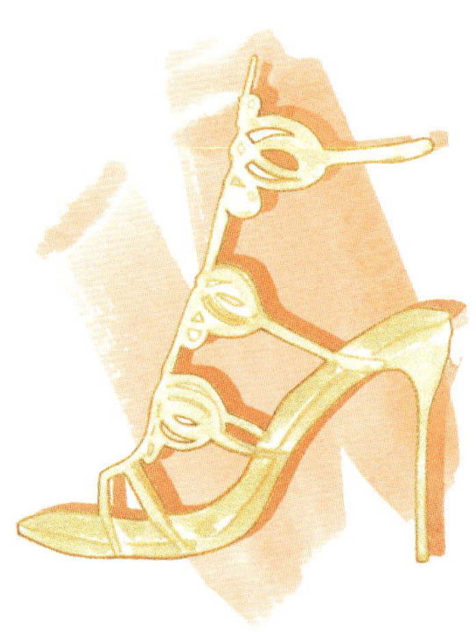

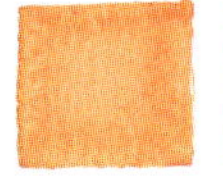

Analog

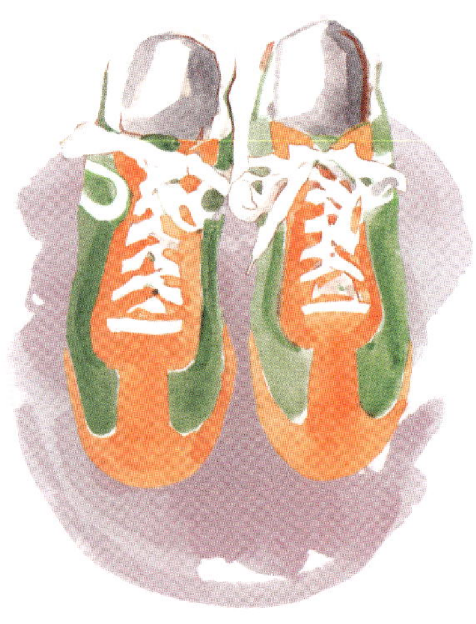

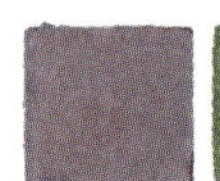
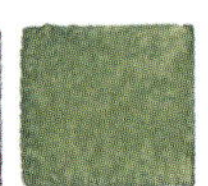
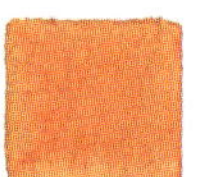

Triadisch

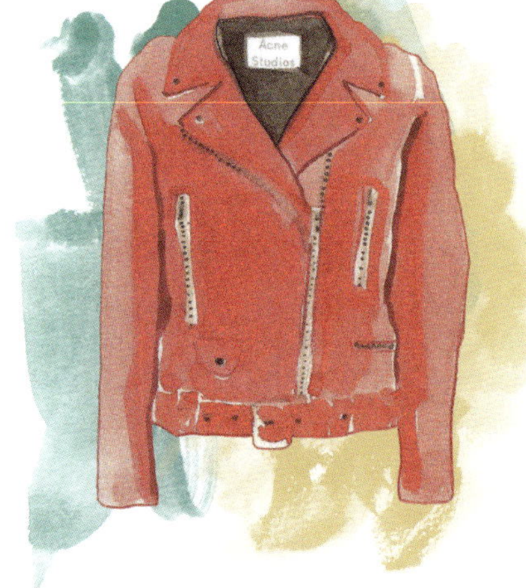

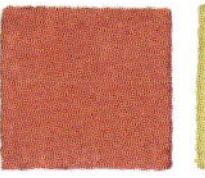
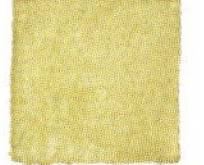

Teilkomplementär

VON DER THEORIE ZUR PRAXIS

Nimm die zwölf Farben des Farbkreises nach Itten als Ausgangspunkt deiner eigenen Farbpalette. Das Mischen und Kombinieren von Farben gehört zu den spannendsten Bereichen der Aquarellmalerei. Vielleicht möchtest du dir ja einen eigenen Farbkreis erstellen, um auszuprobieren, wie sich Farben zueinander verhalten? Dabei wirst du weitere Nuancen feststellen und mit neuen Farbtönen experimentieren.

Hilfreich ist, vor allem am Anfang, auch das Erstellen von Farbmustern. Sobald du deine Farbe gemischt hast, kannst du mit Wasser die Helligkeit oder Dunkelheit der Farbe kontrollieren.

Dazu tauchst du den Pinsel in sauberes Wasser, drückst die überschüssige Farbe am Rand des Gefäßes ab oder auf einem Papiertuch aus und fügst ein zweites Farbmuster hinzu. Fahre damit fort, weitere Muster hinzuzufügen, wobei du den Pinsel jedes Mal in Wasser eintauchst. So bekommst du nicht nur ein gutes Gefühl dafür, wie man Farbe verdünnt, sondern du erstellst dir zugleich ein Farbschema, das dir einen guten Anhaltspunkt geben kann, welche Farbe in welcher Weise auf das Verdünnen mit Wasser reagiert.

Erstelle deine Mischungen zunächst auf einer Palette direkt auf dem Papier. So hast du mehr Kontrolle und kannst dir Zeit nehmen, genau den richtigen Farbton zu erzeugen.

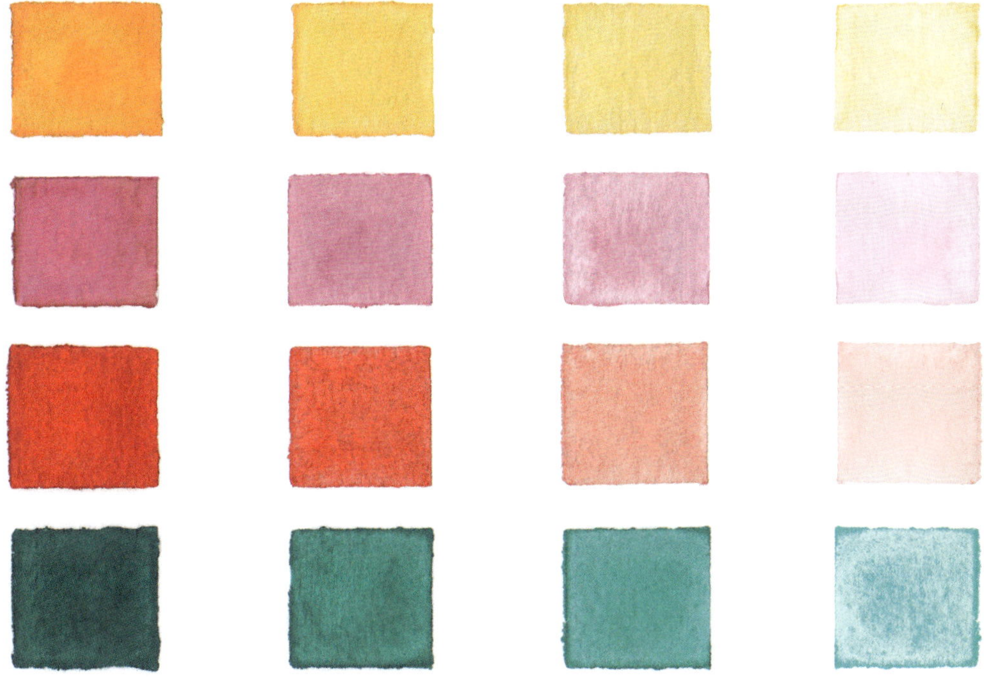

Mit Wasser verdünnen

GLANZLICHTER (PAPIERWEISS) UND WEISSE FARBE

Die besondere Transparenz von Aquarellfarben im Vergleich zu anderen Maltechniken wie Acryl oder Gouache macht es schwierig, hell über dunkel zu malen. Deshalb fungiert das Weiß des unbemalten weißen Papiers (man spricht auch von »Papierweiß«) als hellste Stelle in deinem Werk, und deshalb malst du von hell nach dunkel. Das bedeutet aber auch, dass du dir schon im Voraus überlegen musst, wo die hellsten Stellen deiner Illustration sein werden. Tatsächlich verwende ich recht häufig weiße Farbe (z.B. Chinese White), wenn ich Farben mische, um sie aufzuhellen. Das ist etwas, was ein reiner Aquarellmaler kaum machen würde, aber ich finde das hilfreich, um weiche Schattierungen zu erzeugen. Zudem kann das Weiß meiner Mischung mehr Deckkraft verleihen.

HAUTTÖNE MISCHEN

Wir können nicht über Farbe sprechen, ohne über Hauttöne zu diskutieren, die wohl einen Großteil deiner Aufmerksamkeit beanspruchen werden. Die perfekte Hautmischung zu erzeugen, ist keine leichte Aufgabe, und es kann einige Zeit dauern, bis man das beherrscht. Oft basiert ein Hautton auf einer Mischung aus Gelb-, Orange- und Brauntönen. Nimm dir, bevor wir unsere Reise in die Welt der Modeillustration mit Wasserfarben fortsetzen, etwas Zeit, um einige effektive Hauttonmischungen auszuprobieren.

Hier unten findest du drei Beispiele, und ich habe die von mir dafür verwendeten Farben angegeben. Versuch mal, diese Mischungen zu reproduzieren.

DIE EIGENE FARBPALETTE

Wenn du mit dem Aquarellmalen beginnst, wirst du dich bald zu bestimmten Farben, Mischungen und Schattierungen hingezogen fühlen. Ich habe meine eigene Farbpalette, die du auch für die Übungen in diesem Buch verwenden solltest. Ich bin mir aber sicher, dass du dir in kürzester Zeit auch deine eigene Palette zusammenstellen willst. Gut so: Alle Beispiele in diesem Buch sind ja nur Vorschläge von mir, um dich mit dieser Art der Modeillustration vertraut zu machen. Sobald du deine eigenen Arbeiten individueller gestalten möchtest – nur zu! Die Gegebenheiten ändern sich schnell, gerade in der Modeillustration – aufwendigere Bildkompositionen werden andere Ansätze erfordern. Das alles, zusammen mit deinem individuellen Geschmack, wird deine Arbeiten einzigartig machen.

Verlagshinweis: Für die Illustrationen in diesem Buch verwendete der Autor Aquarellfarben von Winsor & Newton, die über den Fachhandel (stationär oder im Internet) zu beziehen sind. Selbstverständlich können auch die Farben anderer Hersteller verwendet werden.

Eine Farbpalette zum Vergleich findest du mit den hier wie im Original verwendeten englischen Bezeichnungen, wenn du auf der Website

https://www.winsornewton.com/na/paint/watercolour/professional-watercolour/

die Rubrik »Download Colour Chart« anklickst.

Eine Farbpalette mit den deutschen Bezeichnungen findest du zum Beispiel hier:

https://www.kunstpark-shop.de/out/pictures/media/farbkarten/Farbkarte-Winsor-Newton-Aquarellfarben.pdf

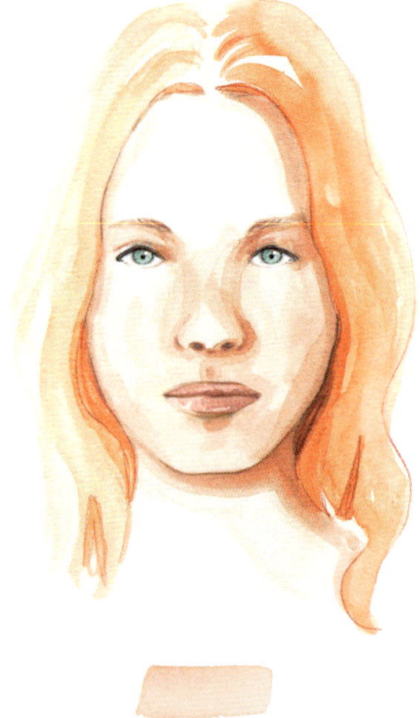

Cadmium Red + Chinese White + ein bisschen Cadmium Yellow

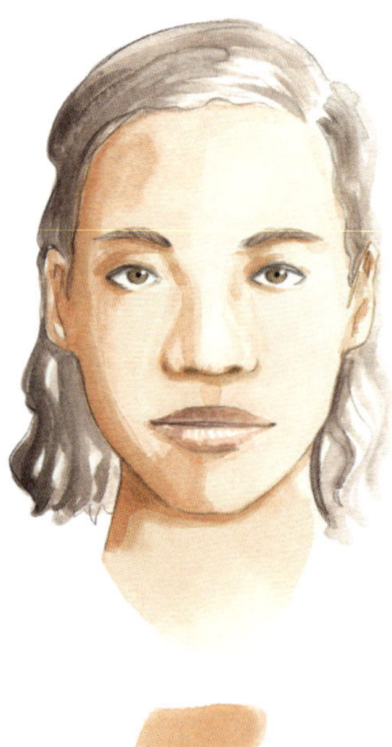

Cadmium Red + Yellow Ochre Light + Chinese White

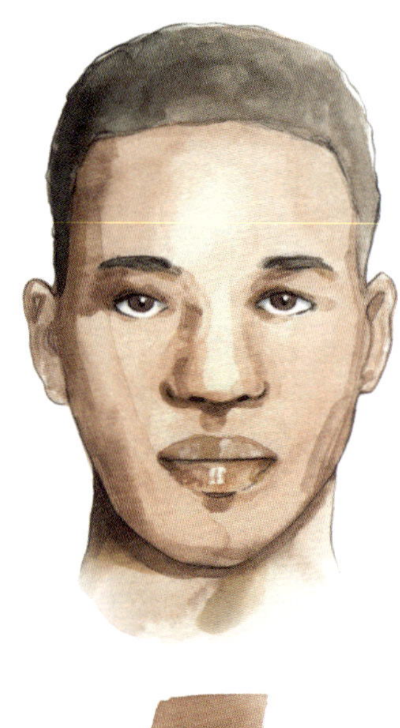

Vandyke Brown + ein bisschen Cadmium Red sowie Indigo

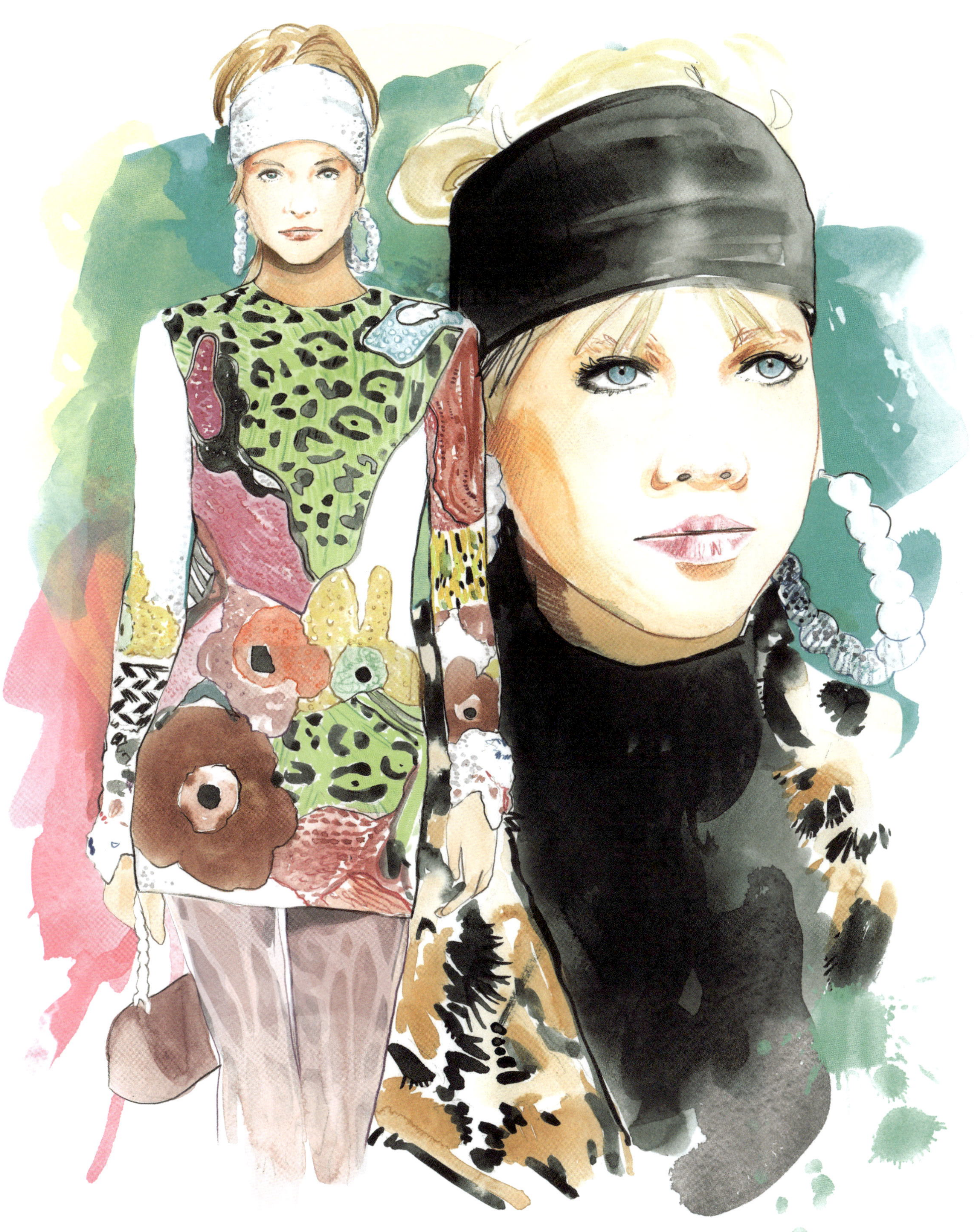

MODE ILLUSTRIEREN

Illustration ist ein wertvolles Gut in der Modeindustrie, in der sich seit dem »Goldenen Zeitalter« der Modeillustration ein Netzwerk unterschiedlicher Möglichkeiten und Zwecke entwickelt hat. Heute ist sie neben den Live-Shows und der Fotografie eine gute Gelegenheit für Modedesigner, ihre Konzepte und Ideen zu entwickeln und zu präsentieren.

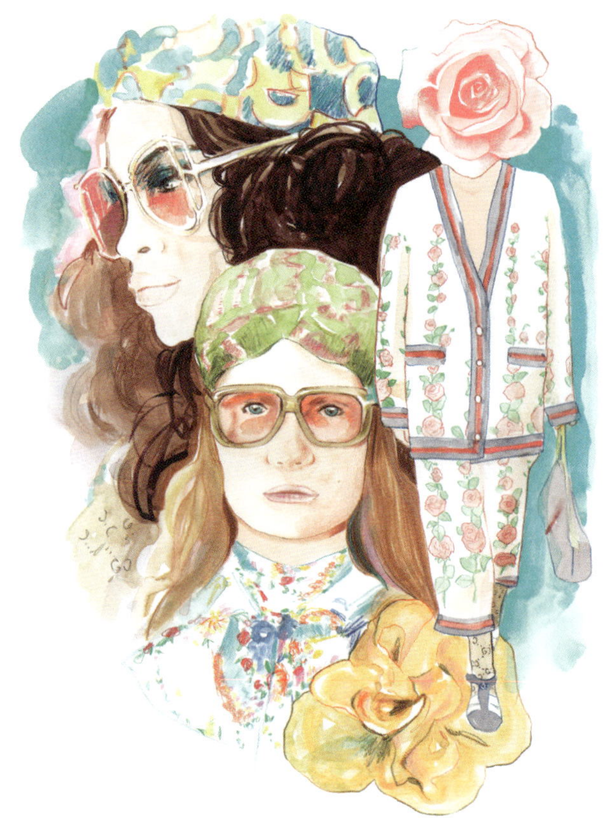

Arbeiten in der Modeindustrie

Illustrator:in zu sein, ist ein echter Beruf: Modemarken und Designbüros suchen oft die Zusammenarbeit mit Illustrator:innen, um ihre Kollektionen neu zu präsentieren und ihre Sichtweisen zu erweitern. Solche Partnerschaften führen schließlich zur Produktion illustrierter Inhalte, die auf viele verschiedene Arten und Weisen verwendet werden können – sei es in der Werbung, in diversen Medien oder zur Gestaltung schöner Kampagnen.

NEUE AUFGABENFELDER

Das Aufblühen digitaler Plattformen und der sozialen Medien hat nicht nur neue Wege für Illustrator:innen geschaffen ihre Arbeiten zu präsentieren; damit entwickelten sich auch neue berufliche Möglichkeiten. So brauchen Modemarken oftmals illustrierte Inhalte für ihre Websites, um Newsletter zu gestalten, auf Online-Plattformen und in den sozialen Medien aktiv zu sein.

Trendprognose-Agenturen sagen für jede Saison in der Welt der Mode und des Designs die neuesten Entwicklungen voraus, und dafür stellen sie häufig sogenannte Trendbooks zusammen, um ihre Analysen auch visuell präsentieren zu können. Dafür kooperieren sie gern mit Illustratorinnen und Illustratoren, die ein bestimmtes Thema zeichnerisch umsetzen und dabei mit vielen Details arbeiten müssen, die möglichst realistisch wiedergegeben werden sollen.

Verlage, Magazine und Zeitungen sind nach wie vor wichtige Medien für Illustratorinnen und Illustratoren. Sei es, um ein Cover zu gestalten, oder zur Illustration redaktioneller Inhalte in Magazinen und Büchern.

Andere Bereiche, die es zu erkunden gilt, sind Lifestyle, Beauty und Porträts.

Auch das Live-Zeichnen bei Events oder für Reportagen ist ein interessanter Bereich. Dazu erzähle ich an anderer Stelle noch mehr, da dies ein fester Teil meiner eigenen beruflichen Praxis ist.

FORTSETZUNG FOLGT …

Die Modeillustration entwickelt sich ständig weiter und findet immer neue Ausdrucksmöglichkeiten. Mir kommt sie so vor wie ein Fotoobjektiv, mit dem ich das Modeuniversum dokumentieren und zugleich filtern kann. Immer im Blick behalte ich dabei, wie sich Stile, ja ganze Gesellschaften verändern. Stets herausfordernd bleibt zudem die Suche nach neuen kreativen Lösungsansätzen, und immer geht es auch um einen offenen Dialog nicht zuletzt mit sich selbst.

Ich selbst komme ja nicht aus dem Modedesign, deshalb geht es in diesem Buch auch weniger um die technischen Aspekte, die für einen Designer relevanter sein mögen. Mir geht es in der Modeillustration vor allem um Ausdruck, Kommunikation und Erkundung um die Fähigkeit, eine Botschaft zu vermitteln, eine Geschichte aufzuschlüsseln und ein Gefühl, eine Idee, eine Atmosphäre visualisieren zu können. Gute Illustrator:innen sollten in der Lage sein, ein vorgegebenes Briefing bestmöglich umzusetzen, die jeweilige Vision zu respektieren und, gefiltert im Blick der eigenen kreativen Welt, zu transportieren.

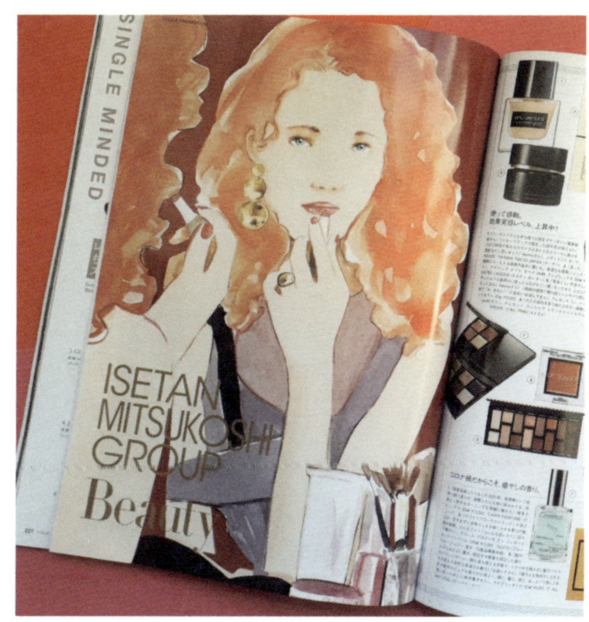

Beauty-Illustration für die japanische Vogue

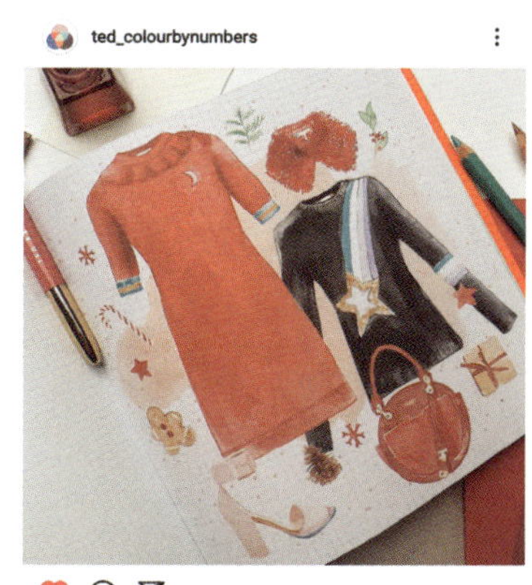

Illustration für Ted Bakers Instagramaccount

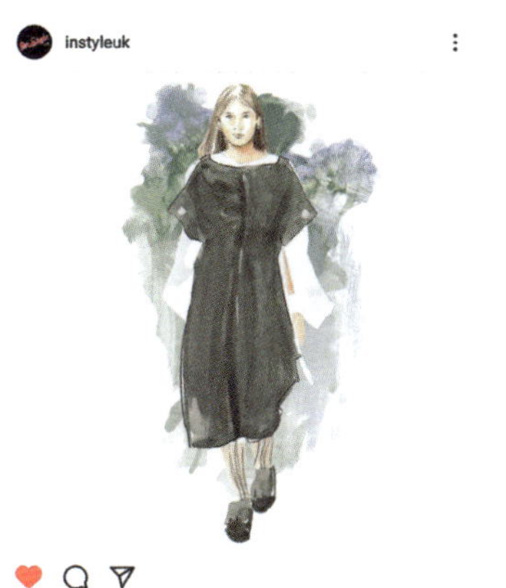

Illustration zur London Fashion Week

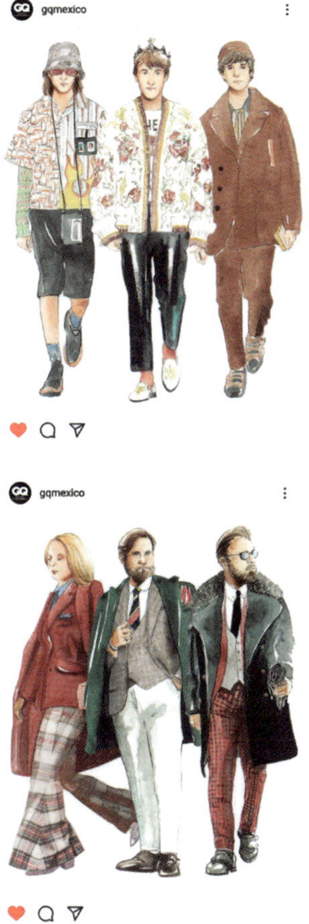

Zwei Illustrationen von der Fashion Week für GQ México

DEN CHARAKTER TREFFEN

Es ist ein weitverbreiteter Irrglaube, dass in der Modeillustration allein die Kleidung und die Accessoires im Vordergrund stünden. Tatsächlich sind das Gesicht, die Haare, der Körper genauso wichtig. Bei der Modeillustration kann es sehr viel Spaß machen, das alles zu entdecken und zu erforschen.

Ein Gesicht mit einem bestimmten Look, einer bestimmten Frisur, einer bestimmten Attitüde kann zum Look der Kleidung passen und so dazu beitragen, eine bestimmte Botschaft zu vermitteln.

Das sehen wir uns hier mal etwas genauer an.

Allgemeine Merkmale

Ein ganzes Gesicht abzubilden kann eine Herausforderung sein – aber keine Angst, du wirst auch Spaß daran haben! Der erste Schritt zum Erfassen eines Gesichts ist das genaue Beobachten. Ein Gesicht kann sehr komplex sein und in der Form drastisch variieren, deshalb sind Beobachtungsübungen im wirklichen Leben oder anhand von Abbildungen die Voraussetzung zur Beherrschung der realistischen Darstellung eines Gesichts.

In der Modeillustration haben wir verschiedene Ansätze. Einige arbeiten weniger mit authentischen Proportionen, um ein schlankeres und ausgewogeneres Gesicht zu zeichnen, andere bevorzugen ihre individuelle Stilisierung. Ich versuche in der Regel, der Realität treu zu bleiben – das heißt aber nicht, dass du das nicht auch ganz anders machen kannst.

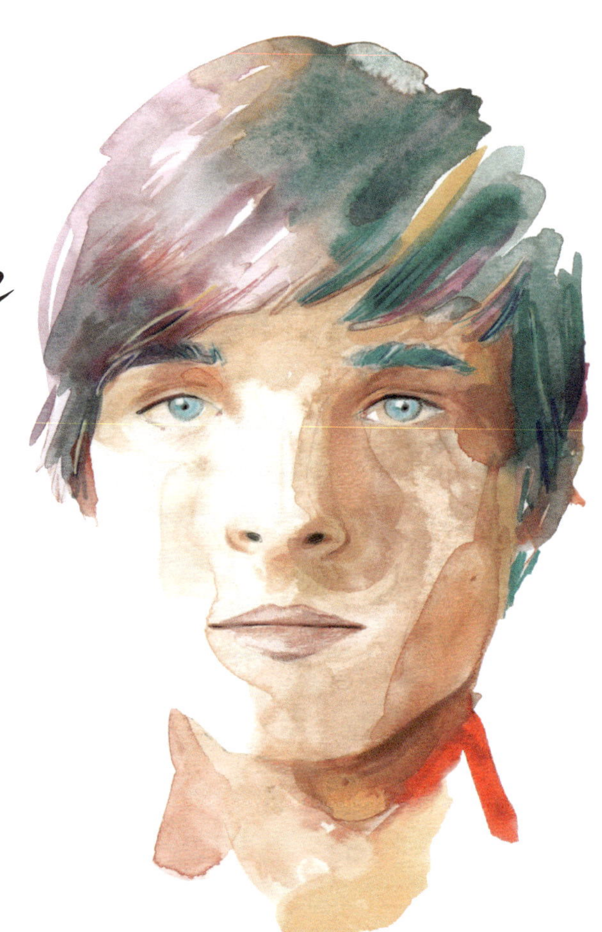

AUGEN

Die Augen sind das markanteste Merkmal in einem Gesicht. Sie charakterisieren jemanden wirklich – oft sind sie alles, was wir brauchen, um einander zu erkennen. Achtet bei der Gestaltung der Gesichter besonders auf die Augen – sie können den ganzen Ausdruck bestimmen und definieren somit auch die Wirkung des Bildes.

Das Auge ist mandelförmig, wird oben und unten von den Augenlidern umfasst mit der Pupille (dem schwarzen Punkt) in der Mitte der (farbigen) Iris. Die Pupille und die Iris sind von der Sklera umgeben, einer weißen Bindegewebsschicht. Zusammen bilden sie eine kugelförmige Gestalt, die von den Augenlidern leicht bedeckt wird.

Das obere Augenlid erzeugt meist einen Schatten auf der Sklera; wenn du diesen mit einbeziehst, erhält deine Zeichnung mehr Tiefe. Ebenso wichtig ist das Glanz- oder Spitzlicht: Das auf dem Auge reflektierte Licht bringt Leben in alles, deshalb solltest du unbedingt einen kleinen weißen oder sehr hellen Punkt einarbeiten.

Augenbrauen und Wimpern können den Ausdruck des Auges und des gesamten Gesichts bestimmen. Beginne mit einer ersten Ebene, um die gesamte Form zu erstellen, und verwende dann einen kleineren Pinsel oder Buntstift, um Haardetails hinzuzufügen.

Im Profil sieht das Auge wie ein Dreieck aus. Das Glanzlicht könnte auch fehlen, aber ich schlage vor, eines hinzuzufügen, da es einen viel wirkungsvolleren Look erzeugt.

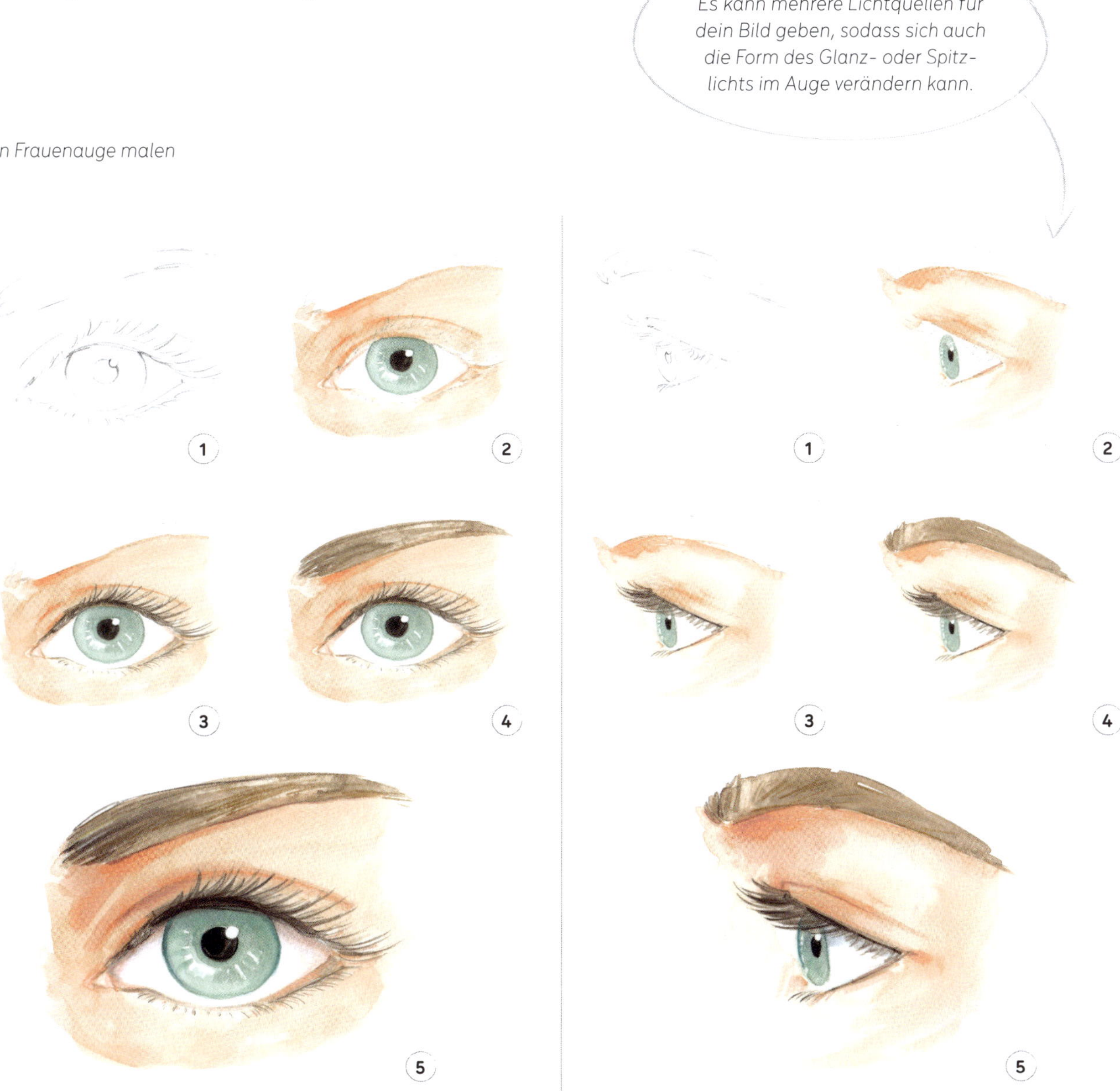

Ein Frauenauge malen

Frontalansicht — *Im Profil*

DIE LIPPEN

Ober- und Unterlippen bilden den Mund. Ihre Form variiert von Person zu Person, aber in der Regel ist die Oberlippe kleiner und die Unterlippe voller. Das zeigt sich auch in der Seitenansicht: Im Profil ragt die Oberlippe meist etwas mehr heraus als die Unterlippe.

Mit den Augen tragen die Lippen zum Gesamteindruck eines Gesichts bei. Eine effektvolle Methode, einem gemalten Mund mit Wasserfarben mehr Tiefe zu verleihen, ist es, ein paar kleine helle Stellen übrig zu lassen, besonders auf der Unterlippe. Um einen stärkeren Kontrast zu erzeugen, empfehle ich dir zudem, die Linie zwischen den Lippen zu akzentuieren.

Um ein volles Lächeln zu zeigen, brauchst du nicht jeden Zahn einzeln zu malen. Stattdessen macht es mehr Sinn, nur die Andeutung eines Lächelns wiederzugeben (siehe rechts). Dazu deutest du nur leicht das Zahnfleisch an und gestaltest dunklere Stellen in den Mundwinkeln. Auf diese Weise wird das Lächeln so elegant wie möglich gehalten.

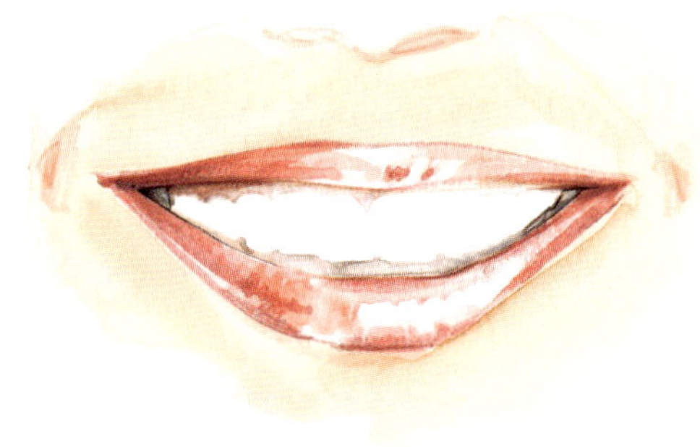

Ein volles Lächeln

Die Lippen einer Frau malen

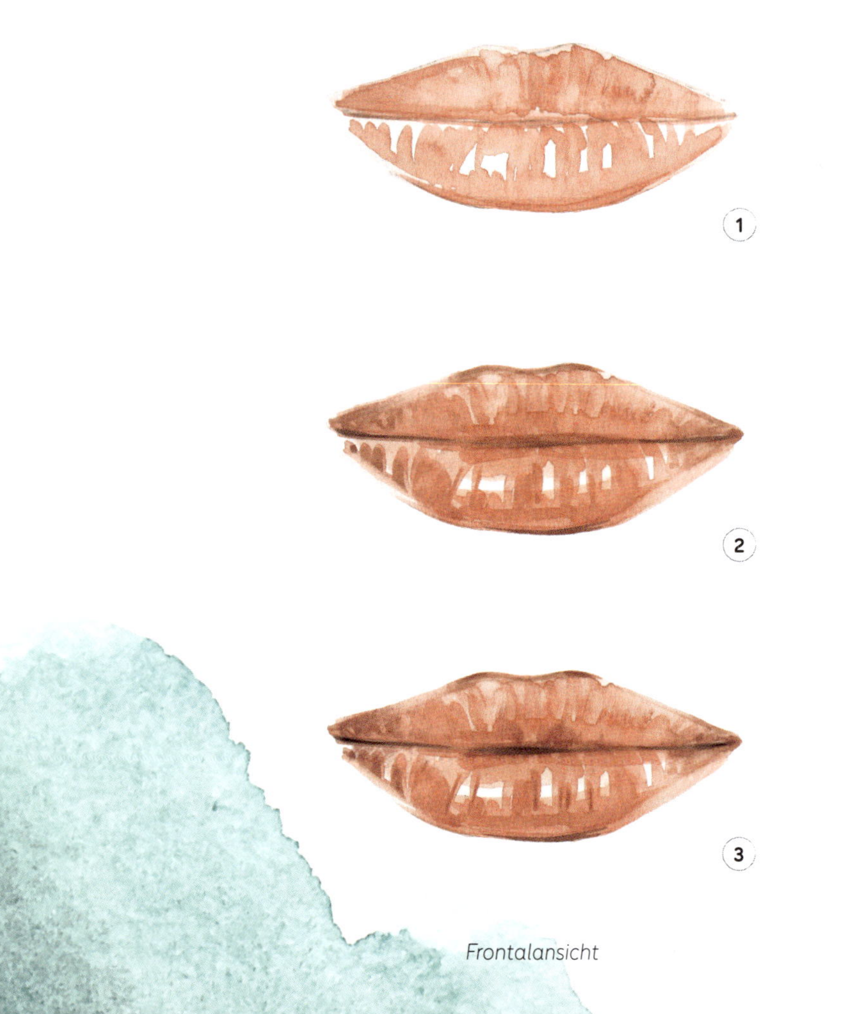

Frontalansicht

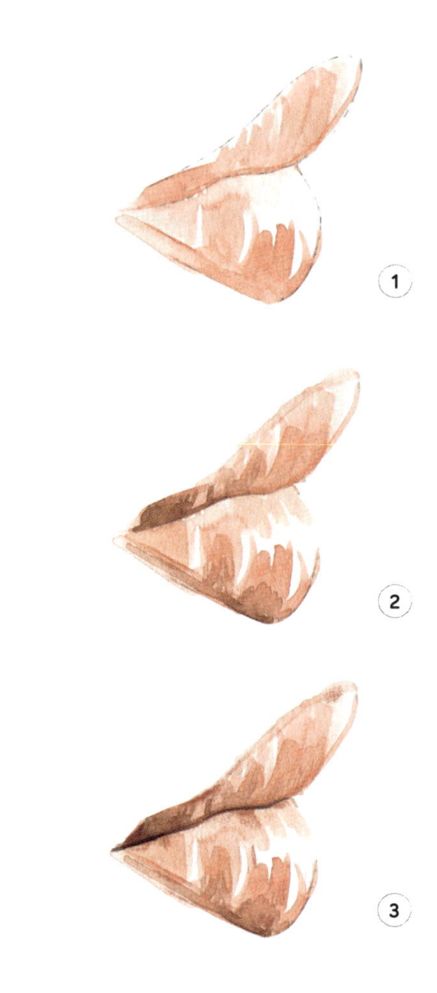

Im Profil

DIE NASE

In der Frontalansicht ist die Nase meist einfach zu zeichnen. Um sie so plastisch wie möglich aussehen zu lassen, identifizierst du zunächst die hellsten und die dunkelsten Partien. Der Nasenrücken wird oft nur angedeutet – am besten konzentrierst du dich auf die Nasenlöcher als dunkelste Punkte, die der Nase zusammen mit dem fleischigen Teil darum herum ihre Form geben. Lass die Nasenspitze als hellsten Bereich stehen.

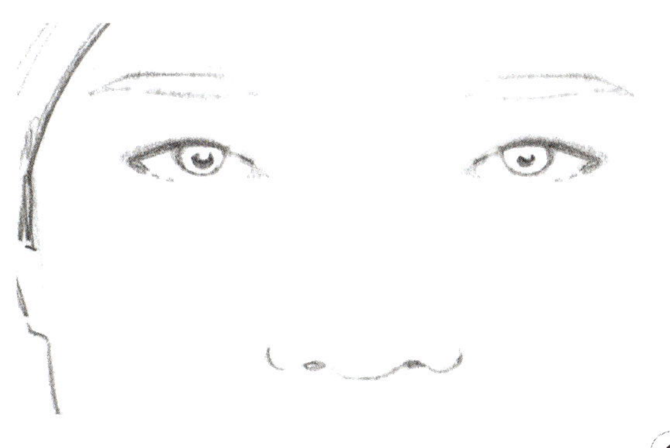

1

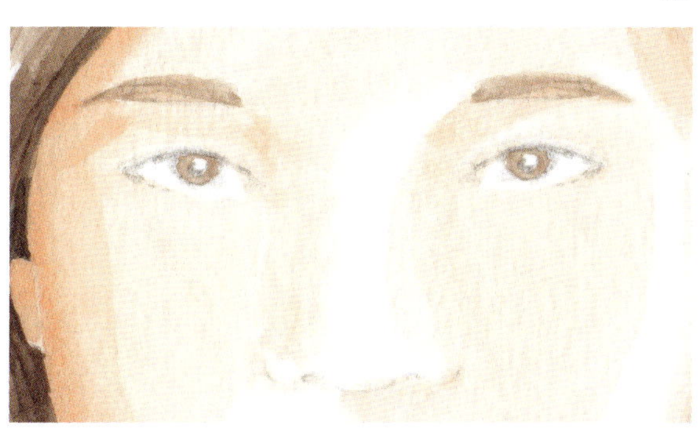

2

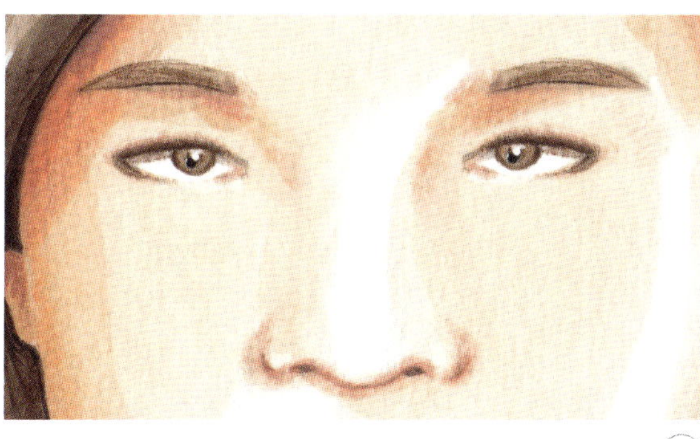

3

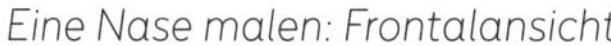

Eine Nase malen: Frontalansicht

DIE OHREN

Für die Ohren gilt das gleiche Verfahren wie bei der Nase: Erst die dunkelsten Bereiche identifizieren. Das gibt dir sofort eine Vorstellung von der Form der Ohren, die du schnell wiedergeben kannst.

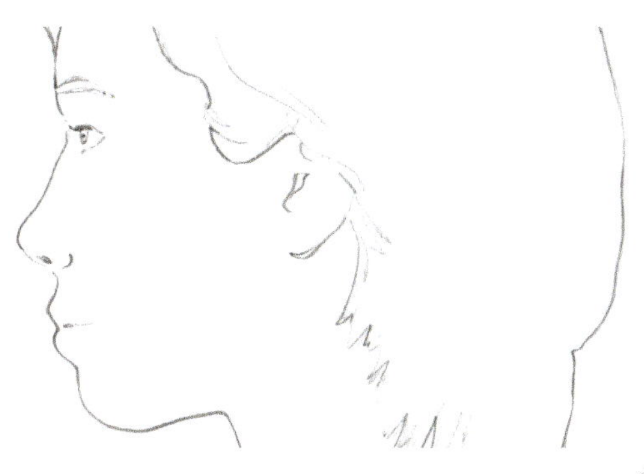

1

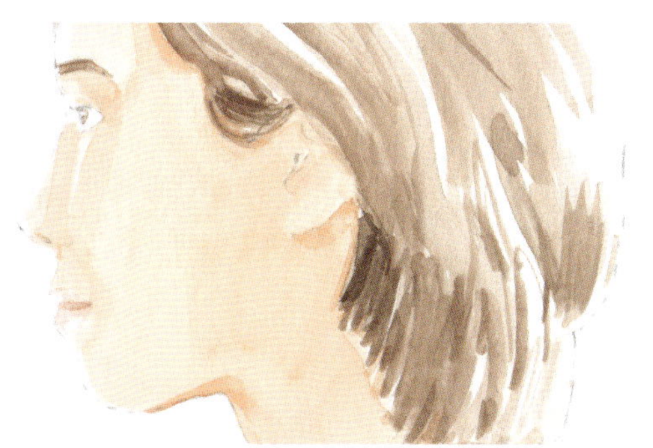

2

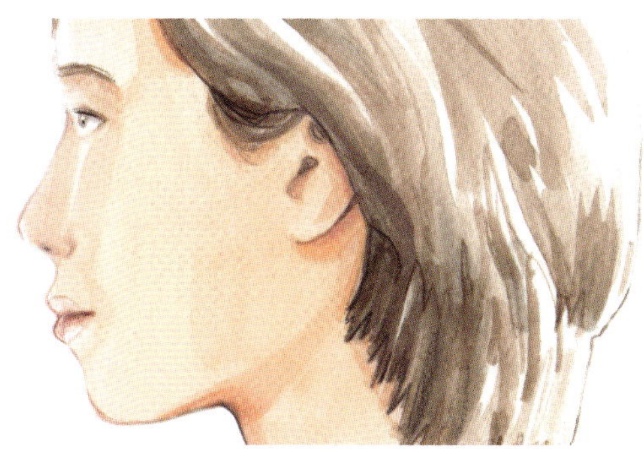

3

Ohren malen

Frauengesichter

Das Gesicht einer Frau hat in der Regel elegantere und anmutigere Züge als das eines Mannes. Wir haben uns bereits mit dem Zeichnen von Augen, Augenbrauen, Lippen, Nasen und Ohren befasst; nun geht es um das Gesicht als Ganzes in realistischen Proportionen.

GESICHTSFORM

Kein Gesicht ist perfekt symmetrisch, also versuche erst gar nicht, nach Perfektion zu streben. Nimm dir lieber viel Zeit, die verschiedenen Merkmale eines jeden Gesichts zu genießen und wertzuschätzen.

Eine Seitenansicht kann einfacher sein als die Frontalansicht, dennoch ist es immer noch eine Herausforderung, sie zu erfassen. Konzentriere dich auf die Kurven, die das Profil bilden, insbesondere um die Augenbrauen herum, und versuche eine Harmonie zwischen der Nase, den Lippen und dem Kinn herzustellen. Die Nasenlöcher sowie die Bereiche unter dem Kinn und den Ohren sind üblicherweise die dunkelsten Stellen eines Profils.

Die Dreiviertelansicht eines Gesichts kann schwieriger darzustellen sein als die Frontal- und Seitenansicht, aber sie bietet einen besonderen Blickwinkel, der in der Modeillustration nützlich sein und dir neue Möglichkeiten eröffnen kann. Berücksichtige dabei auch unterschiedliche Perspektive – insbesondere ist eines der Augen, einschließlich der Augenbraue, in der Dreiviertelansicht kleiner als das andere.

MAKE-UP

In der Modeillustration geht es auch um Make-up. Visagisten spielen hier eine zentrale Rolle, und ein ansprechendes Augen-Make-up kann auch deine Arbeit aufwerten. Es lässt sich als zentralen Blickfang inszenieren oder auch nur, um einige wichtige Akzente zu setzen.

Zudem eignen sich die verschiedenen Farben eines Lippenstiftes gut zum spielerischen Ausprobieren und Erforschen in der Modeillustration.

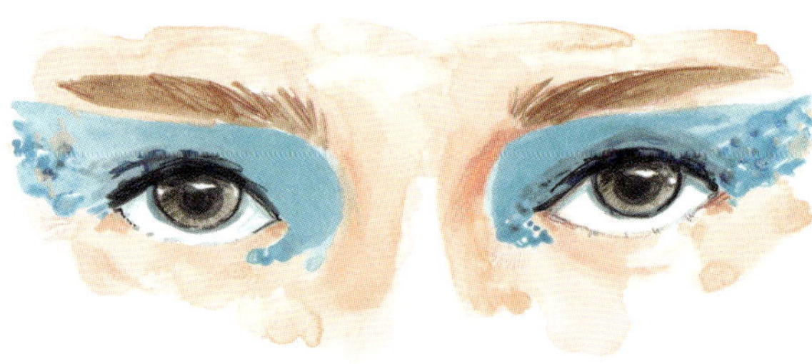

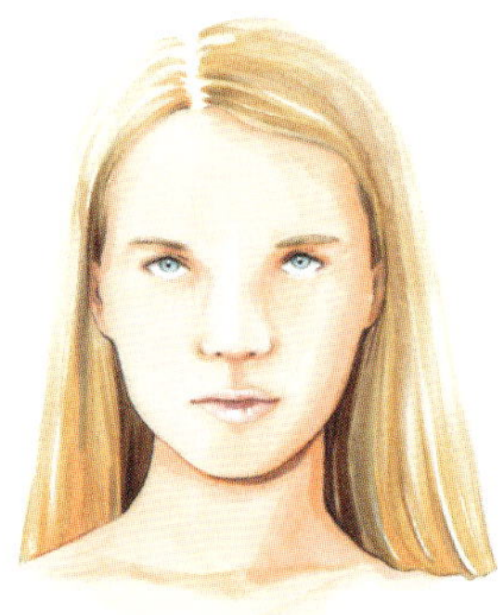

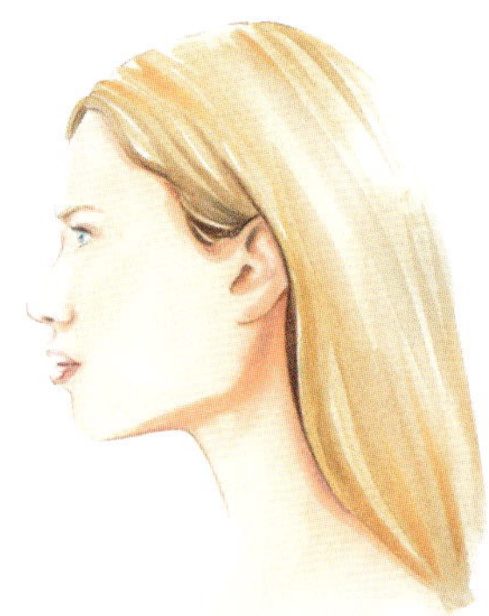

Gesichtsform 1

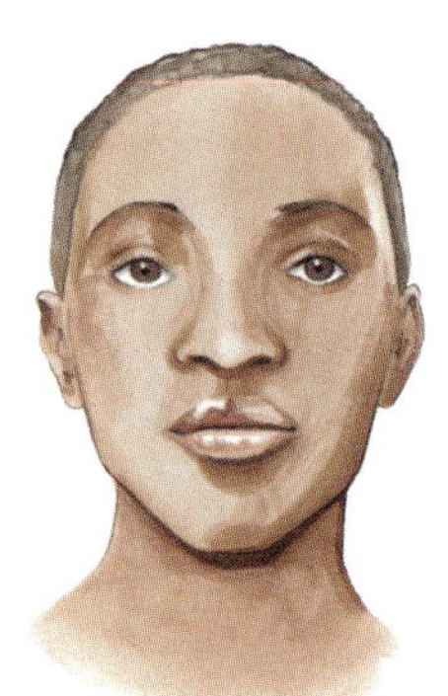

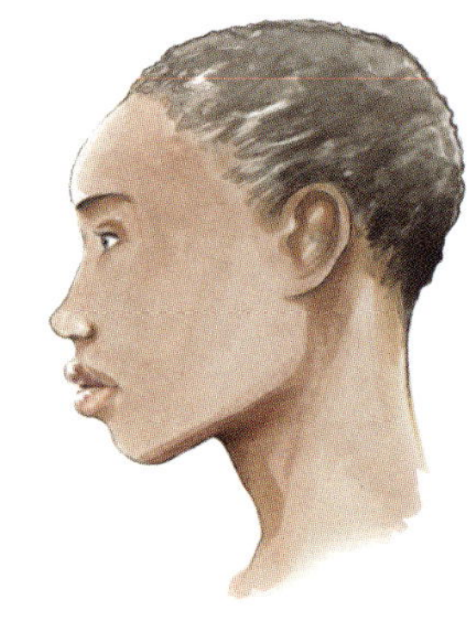

Gesichtsform 2

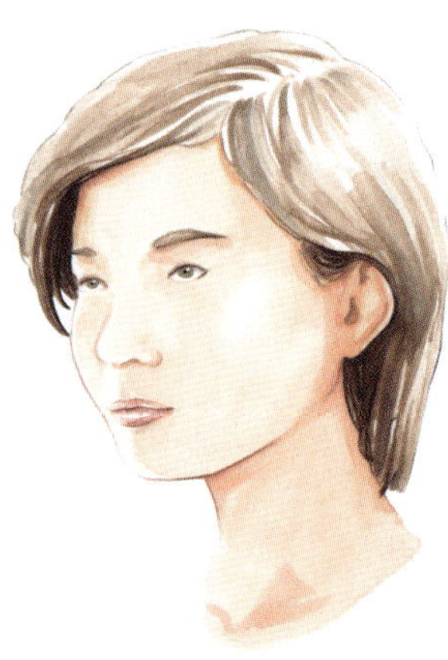

Dreiviertelansicht

Männergesichter

Im Vergleich zur Frau hat das Gesicht eines Mannes in der Regel etwas kräftigere Züge. Die Nase kann ausgeprägter sein, auch der Nasenrücken etwas präsenter. Die Kieferlinie und das Kinn können etwas straffer und weniger abgerundet sein.

AUGEN

Wegen der Knochenstruktur befindet sich bei den Männern die Augenbraue meist etwas näher am Auge als bei den Frauen, ihr Verlauf ist weniger gewölbt, und sie ist etwas breiter als die weibliche Augenbraue. Die Wimpern sind meist kürzer und weniger fein.

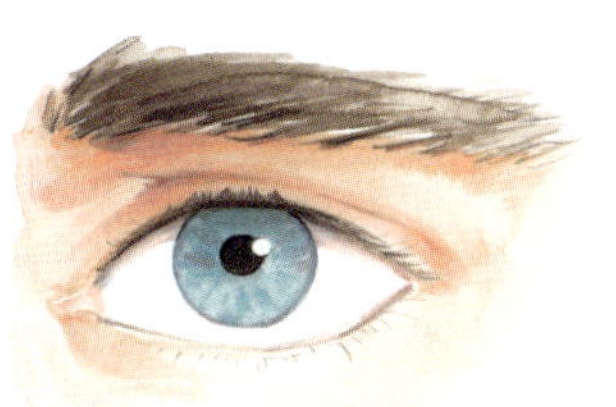

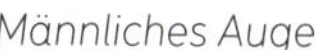

Männliches Auge

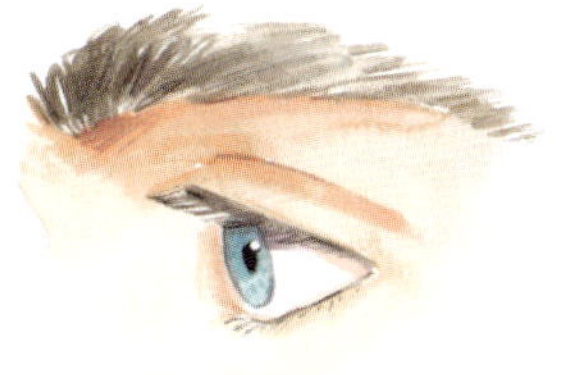

Männliches Auge im Profil

GESICHTSBEHAARUNG

Bartstoppeln und ausgewachsene Bärte bieten die unterschiedlichsten Gestaltungsmerkmale. Ich empfehle dir, alles möglichst natürlich und nicht zu detailliert zu halten, da es sonst in die Karikatur übergehen kann. Identifiziere zunächst die dunklen und hellen Teile der Gesichtsbehaarung und füge dann einzelne Striche mit einem kleinen Pinsel oder Bleistift in den dunkelsten Partien hinzu, um mehr Tiefe zu erzeugen. Achte auch auf die Schatten, die eine Gesichtsbehaarung im Gesicht wirft.

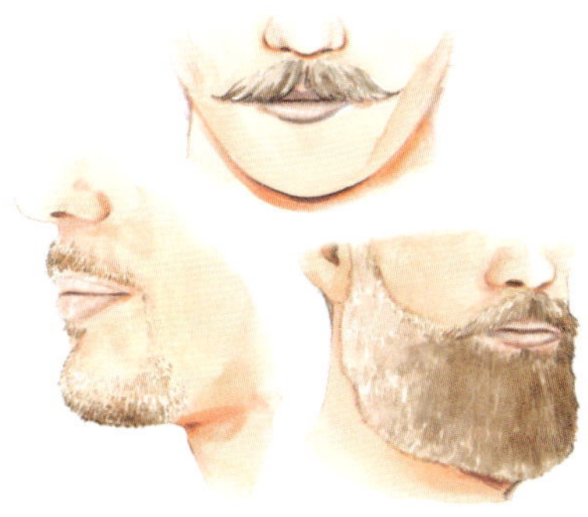

ANDERE UNTERSCHIEDE

Farblich gebe ich den Lippen eines Mannes oft einen gedeckten Ton, wobei ich darauf achte, dass dieser fein mit dem übrigen Gesicht verschmilzt und nicht zu hell ist. Die Linie zwischen der Ober- und Unterlippe kann bei den Männern etwas stärker akzentuiert sein als bei einem Mann.

Das männliche Gesichtsprofil ist in der Regel weniger geschwungen und ausgewogen als das weibliche, der Adamsapfel je nach Person unterschiedlich stark ausgeprägt.

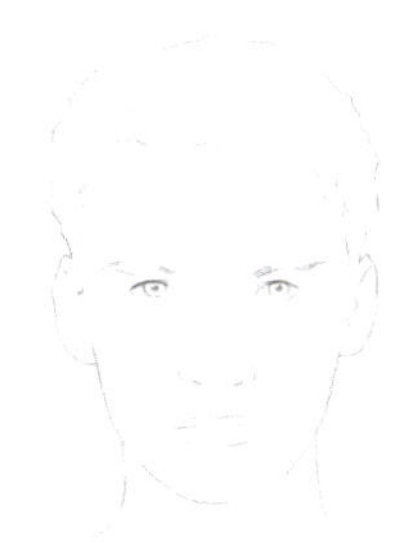

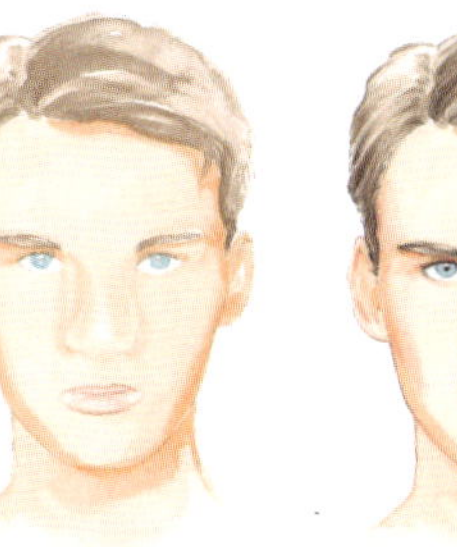

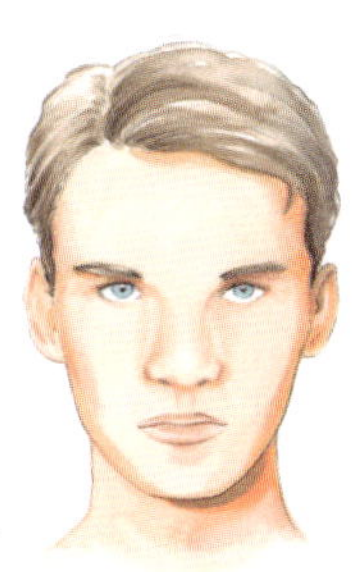

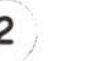

1 2 3

DIE ERSTEN SCHRITTE

Nun geht es darum, das, was wir gerade etwas eingehender studiert haben, in die Praxis umzusetzen. Nimm dir genügend Zeit, ein Gesicht zu betrachten, um seine je nach Ethnie und Geschlecht unterschiedlichen Merkmale zu verstehen. Du kannst dir ein Model suchen, dich von den hier gezeigten Gesichtsformen 1 und 2, von Zeitschriften oder vom Internet inspirieren lassen. Betrachte das Gesicht aus den unterschiedlichsten Blickwinkeln, mit und ohne Make-up, mit und ohne Gesichtsbehaarung. Viel Spaß!

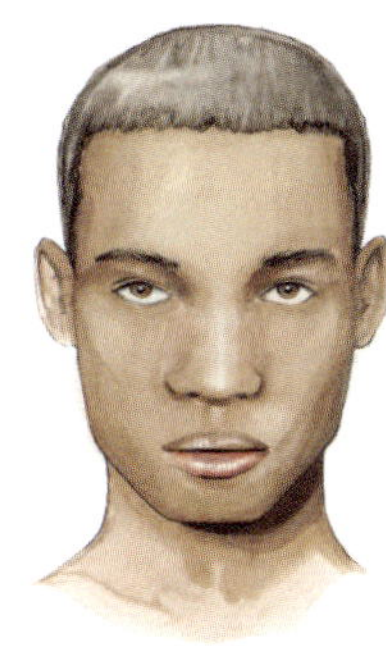

Gesichtsform 1

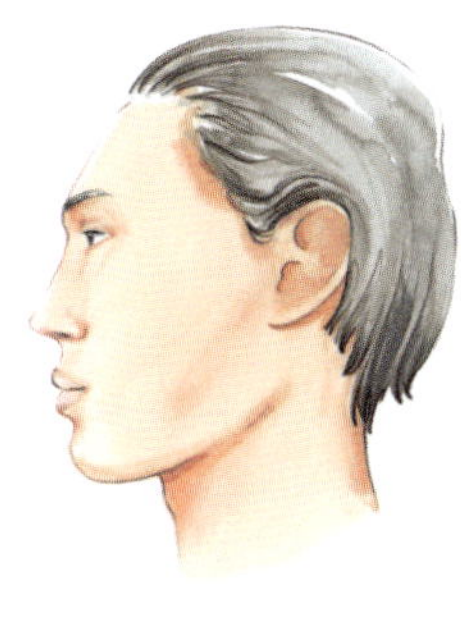

Gesichtsform 2

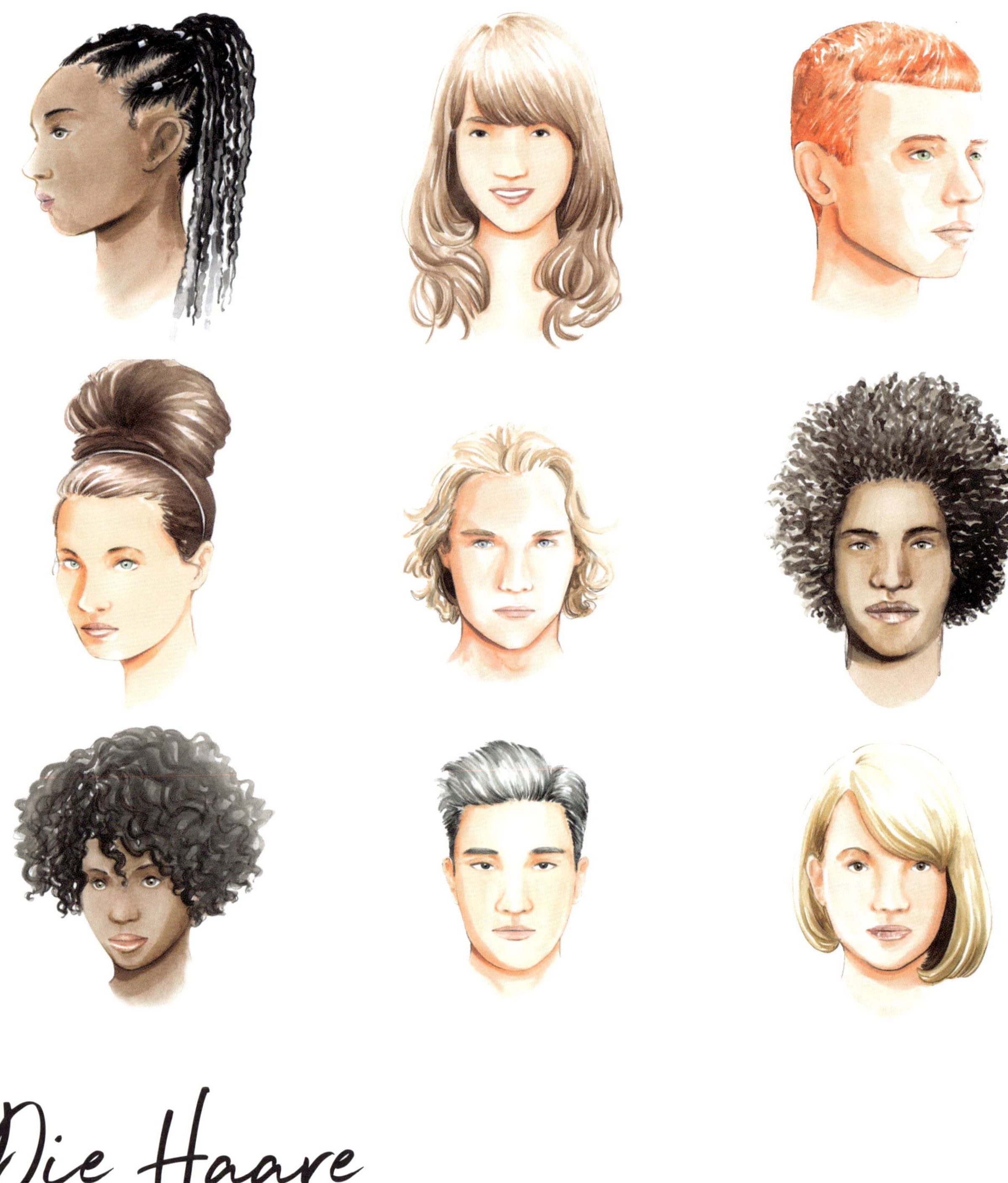

Die Haare

Wie das Make-up hilft auch die Frisur, einen bestimmten Ausdruck zu betonen. Hier oben findest du nur ein paar Beispiele für die verschiedensten Frisuren, die du ausprobieren kannst . Auf den nächsten Seiten zeige ich dir, wie es geht. Dabei gibt es so viel zu entdecken! Hairstylisten sind Künstler von eigenem Rang und verstehen es meisterlich, verblüffende, manchmal auch bewusst »over the top« angelegte Looks für die Models zu kreieren, die uns auf dem Laufsteg oder in den Modestrecken der Zeitschriften und Magazine begegnen.

Haare und Frisuren schön malen

Eine Frisur schön und stilvoll zu malen, ist in der Modeillustration genauso interessant wie das Malen eines Gesichts. Für mich eignen sich Aquarellfarben besonders gut für die Darstellung von Haaren, da sich damit Leichtigkeit, Struktur und Weichheit ausdrücken lassen. Schau dir immer wieder verschiedene Frisuren an, die du gerne für deine Illustrationen verwenden möchtest. Und dann probier es einfach aus! Im Allgemeinen musst du mindestens drei verschiedene Schichten definieren, um erfolgreich Haare malen zu können, um der Frisur ausreichend Volumen und eine interessante Form zu geben. Auch dabei geht es wieder um die Lichtquelle, die Richtung des einfallenden Lichts und darum, wie dieses auf der Oberfläche des Haares reflektiert wird.

Sei dir bewusst, dass Haare Schatten auf dem Gesicht oder dem Körper (Nacken, Schultern, Rücken) werfen. Je mehr du auf solche Details achtest, desto besser wird deine Illustration.

Um die Frisur möglichst lebendig erscheinen zu lassen, versuch erst gar nicht, jedes Haar einzeln zu definieren. Mit einem weiteren Mittelton könntest du noch etwas mehr Tiefe erreichen – aber übertreibe es nicht.

Für diese Farbskizze habe ich etwas Vandyke Brown-Aquarellfarbe verwendet, die für den ersten Schritt stark verwässert wurde, und einen runden synthetischen Pinsel Nr. 1.

1. Bei Aquarellfarben verwendest du üblicherweise das weiß gebliebene Papier als Glanzlicht. Beginne also bei den Haaren mit einer Mitteltonebene und berücksichtige dabei die Lichter, die du absichtlich papierweiß lassen willst.
2. Sobald deine erste Schicht getrocknet ist, kannst du einen dunkleren Ton hinzufügen.
3. In diesem Stadium habe ich nur ein wenig Buntstift hinzugefügt, um einige Bereiche zu definieren.

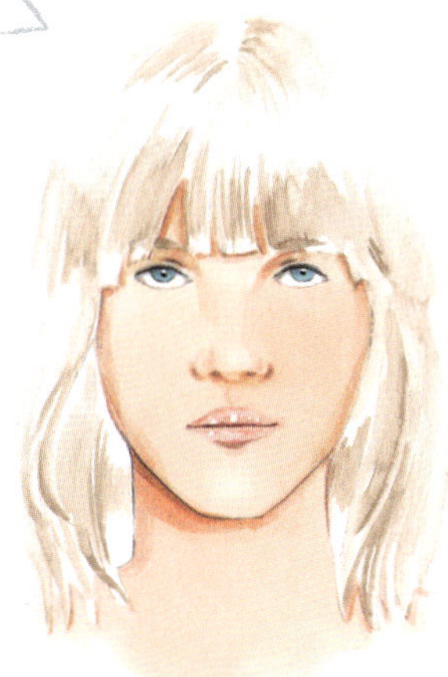

1

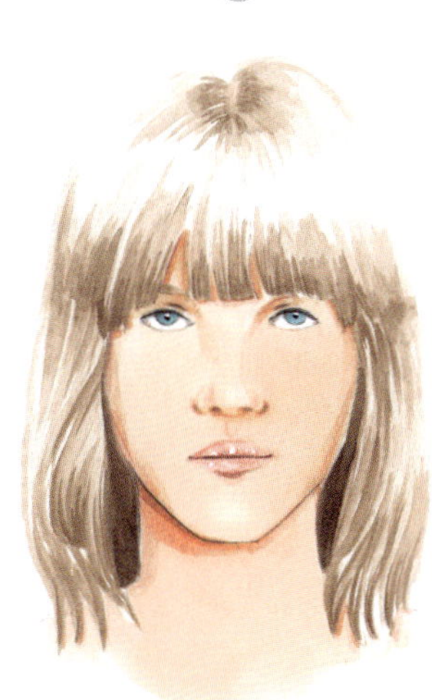

2

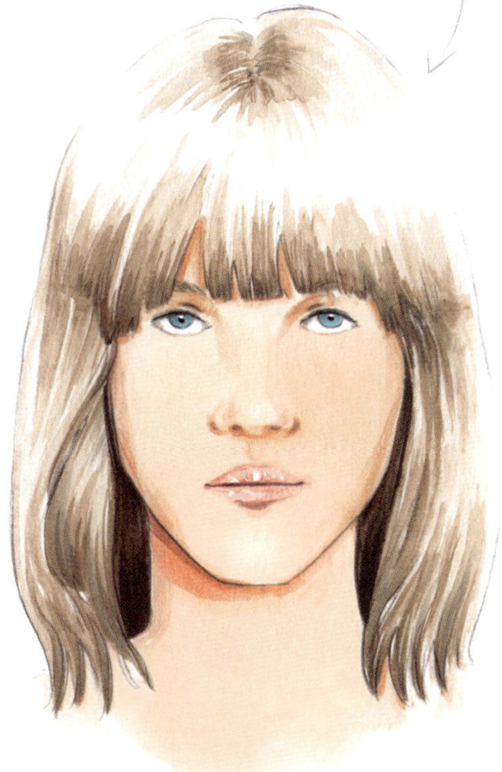

3

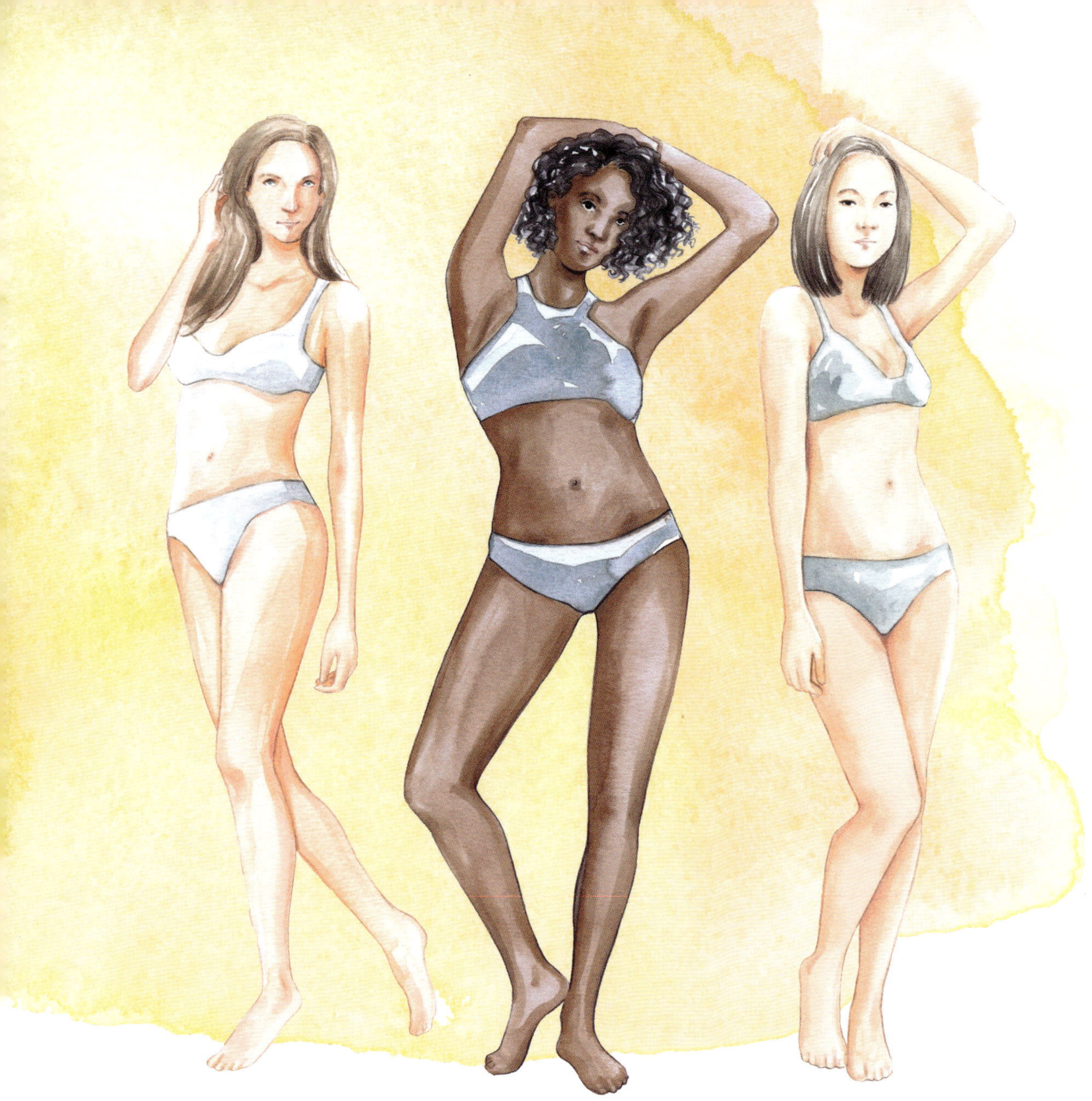

POSEN

Der menschliche Körper hat Künstler seit jeher inspiriert und fasziniert uns bis heute. Doch in der Modeillustration geht es vor allem darum, die Kleidungsstücke hervorzuheben. Deshalb ist es besonders wichtig zu definieren, in welcher Pose die entsprechende Kleidung am besten zur Geltung kommen wird, um dann darauf hinzuarbeiten. Posen können dynamisch oder statisch sein – auch das solltest du berücksichtigen, um deine Illustrationen zu verbessern.

Der Körper

Beobachtungen aus dem wirklichen Leben, in Verbindung mit einem gewissen Verständnis der Anatomie, bilden den Schlüssel zur erfolgreichen Darstellung einer Pose in einer Modeillustration. Dabei werden realistische menschliche Proportionen nicht immer eingehalten – zugunsten der künstlerischen Freiheit und um die gewünschte Vision umzusetzen. In meinen Arbeiten versuche ich in der Regel, möglichst nah an der Realität zu bleiben, wie die Beispiele auf dieser Seite zeigen. Doch sobald du die Grundlagen beherrschst, steht es dir frei, deine Entwürfe auch mehr zu stilisieren. Den menschlichen Körper zu erforschen ist eine aufregende Erfahrung, ihn in seiner ganzen Schönheit malerisch umzusetzen braucht Zeit und Geduld. Aber: Es lohnt sich!

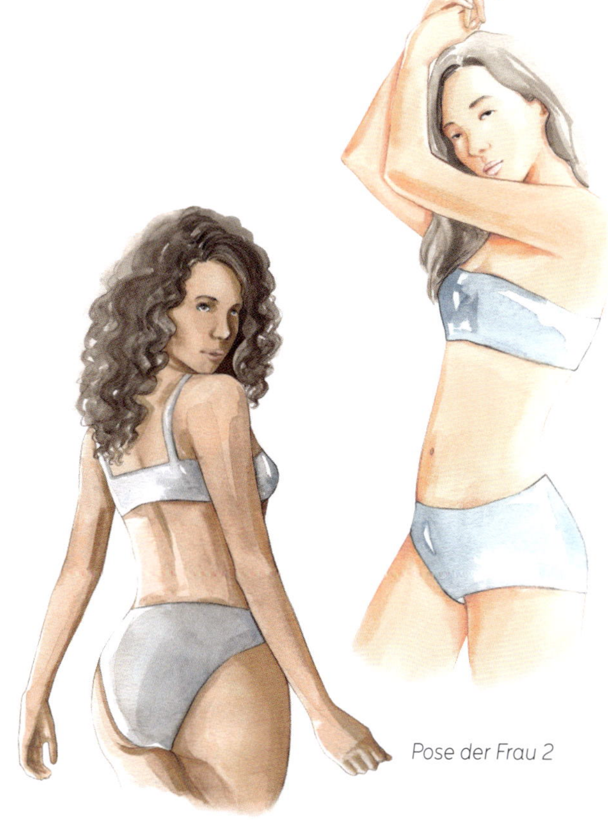

Pose der Frau 2

Pose der Frau 1

RÜCKANSICHT UND DREIVIERTELANSICHT

Eine Rückansicht (s. Pose der Frau 1) ist natürlich ideal, wenn es darum geht, die Rückseite eines Kleidungsstücks zu betonen. Aber auch in anderen Fällen – dann als die weniger übliche Variante – kann die Rückansicht ein neues, interessantes Element einer Modeillustration sein.

Wenn du eine dynamischere Pose wählst, solltest du immer darauf achten, wie die Kleidungsstücke platziert und dargestellt werden. Eine Dreiviertelansicht (s. Pose der Frau 2) ist die perfekte Wahl, um bestimmte Designs aufzuwerten. Mit Arm- und Handgesten lassen sich Haltung und Eleganz visualisieren.

FRONTALANSICHT

Vielleicht möchtest du die Aufmerksamkeit von den Kleidungsstücken ablenken, um eine bestimmte Atmosphäre zu vermitteln (darum geht es oft bei Illustrationen, die für einen redaktionellen Inhalt verwendet werden). Dann sollte die Pose die Attitüde des Models unterstreichen (s. Pose der Frau 3).

Die statische Frontalansicht wird besonders häufig bei Modeillustrationen verwendet. Sie erinnert an die Lookbooks für neue Kollektionen, bei denen die Models frontal zur Kamera stehen (s. Pose der Frau 4). Diese Ansicht ist die einfachste Art, ein Kleidungsstück hervorzuheben, und kann immer dann eingesetzt werden, wenn du dich auf die Designs konzentrieren möchtest.

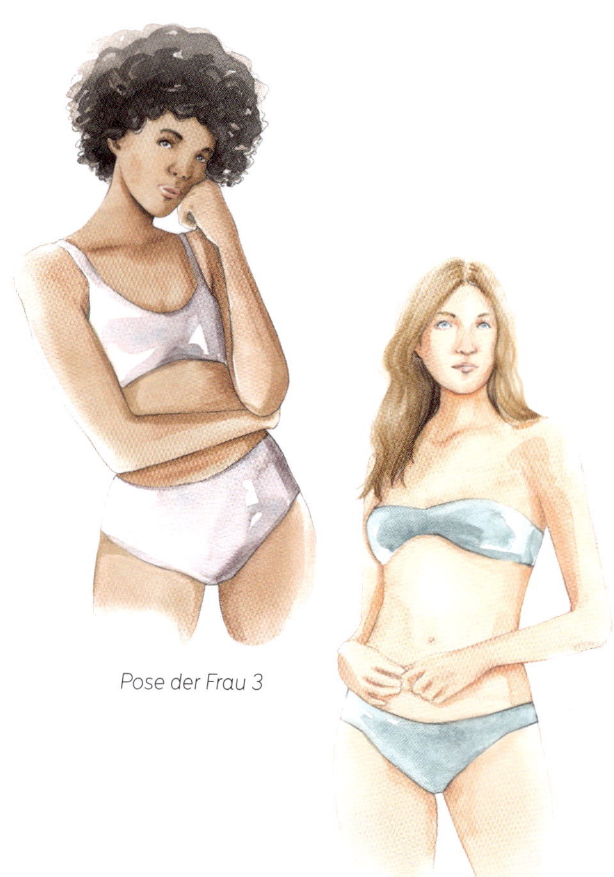

Pose der Frau 3

Pose der Frau 4

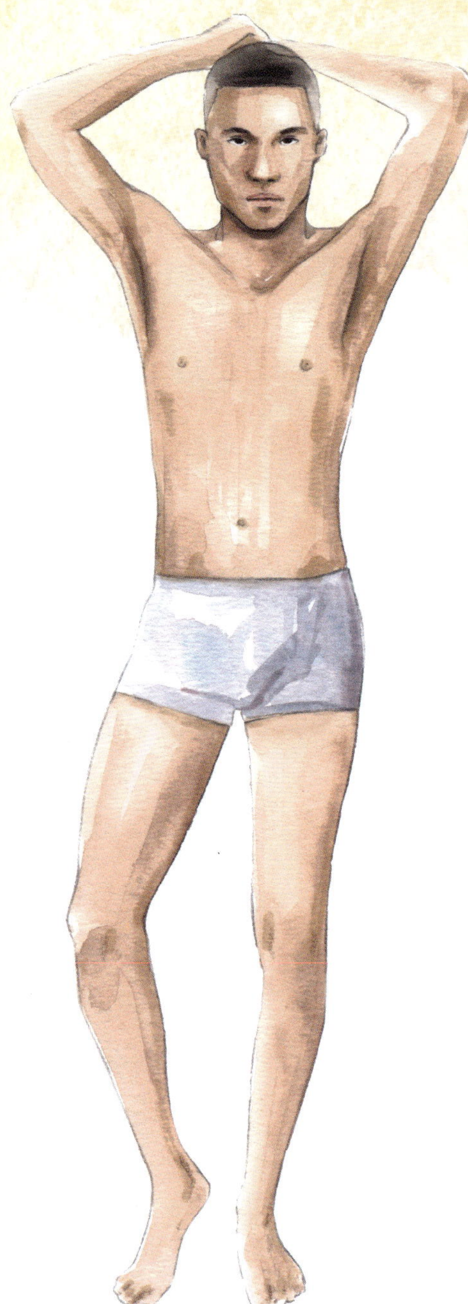

Pose des Mannes 1

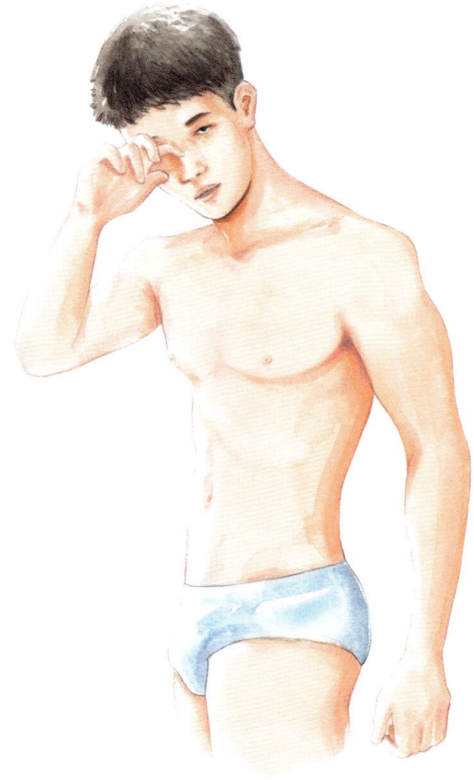

Pose des Mannes 2

WEITERE POSEN

Das Anheben der Arme kann die Figur verschlanken und eine spannende Pose erzeugen (s. Pose des Mannes 1). Außerdem lenkt es die Aufmerksamkeit auf das zu modellierende Oberteil.

Das Spiel mit den Armen und Händen kann knifflig sein, erzeugt aber meist eine überzeugende und lebendige Pose (s. Pose des Mannes 2).

Die Pose des Mannes 3 sieht recht statisch aus, doch die nicht ausbalancierten Arme erzeugen eine einfache, aber kraftvolle Haltung, vor allem im Zusammenspiel mit dem Winkel von Hals und Kopf.

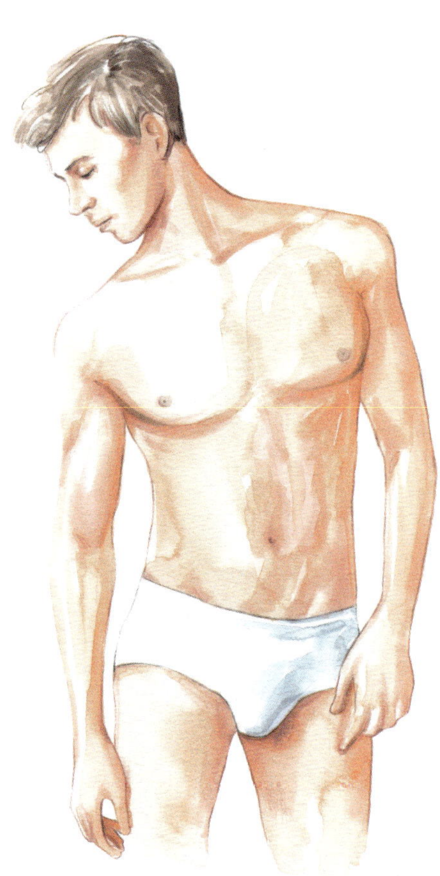

Pose des Mannes 3

LAUFSTEGPOSEN

Die Laufstegpose ist so etwas wie das Sinnbild der Modeindustrie und damit auch der Modeillustration. Dabei werden die Arme oft entspannt neben dem Körper gehalten. Einen selbstbewussten Eindruck erzielt man, wenn man die Hände in den Taschen oder auf den Hüften platziert. Ein Gefühl für die Bewegung erzeugst du, indem du die Frisuren sorgfältig malst und auch die Dynamik der Kleidungsstücke berücksichtigst. Um den Moment einer Aktion perfekt einzufangen und Spannung zu erzeugen, ist es sehr effektiv, ein Bein und einen Fuß nach hinten zu versetzen, manchmal auch in einem etwas dunkleren Ton schattiert (siehe Laufstegposen 1 und 2).

Hier kannst du auch gut den weiblichen und den männlichen Körper in ihren Darstellungsmöglichkeiten in der Modeillustration vergleichen: Traditionell wird die weibliche Figur im Vergleich zur männlichen zarter, kleiner, mit leichteren Knochen und weniger Muskelstruktur konzipiert (siehe Laufstegpose 2). Dadurch wirkt die Frau graziler. Arm- und Beinformen werden elegant und geschmeidig dargestellt, während die Hüften leicht akzentuiert sind. Der männliche Körper hat in der Regel eine schlanke, zugespitzte Linie: Die Schultern sind betont, die muskulären Details werden stärker hervorgehoben.

Die Laufstegpose vermittelt sofort eine gewisse Haltung und verweist auf den Glamour der Branche wie der Medien, die die Trends der jeweiligen Saison präsentieren. Eine solche Pose ist stilvoll, anspruchsvoll, energisch und stark. In der Frontalansicht sorgst du auch hier für eine klare Sichtbarkeit der Designs. Zugleich lassen sich Accessoires wie Handtaschen auf eine sehr natürliche Weise präsentieren, indem die Models sie einfach am Arm oder in der Hand tragen (siehe Laufstegposen 3 bis 6).

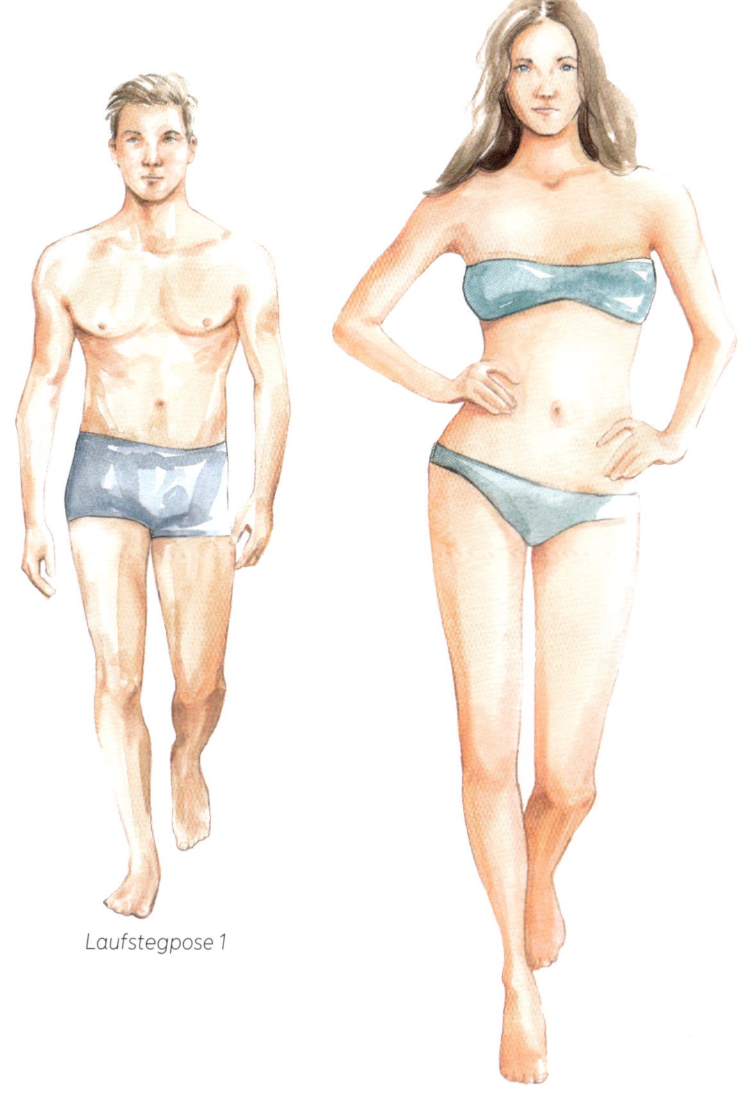

Laufstegpose 1

Laufstegpose 2

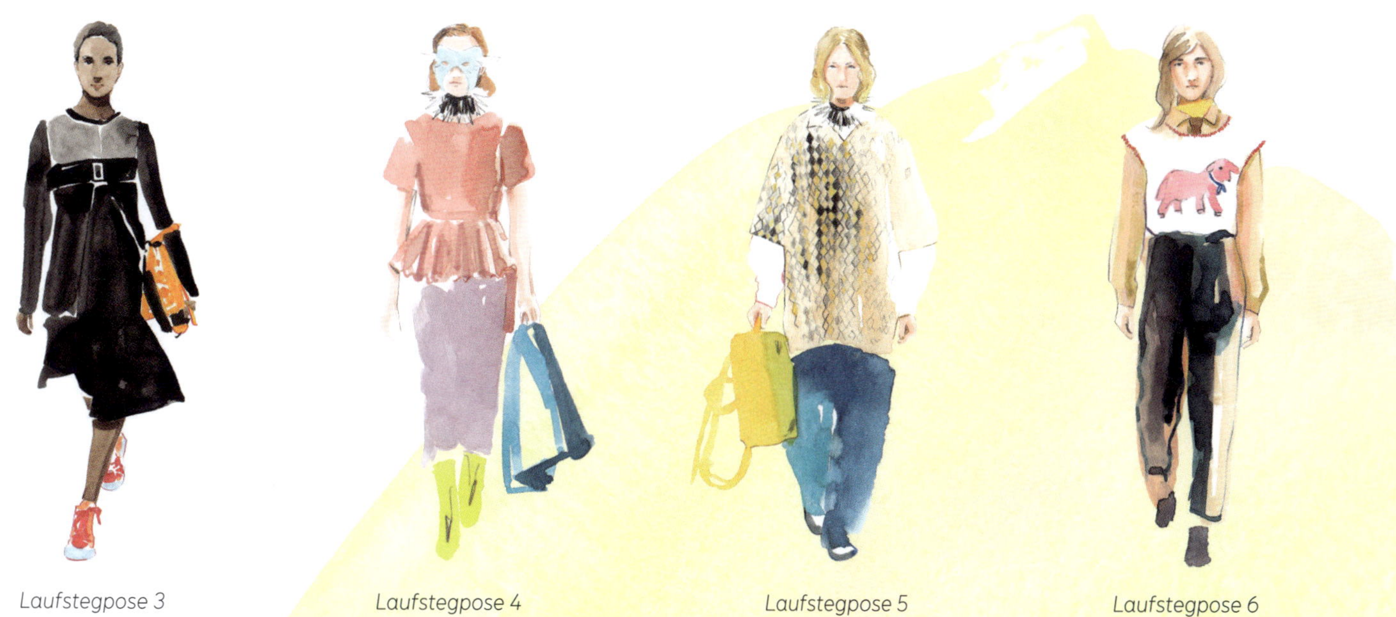

Laufstegpose 3

Laufstegpose 4

Laufstegpose 5

Laufstegpose 6

Beispiele

Accessoires können zu deiner kreativen Vision beitragen oder sogar das Element sein, um das herum du deine Illustration aufbaust – wie in der Pose 1, in der der Schirm und der Lampion die gesamte Figur stützen.

Die Komposition der Pose 2 erzeugt ein Gefühl der Bewegung – durch die Gehhaltung des Models, die fließenden Haare und den schwingenden Rock. Ganz anders ist dagegen die Dynamik bei einer sitzenden Figur (s. Pose 3).

In Pose 4 lenkt die Weißfläche als negativer Raum den Fokus auf das Model und das bedruckte Kleid. Die Haltung ist fast zurückgenommen, um diesen Effekt zu betonen.

In Pose 5 blickt uns das Model direkt an, aber da ein Teil ihres Kopfes angeschnitten ist, lenkt die Illustration das Augenmerk noch immer auf den eleganten Look.

Pose 6 zeigt einen Moment auf dem Laufsteg, aber nicht in der üblichen Frontalansicht. Durch die unpräzise Darstellung wird man direkt in die aufregende Atmosphäre einer Modenschau versetzt.

Pose 7 zeigt die Figur, wie sie ihre Arme hebt, was eine sinnliche Pose ist und zugleich das Kleid in den Vordergrund rückt – einschließlich der Teile, die sonst von den Armen verdeckt worden wären.

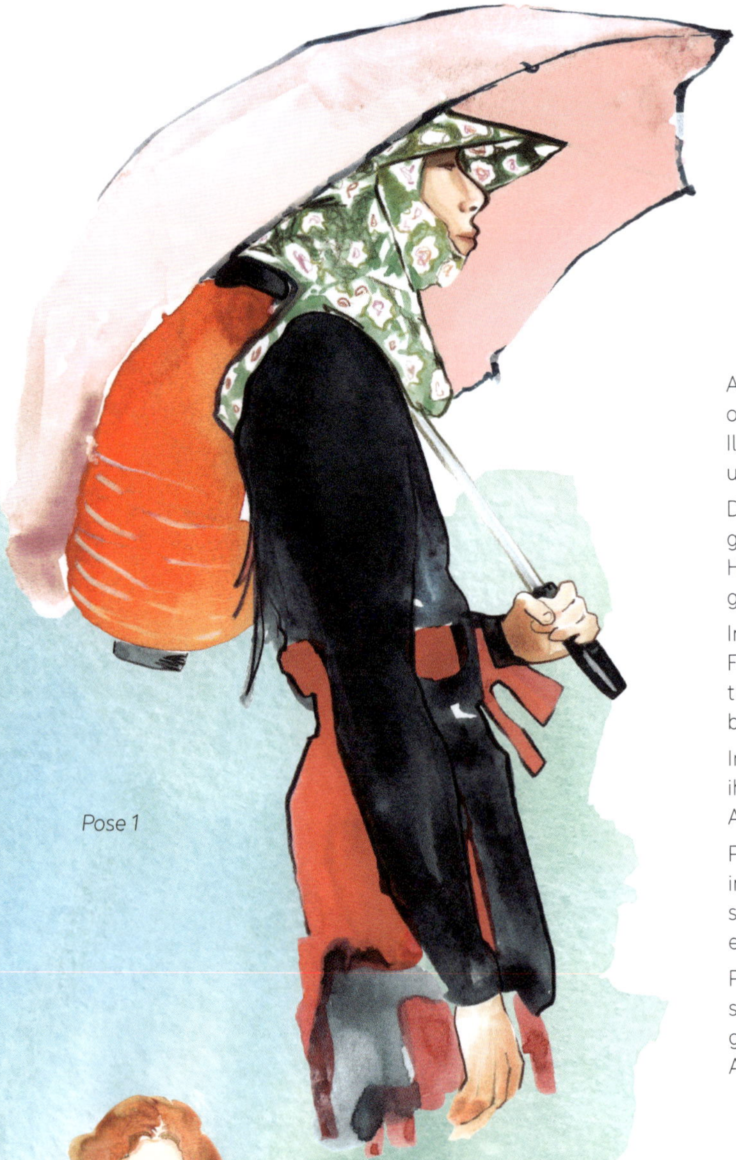

Pose 1

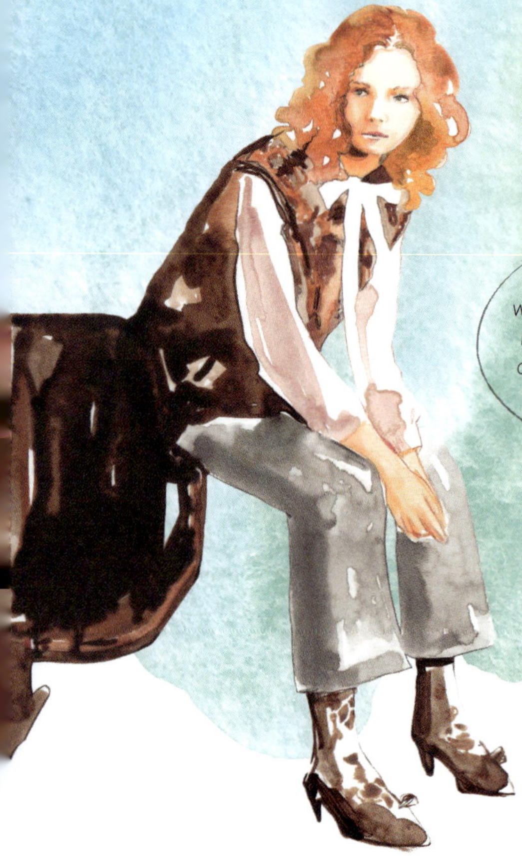

Wenn das Model sitzt wie in Pose 3 entsteht eine Haltung, wie sie gern auf den redaktionellen Seiten der Modemagazinen gezeigt wird.

Pose 3

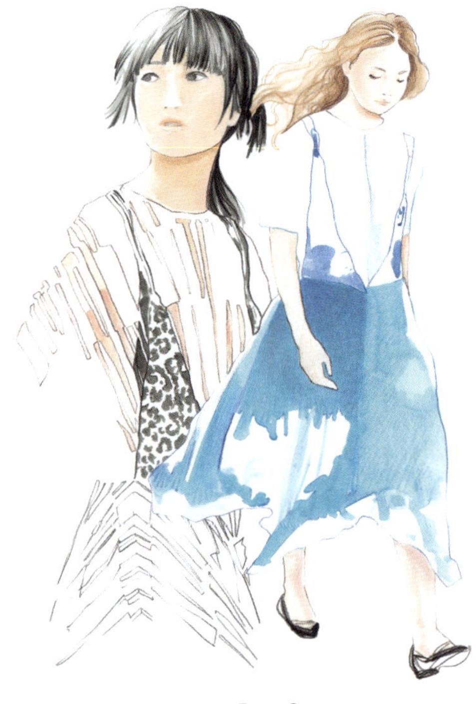

Pose 2

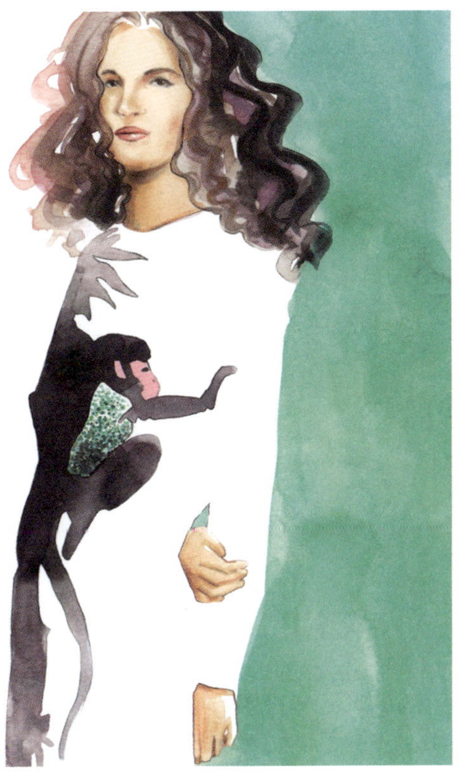

Pose 4

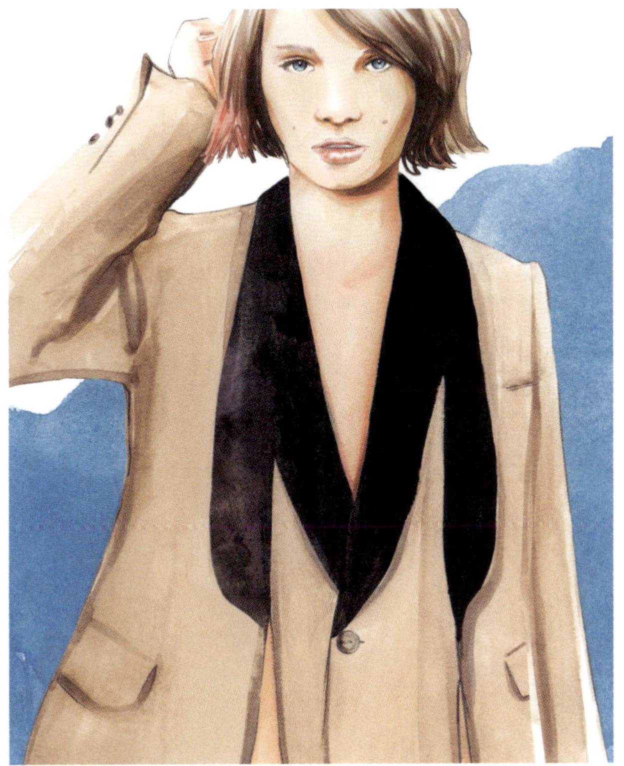

Pose 5

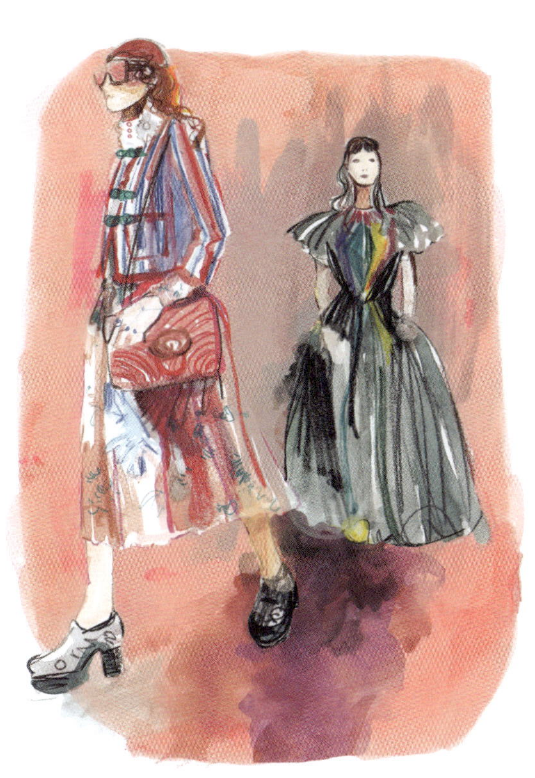

Pose 6

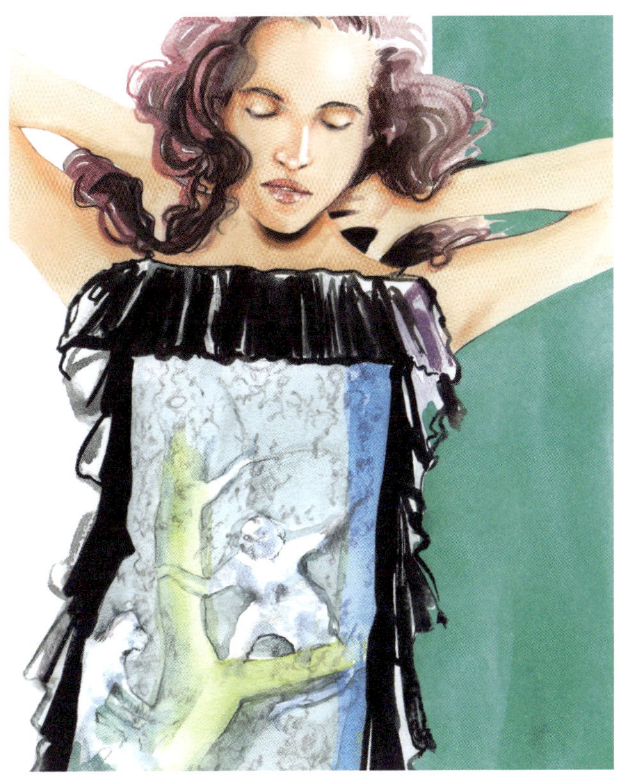

Pose 7

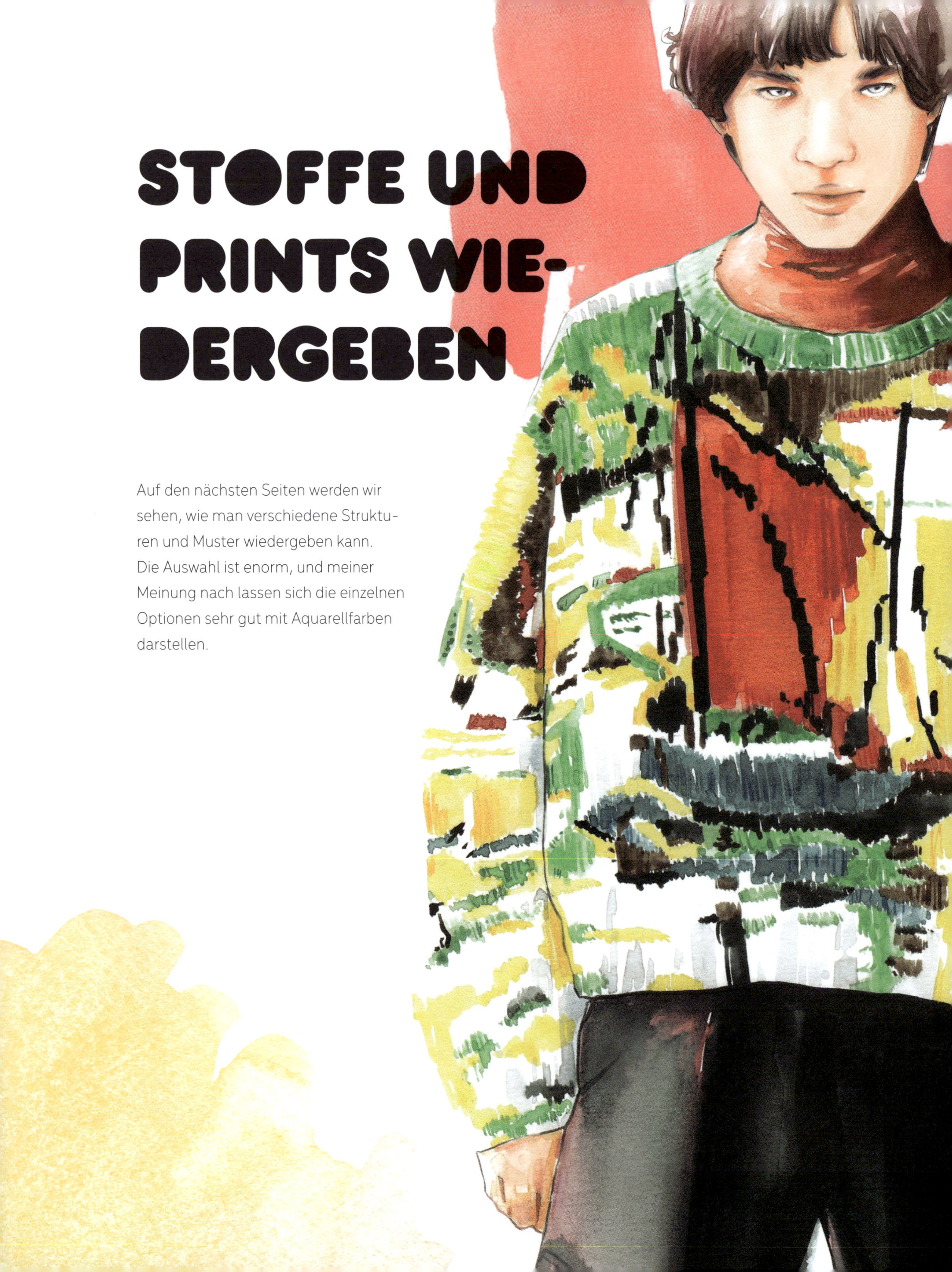

STOFFE UND PRINTS WIEDERGEBEN

Auf den nächsten Seiten werden wir sehen, wie man verschiedene Strukturen und Muster wiedergeben kann. Die Auswahl ist enorm, und meiner Meinung nach lassen sich die einzelnen Optionen sehr gut mit Aquarellfarben darstellen.

Stoffe und Strukturen erforschen

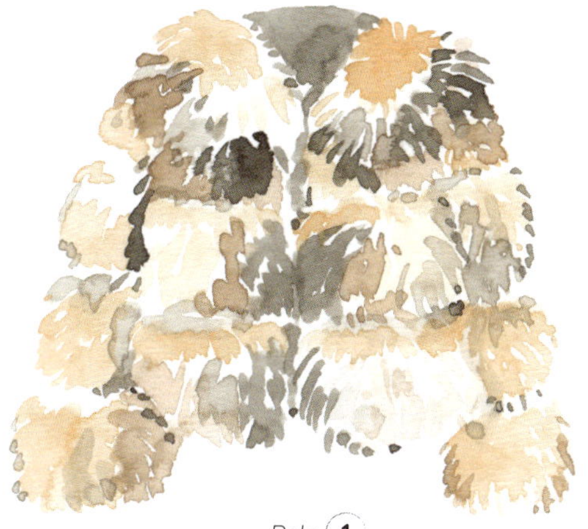

Pelz 1

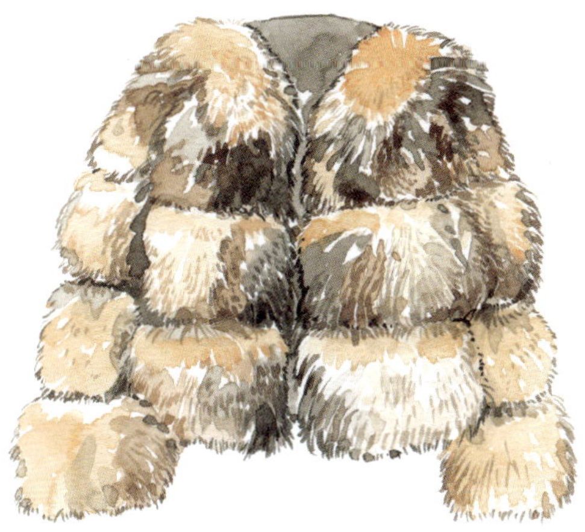

Pelz 2

In der Mode gibt es eine enorme Vielfalt an Pelzen. In dieser kleinen Übung unten habe ich einen klassischen Fuchspelzmantel ausprobiert. Danach werden wir uns einige andere anspruchsvolle Stoffe ansehen, darunter Federn, Gewebe, Strickwaren, Wolle, Kunststoffe, PVC.

PELZE

1. Für die erste Schicht trägst du die Farbe ganz locker mit der Spitze eines Verwaschpinsels auf. Verwende verschiedene Braun- und Ockertöne, um Form und Volumen zu erzeugen, und achte darauf, wie das Licht auf die Oberfläche trifft.
2. Bearbeite anschließend die Details mit einem kleinen Rundpinsel, indem du nach und nach einzelne Haare hinzufügst. Skizziere mit weiteren kleinen Strichen eine weiche Kontur für das Fell. Achte darauf, es nicht zu übertreiben und die Darstellung so frisch wie möglich zu halten.

FEDERN

Federn malst du auf ähnliche Weise wie das Fell. Du kannst nicht jede einzelne Feder genau ausführen, deshalb ist es wichtig, in einen bestimmten Rhythmus zu kommen, während du hellere und dunklere Bereiche gestaltest. In meiner Skizze deutete ich Bewegung an, indem ich einige Federn herausragen ließ.

TRANSPARENTE STOFFE

Aquarellfarben mit ihrer besonderen Transparenz sind das perfekte Medium, um durchsichtige Stoffe darzustellen. In meiner Skizze trug ich die erste Schicht der ausreichend nassen Farbe mit einem Verwaschpinsel auf und ließ einige kleine weiße Bereiche als Glanzlichter stehen. Das Hinzufügen dunklerer Bereiche suggeriert Falten im Stoff und gibt der Darstellung Volumen.

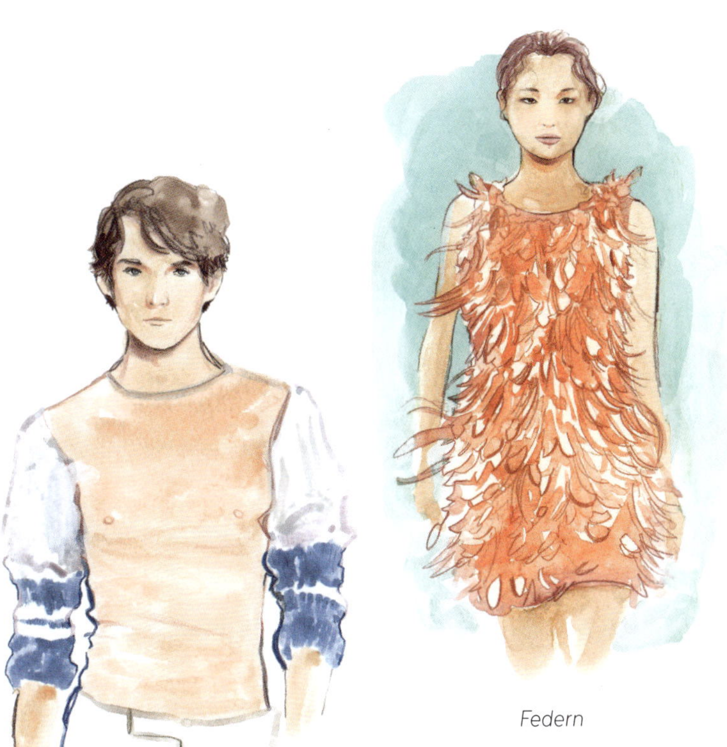

Federn

Transparenter Stoff

STRICKWAREN

1. Strickwaren sind weich und gleichzeitig sehr strukturiert. Wenn du sie nachbildest, verwende für die erste Schicht eine leicht trockene Pinselspitze, um die Struktur nachempfinden zu können.

2. Beschreibe mit einem kleinen Rundpinsel und einer dunkleren Mischung die Details der Zopfgeflechte, die für bestimmte Strickwaren typisch sind. Kleine Punkte und feine Linien helfen dir, die Struktur nachzubilden.

WOLLE

Für diese Illustration habe ich die Spitze eines recht nassen Verwaschpinsels verwendet, um einen Wollstoff nachzubilden, indem ich ihn mit kräftigen Strichen aufbaute, während ich kleine Bereiche weiß ließ, um Raum zu schaffen. Auf diese Weise gibt es keine Umrisse, was zu einer insgesamt etwas softeren Ausstrahlung führt.

KUNSTSTOFFE

Kunststofffasern werden in der Mode viel verwendet. Die glatte Oberfläche muss recht scharf wiedergegeben werden. Der silberne Rock besteht aus abgerundeten Kunststoffpailletten. Bevor du ein solches Kleidungsstück malst, mach dir eine klare Skizze der gesamten Struktur. Der Trick, es gut aussehen zu lassen, besteht darin, von Anfang an festzulegen, welche die hellen, mittleren und dunklen Pailletten sein werden. Beginne mit den mittleren Tönen und füge daran anschließend die dunklen hinzu.

PVC

PVC-Kleidungsstücke wie der Rock in der PVC-Skizze erfordern starke, saubere und präzise Pinselstriche. Auch hier ist es wichtig, an das Licht zu denken und die Glanzlichter gleich zu erkennen. Beginne mit den Mitteltönen und füge dann die dunklen Töne hinzu. Rundpinsel sind perfekt für die Wiedergabe dieser scharfen Oberflächen.

Strickware (1)

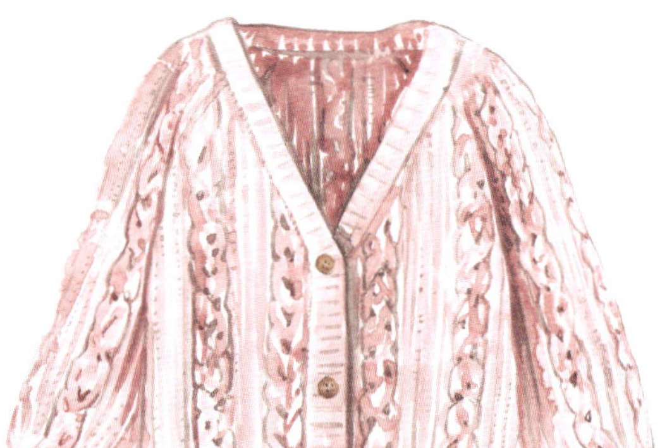

Strickware (2)

Kunststoff

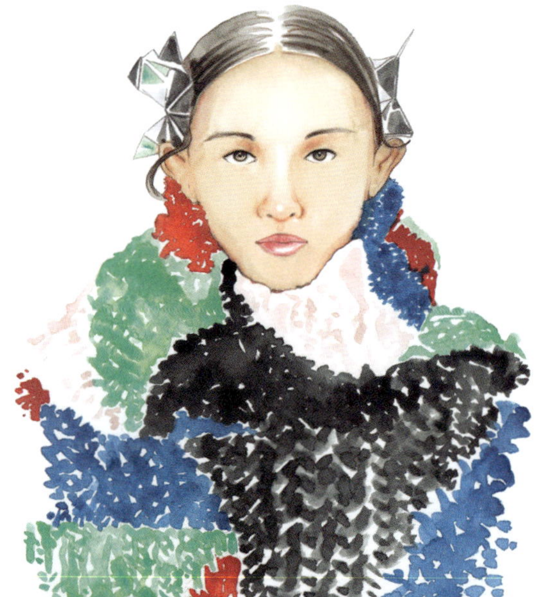

Wolle

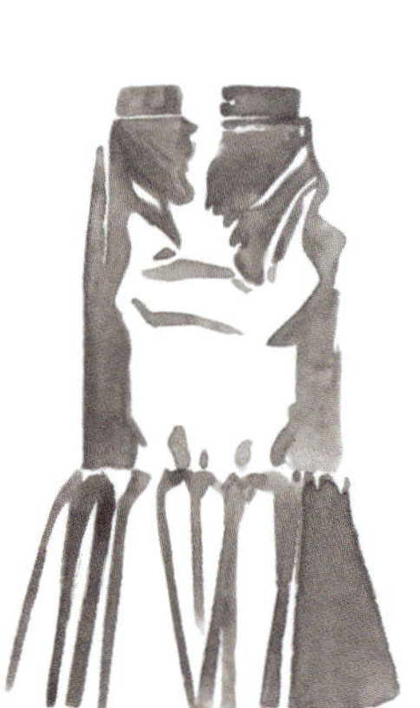

PVC

Drucke und Muster

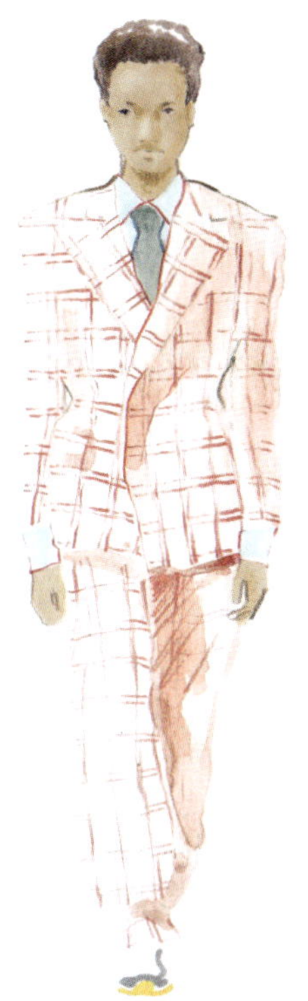
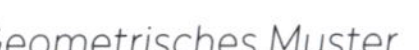

Geometrisches Muster

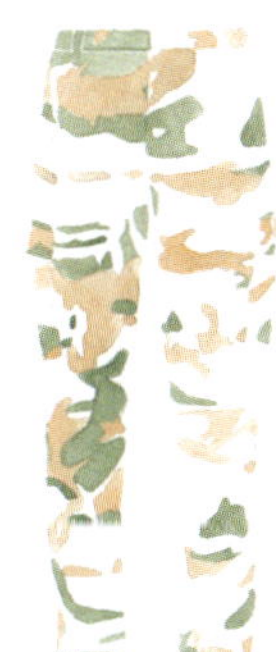
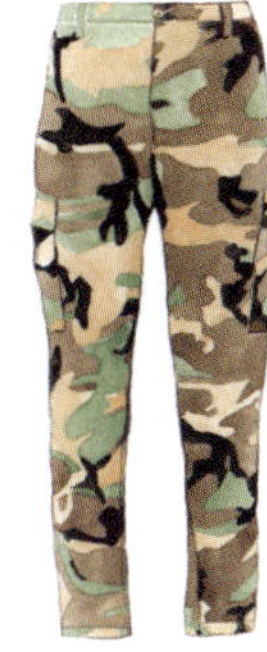

Camouflage

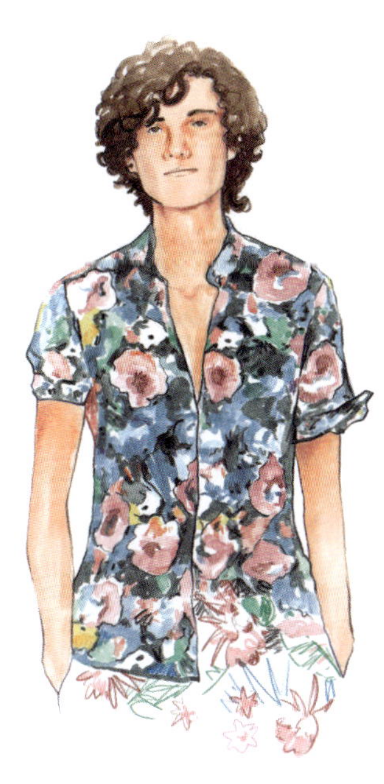

Blumenmuster

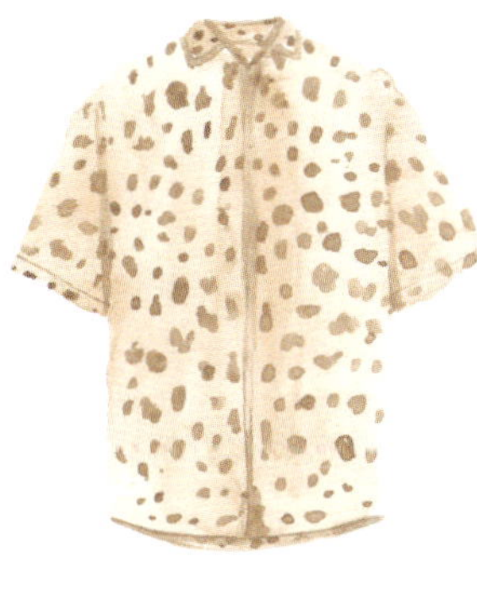
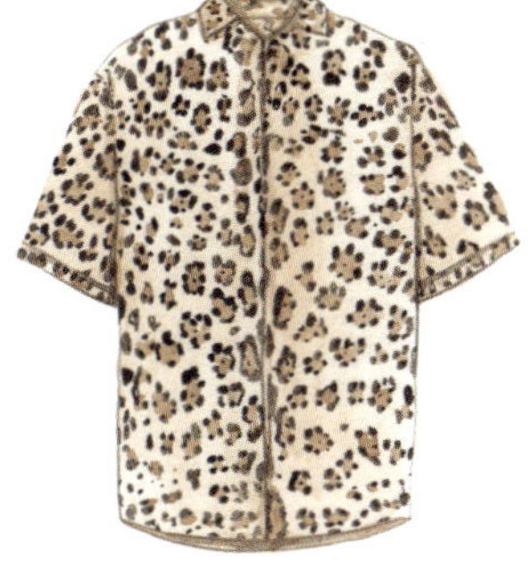

Leopardenmuster

Drucke werden oft und gern und in der Mode verwendet. Manche Designer haben sie zu ihrem Erkennungszeichen gemacht, einige Drucke gingen sogar als Ikonen in die Geschichte der Mode ein.

GEOMETRISCHE MUSTER

Streifen und Karos wurden auf viele Arten erforscht und miteinander kombiniert, was zu Mustern wie Tartan, Vichy (»Bauernkaro«), Argyle und anderen führte. Da sich geometrische Drucke überlagern und Schicht auf Schicht gelegt werden, sind sie in der Modeillustration mit Wasserfarben sehr gut darzustellen. Achte auf das Design, und male so präzise wie möglich.

CAMOUFLAGE

Das Camouflagemuster (auch kurz: Camo) hat seinen Ursprung in der Tarnkleidung von Soldatinnen und Soldaten. Zum Trend wurde das Muster mit den Hippies, die in den 1970er-Jahren gegen den Vietnamkrieg protestierten und dabei Militärparkas trugen. Das Tarnmuster muss sukzessive aufgebaut werden: Male mit einem kleinen Rundpinsel nach und nach von hell nach dunkel.

BLUMENMUSTER

Blumenmuster sind sehr beliebt, und mit Aquarellfarben kannst du die feine Zartheit erreichen, die für viele davon typisch ist. Mit einer passenden Farbpalette und außergewöhnlichen Motiven rufen sie ein bestimmtes Gefühl hervor, das eine ganze Kollektion aufzuwerten mag. Ich habe ein Faible für solche Muster und viele davon in meiner Arbeit erforscht. Dafür braucht es viel Geduld und Präzision: Baue das Muster Motiv für Motiv auf und lege schon vor dem Malen alle Farben und Formen fest, die du in deiner Illustration zeigen willst.

LEOPARDENMUSTER

Das Leopardenmuster ist wohl einer der beliebtesten Prints. Trage zunächst mit einem Verwaschpinsel eine gleichmäßige hell-ockerfarbene Schicht über das ganze Kleidungsstück auf. Füge dann kleine, runde ockerfarbene Formen hinzu und lass diese trocknen. Sobald die erste Schicht getrocknet ist, fügst du braune Punkte hinzu, um das Ganze lebendig wirken zu lassen.

TUTORIALS

Jetzt kommt der spannendste Teil unserer Reise: In diesem Abschnitt des Buches sehen wir uns zwanzig Tutorials an, in denen ich einige meiner liebsten Modeillustrationen nachzeichne. Wir beginnen mit einigen einfachen Projekten, um den Einstieg zu erleichtern, bewegen uns dann auf einem mittleren Niveau und begeben uns anschließend in die »hohe Kunst«, die ein besonderes Maß an Können erfordert. Lass uns eintauchen und beginnen, das Portfolio aufzubauen!

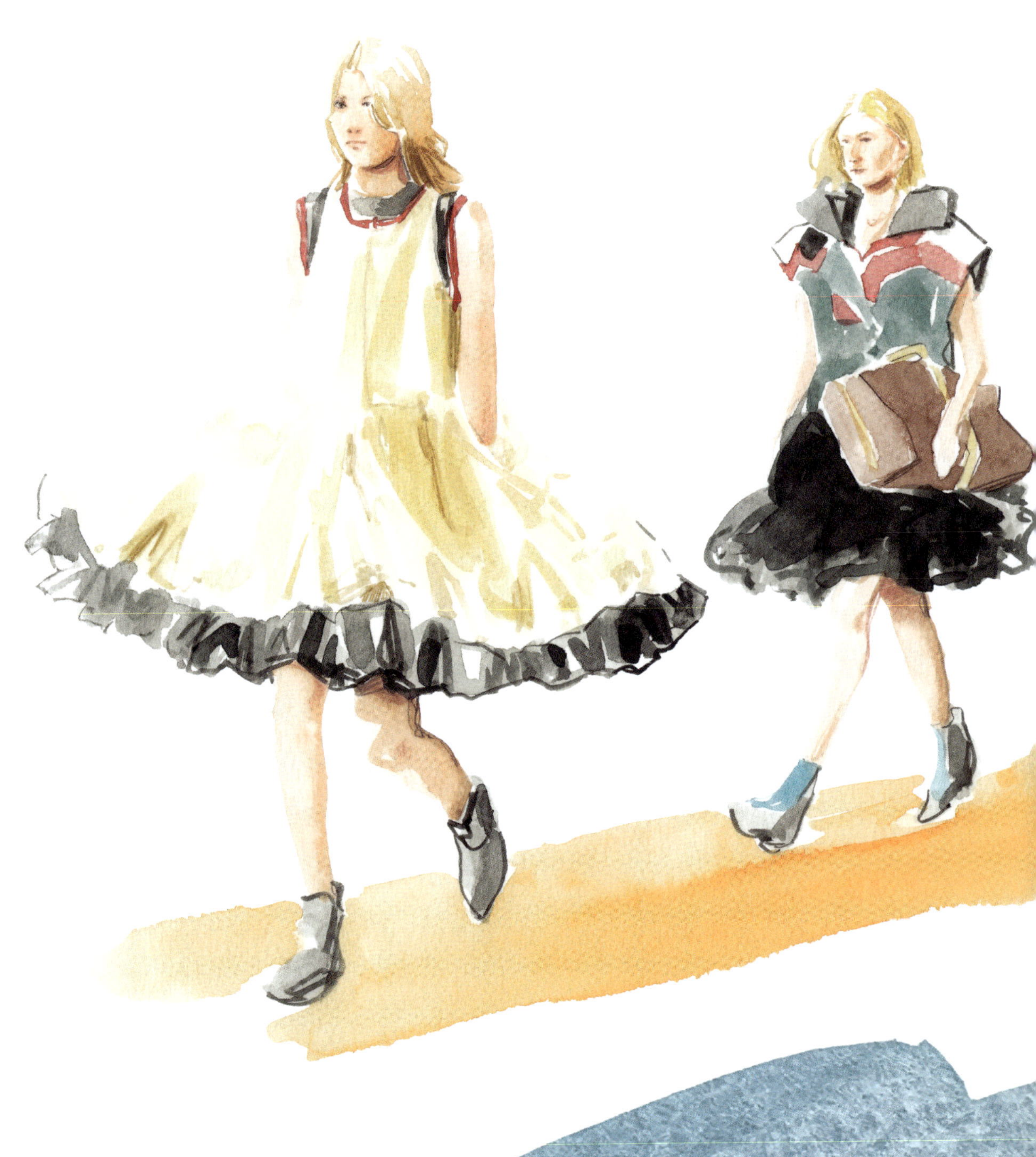

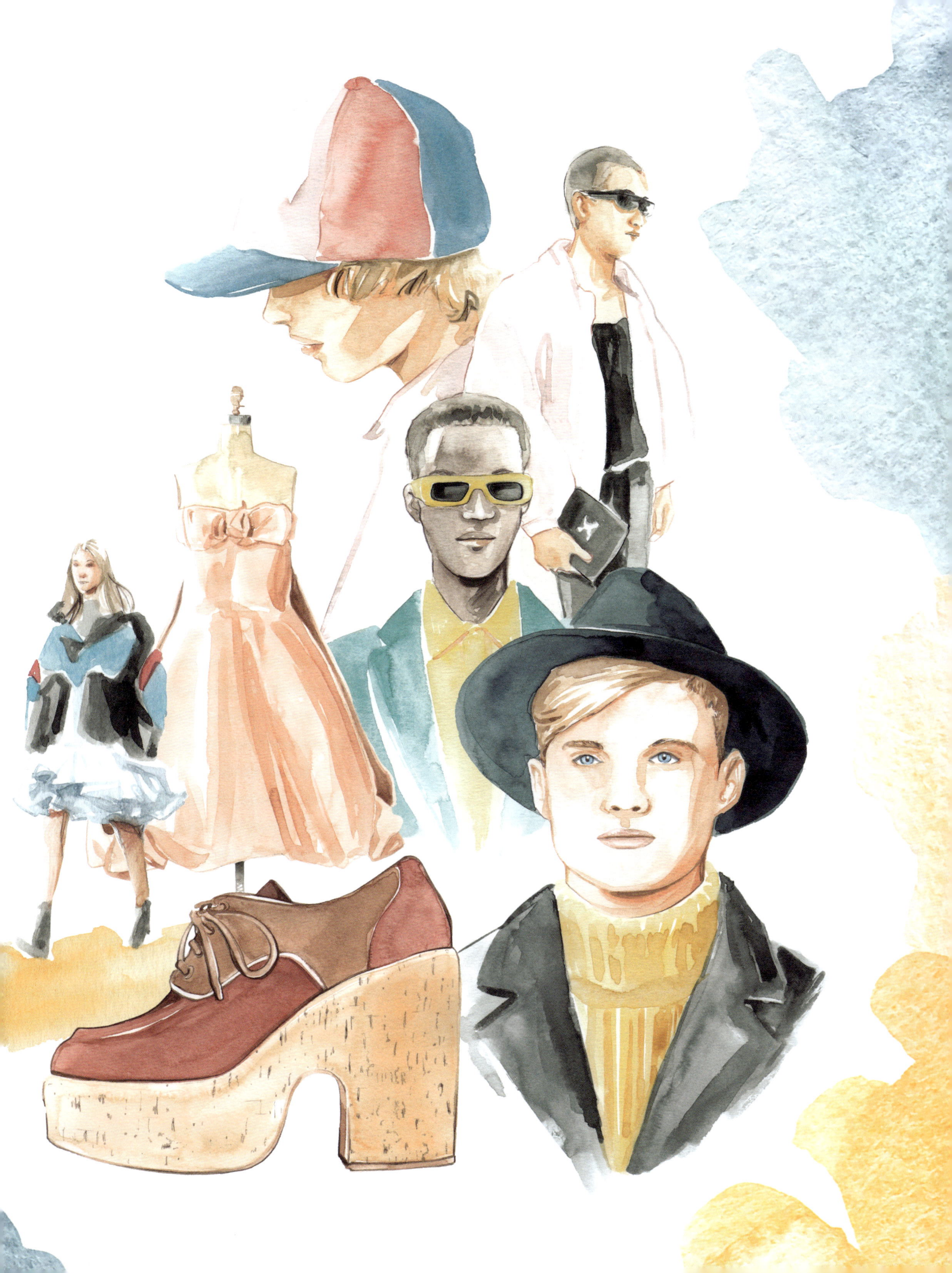

Tragetasche aus Segeltuch

NIVEAU: LEICHT **MARKE:** BOTTEGA VENETA

Für unser erstes Tutorial habe ich ein unkompliziertes Projekt gewählt, damit du dich behutsam an die Modeillustration mit Wasserfarben herantasten kannst. Das Design dieser Tasche ist recht einfach – wir können die Fläche schrittweise bearbeiten, fast Quadrat für Quadrat. Dazu legen wir uns nach und nach eine grundlegende Farbpalette an und lernen dabei ebenfalls nach und nach Farben zu mischen.

MATERIALIEN

Unverzichtbar:
- Feiner Bleistift
- Radiergummi

Papier:
- Aquarellpapier DIN A4, 300 g

Pinsel:
- Verwaschpinsel Größe 2
- Rundpinsel synthetisch Größe 0
- Rundpinsel synthetisch Größe 1

Farben:
- Chinese White
- Yellow Ochre Light
- Vandyke Brown
- Indigo

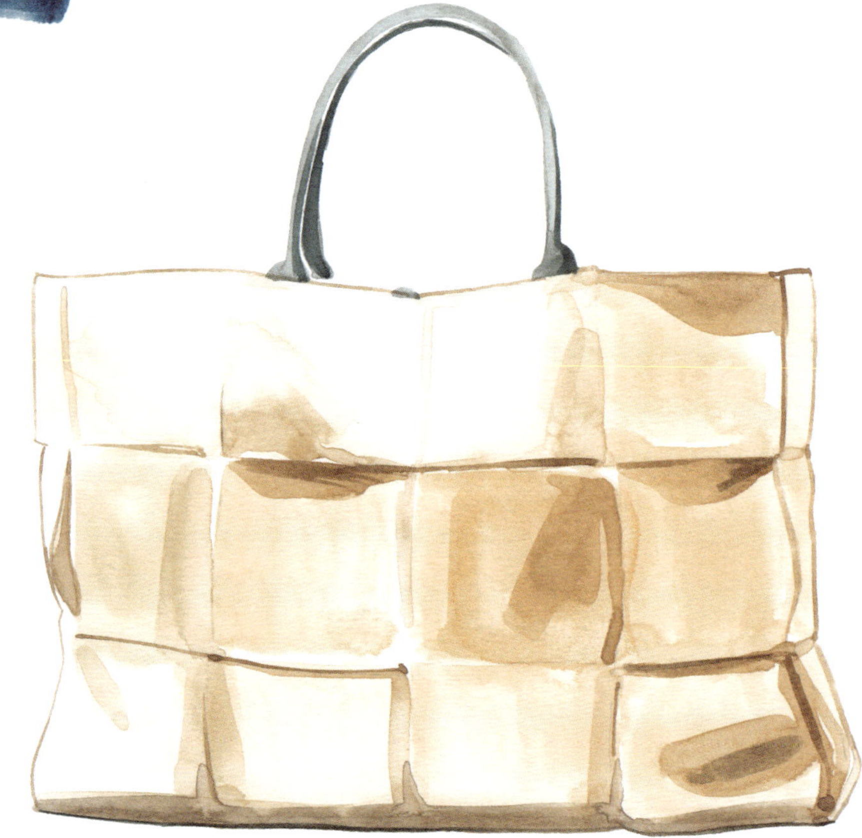

1. Wenn ich im Studio arbeite, ist mein Ausgangspunkt eine Bleistiftskizze der gesamten Illustration. So beginnen wir auch jedes Tutorial in diesem Buch. Die Bleistiftlinien dienen als Orientierungspunkte beim Auftragen der Wasserfarbe, also halte die Linien hell. Oft werden sie von der Farbe überdeckt, und irgendwann radieren wir sie aus. Benütze einen leichten, feinen Bleistift, z.B. einen Druckbleistift, 0,7 mm, HB 2.

2. Verwende deine Palette, um einen Mittelton für die erste Schicht der Tasche zu erstellen: Mische etwas Chinese White mit Yellow Ochre Light. Bereite genug von dieser Mischung vor, um fast die ganze Oberfläche der Tasche zu bedecken. Trage sie mit einem Verwaschpinsel der Größe 2 auf und lasse dabei einige unbemalte weiße Bereiche frei, besonders im oberen Teil und auf der linken Seite der Tasche. Male Quadrat für Quadrat, um mit den Mitteltönen Volumen aufzubauen.

3. Während du wartest, bis die erste Schicht getrocknet ist, mischst du etwas Vandyke Brown mit Indigo, um einen Mittelton für die Henkel zu erzeugen. Füge etwas Wasser hinzu, um einen hellen Grauton zu erzeugen. Verwende den Rundpinsel in der Größe 1, um die Farbe auf die Henkel aufzutragen.

   Nach dem Trocknen fügst du der Tasche einige dunkle Töne hinzu. Mische wieder Chinese White mit Yellow Ochre Light, aber füge diesmal etwas Vandyke Brown hinzu. Nimm erneut den Verwaschpinsel, um dunkle Töne auf der Tasche zu erzeugen, hauptsächlich auf der rechten Seite.

   Als nächstes malst du mit der feinen Spitze des Verwaschpinsels einige Details ein, beispielsweise Umrandungen an einigen Seiten der Quadrate. Lass diese nun trocknen. Wenn die Farbe ganz getrocknet ist, radierst du die Bleistiftmarkierungen aus.

4. Jetzt kannst du deiner Illustration den letzten Schliff geben! Mische zu gleichen Teilen Vandyke Brown und Indigo, um einen natürlichen Schwarzton zu erhalten. Male nur den hinteren Henkel mit dem Rundpinsel Nummer 1 schwarz an.

   Mische Chinese White mit Yellow Ochre Light und Vandyke Brown. Verwende einen Rundpinsel in der Größe 2, um Ränder an der linken, oberen und rechten Seite der Tasche zu erstellen. Füge einige feine dunkle Markierungen auf den dunklen Tönen hinzu, die wir in Schritt 3 erstellt haben, um mehr Tiefe zu erzeugen.

   Jetzt kannst du vornehmlich mit Vandyke Brown und dem Verwaschpinsel einen schönen Schatten auf dem unteren Teil der Tasche erzeugen, der dem Ganzen noch mehr Tiefe verleiht. Zum Schluss fügst du eine feine Linie aus Vandyke Brown und Schwarz ganz unten an der Tasche hinzu.

Vergewissere dich, dass deine Illustration vollständig getrocknet ist, bevor du den Radiergummi verwendest, sonst könntest du sie ruinieren. Zum Prüfen schwenkst du das Papier einfach im Licht hin und her, um zu sehen, ob noch feuchte Stellen vorhanden sind. Sei dabei besonders vorsichtig und berühre die Illustration nicht, wenn die Wasserfarbe noch mehr Zeit zum Trocknen braucht.

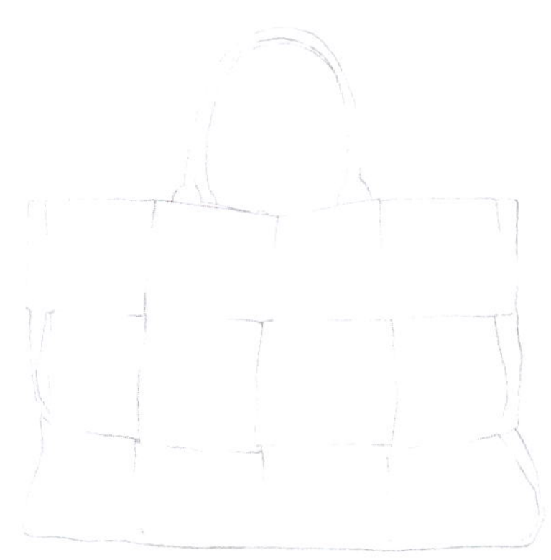

1

2

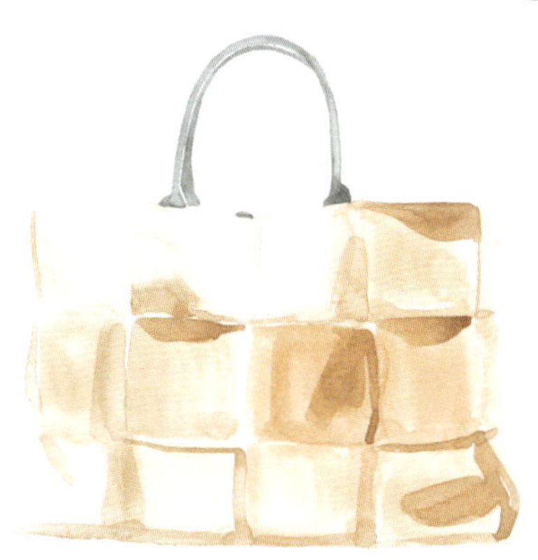

3

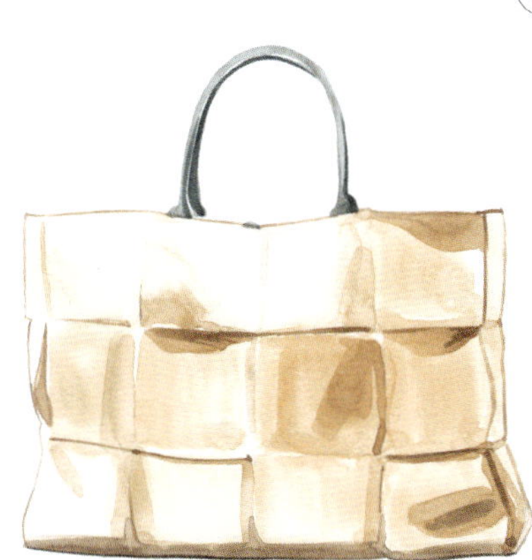

4

Keil-Plateauschuh

NIVEAU: LEICHT **MARKE:** MIU MIU

In unserem zweiten Tutorial werden wir einen Plateauschuh mit Keilabsatz malen. Diesmal üben wir das Mischen von mehr Farben und schaffen warme Töne, indem wir mit einer kleinen Auswahl an Farben spielen.

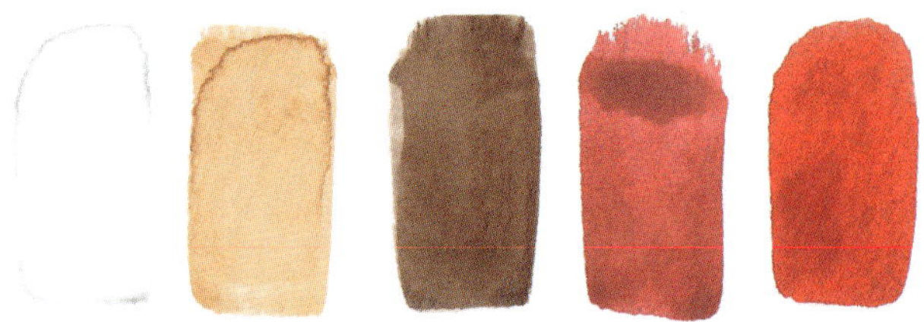

MATERIALIEN

Unverzichtbar:
- Feiner Bleistift
- Radiergummi

Papier:
- Aquarellpapier DIN A4, 300 g

Pinsel:
- Verwaschpinsel Größe 2
- Rundpinsel synthetisch Größe 0
- Rundpinsel synthetisch Größe 1

Farben:
- Chinese White
- Yellow Ochre Light
- Vandyke Brown
- Winsor Red Deep
- Cadmium Red

Buntstift:
- Walnut Brown 177

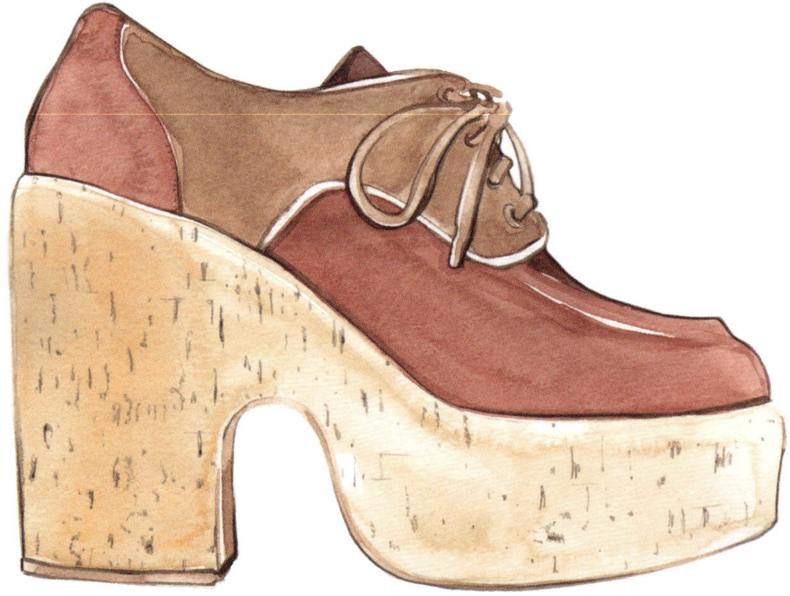

1. Im ersten Schritt machen wir eine Bleistiftskizze des gesamten Motivs. Das Design des Schuhs ist nicht kompliziert – die Schnürsenkel erfordern vermutlich die meiste Aufmerksamkeit: Achte darauf, genügend Bleistiftlinien zu markieren, um dir viele klare Orientierungspunkte zu geben.

2. Fügen wir nun Farbe hinzu. Beginne mit dem Korkplateau und mische etwas Chinese White mit Yellow Ochre Light, um einen schönen, hellbeigen Farbton zu erhalten. Verwende für diesen Bereich einen Verwaschpinsel der Größe 2. Male von links nach rechts und füge der Mischung mehr Wasser hinzu, wenn du zur rechten Seite kommst, um den Eindruck von Licht und Schatten zu erzielen.

3. Konzentriere dich nun auf den mittleren Teil des Schuhs einschließlich der Schnürsenkel und Ösen. Erstelle einen Braunton, indem du Vandyke Brown mit Yellow Ochre Light und ein wenig Cadmium Red mischst. Male weiterhin mit dem Verwaschpinsel – nur für die Schnürsenkel, die Ösen und den kleinen Bereich darum herum wechselst du zum Rundpinsel 1.

   Male dann mit der gleichen Mischung und dem Rundpinsel 1 die Sohle, um einige dunklere Farbbereiche zu definieren.

4. Als Nächstes wechseln wir auf die Rückseite und zum vorderen Bereich unterhalb der Schnürsenkel bis zur Zehenspitze. Mische Winsor Red Deep und Cadmium Red mit ein wenig Vandyke Brown und Chinese White und trage die Farbe mit dem Verwaschpinsel auf. Achte darauf, im vorderen Teil des Schuhs eine weiße Linie freizulassen.

   Mische dann Vandyke Brown mit ein wenig Winsor Red Deep. Male mit dem Rundpinsel 1 die Zunge des Schuhs vorsichtig an und setze die Farbe »unter« den Schnürsenkeln bis zur Zehenspitze mit einer schmalen Linie fort.

5. Lass alles vollständig trocknen und radiere dann alle sichtbaren Bleistiftlinien aus. Ein runder Pinsel 0 verleiht dir die nötige Präzision, um den letzten Schliff hinzuzufügen: Verwende dafür etwas Vandyke Brown, um dem gesamten Schuh eine Kontur zu geben.

   Zuletzt markierst du mit einem Buntstift eine Textur auf der Plateausohle und dem Keilabsatz und imitierst so die Korkstruktur.

Denke auch hier daran, genügend Farbe für Schritt 2 vorzubereiten, da dieser die größte Fläche des gesamten Schuhs abdecken muss.

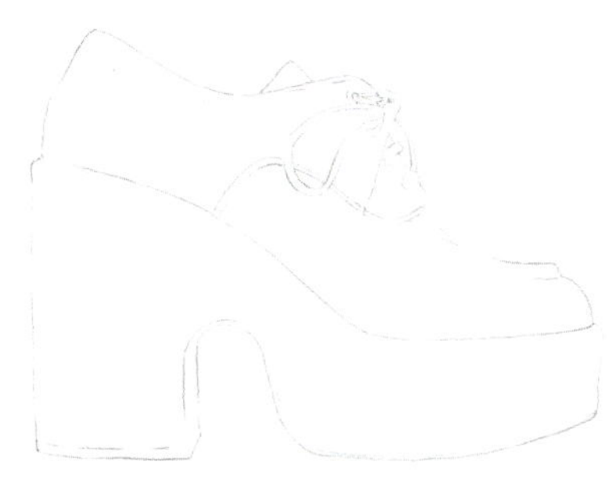

1

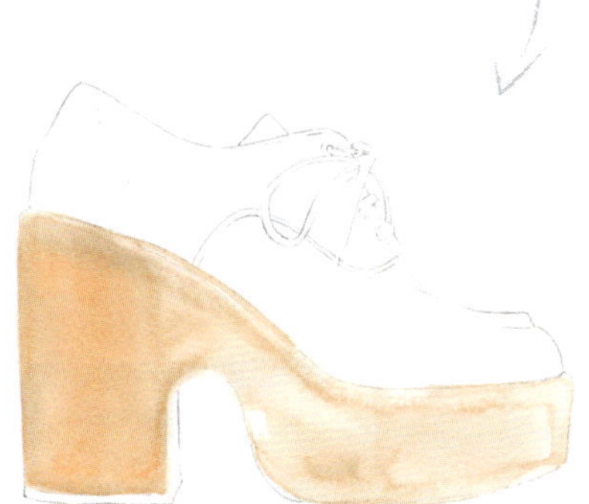

2

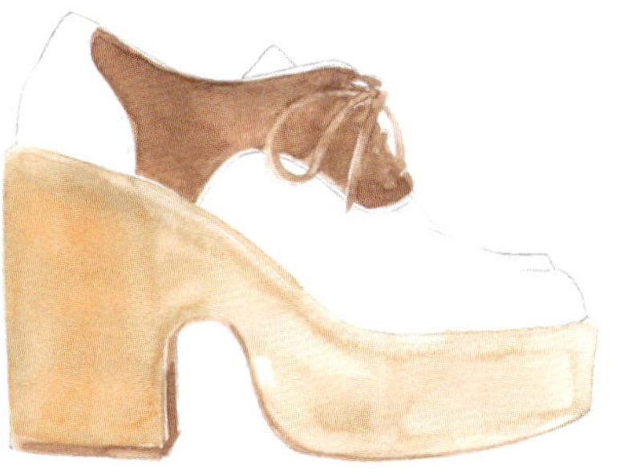

3

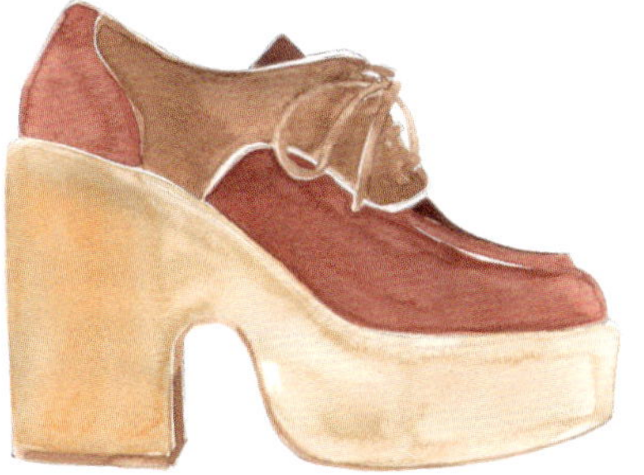

4

Elegantes Kleid

NIVEAU: LEICHT **MARKE:** YVES SAINT LAURENT

Unsere bisherigen Tutorials haben sich mit Accessoires beschäftigt – jetzt geht es um ein schönes, elegantes Kleid an einer Schaufensterpuppe! Wieder habe ich die Farbpalette bewusst minimal gehalten, damit wir uns auf das Mischen konzentrieren können. Außerdem werden wir das, was wir bisher über das Thema Licht und Schatten gelernt haben, in die Praxis umsetzen.

MATERIALIEN

Unverzichtbar:
- Feiner Bleistift
- Radiergummi

Papier:
- Aquarellpapier DIN A4, 300 g

Pinsel:
- Verwaschpinsel Größe 2
- Rundpinsel synthetisch Größe 0
- Rundpinsel synthetisch Größe 1

Farben:
- Chinese White
- Yellow Ochre Light
- Vandyke Brown
- Permanent Sap Green
- Cadmium Red
- Indigo

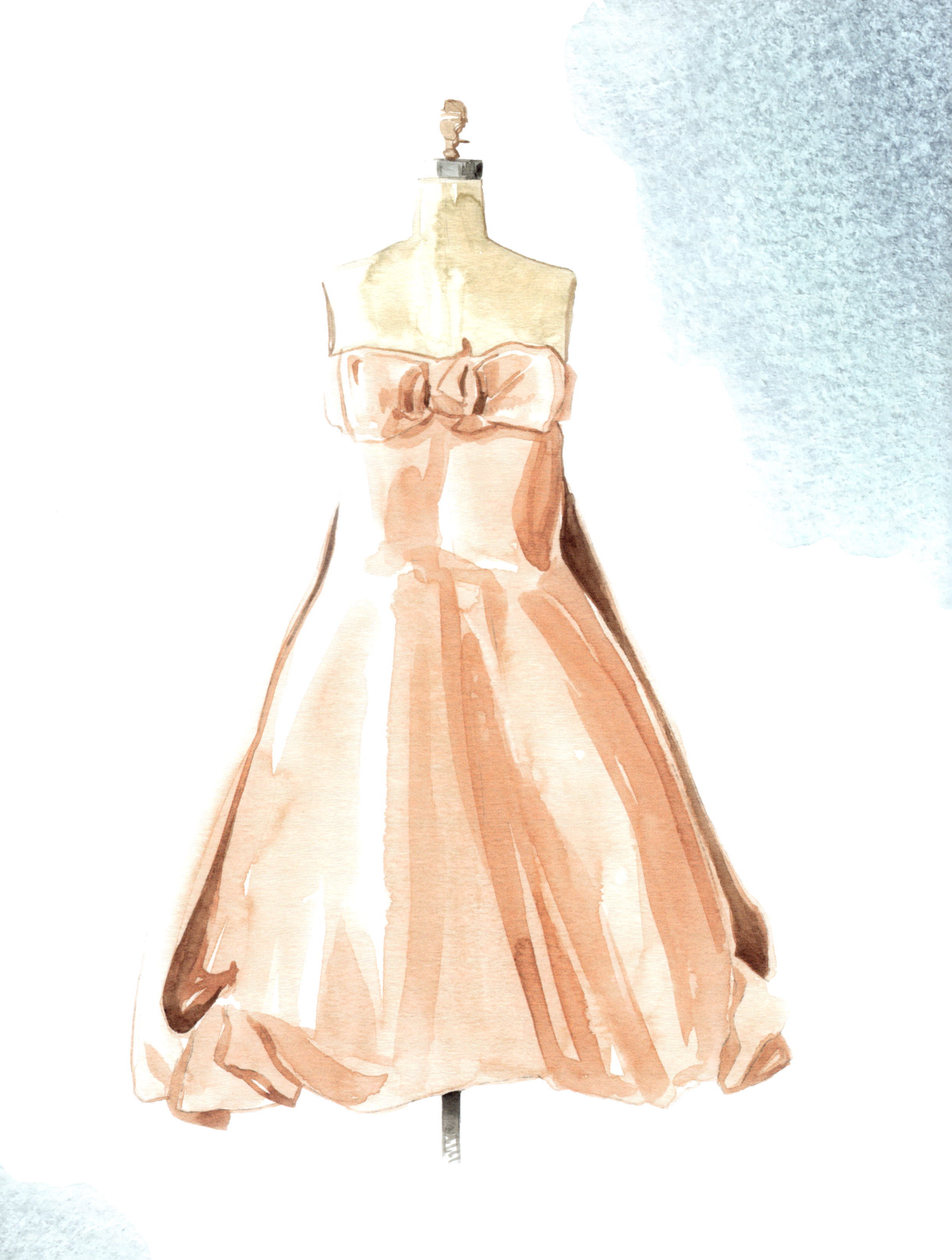

1. Unser Ausgangspunkt ist zunächst eine Bleistiftskizze des kompletten Kleides und der Schaufensterpuppe. Da die Farbe des Kleides recht hell ist, halte die Linien zart.

2. Beginne mit der Erstellung eines Mitteltons für das lachsrosa Kleid, indem du Cadmium Red mit Yellow Ochre Light und Chinese White mischst. In dieser Modellillustration kommt das Licht von rechts – berücksichtige das beim Auftragen der Farbe. Lass auf der linken Seite des Kleides einige weiße Bereiche stehen und platziere den Mittelton überwiegend im mittleren Bereich, aber auch auf der rechten Seite, wo er später von einem dunkleren Ton ergänzt wird.

   Verwende für diesen Schritt einen Verwaschpinsel der Größe 2. Du kannst die kleineren Teile der Schleife mit der Spitze bearbeiten, aber vielleicht fühlst du dich wohler, wenn du einen Rundpinsel 1 verwendest. Probier einfach aus, was für dich am besten funktioniert.

3. Erstelle nun einen Mittelton für die Schaufensterpuppe. Für den Körper mischst du Yellow Ochre Light mit Chinese White und etwas Permanent Sap Green. Trage die Farbe mit einem Rundpinsel 1 auf und berücksichtige dabei, wie das Licht auf die Schaufensterpuppe fällt – die linke Seite (in der Draufsicht) sollte heller sein.

   Für die Metallscheibe am Hals mischst du etwas Indigo mit Vandyke Brown und Chinese White, um ein helles Grau zu erhalten. Trage die Farbe mit einem Rundpinsel 0 für die nötige Präzision auf die kleine Fläche auf.

   Fahre dann mit dem Rundpinsel 0 für die Spitze der Schaufensterpuppe fort, indem du etwas Vandyke Brown mit Yellow Ochre Light und Chinese White mischst und auf der rechten Seite mehr Farbe aufträgst.

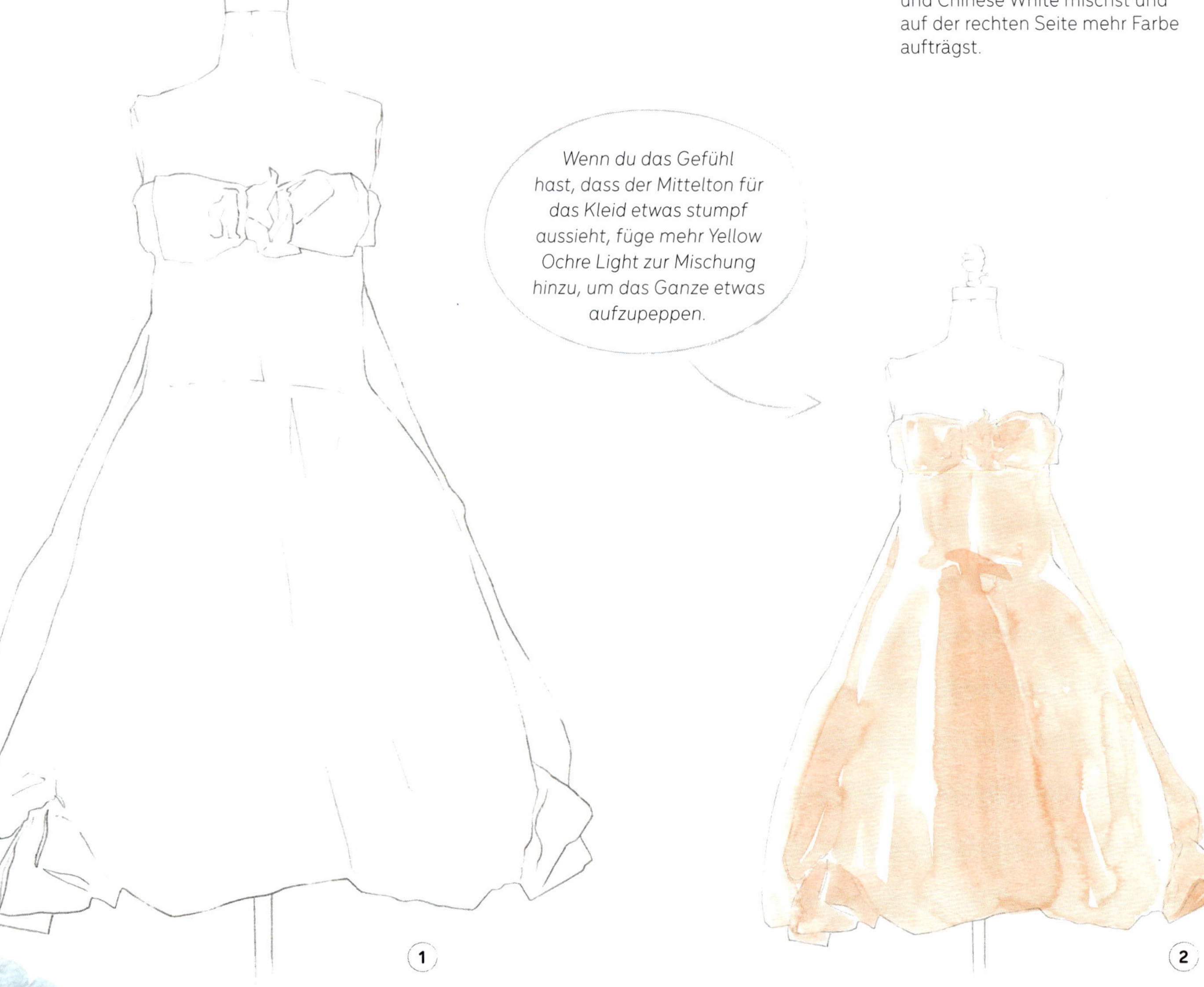

4. Jetzt ist es an der Zeit, dem Kleid die dunklen Töne hinzuzufügen. Mische Cadmium Red mit Yellow Ochre Light, aber verwende diesmal weniger Chinese White als zuvor und füge ein wenig Vandyke Brown hinzu.

Für die kleineren Bereiche des Kleides verwendest du einen der Rundpinsel (1 oder 0), um möglichst exakt malen zu können. Das gilt insbesondere für die Schleife auf der Brust und auch für die Rüschen am unteren Ende des Kleides. Lass dir Zeit, um die Schleife in Form zu bringen, und male dann eine weiche Kontur für das obere Band des Kleides, damit es sich ein wenig von der Schaufensterpuppe abhebt.

Für den Rest des Kleides kannst du wieder den Verwaschpinsel verwenden, wobei du dich hauptsächlich auf die rechte Seite konzentrierst. Gestalte die Falten an beiden Seiten des Kleides mit einigen dunkleren Linien.

5. Lass alles vollständig trocknen und radiere dann die Bleistiftlinien aus. Füge mit Vandyke Brown einige zusätzliche dunkle Töne zu den Falten an den Seiten des Kleides hinzu – das wird der dunkelste Teil der Illustration. Verwende dazu den Rundpinsel 1, da die Linien nach oben hin recht schmal werden. Füge dann mit dem Rundpinsel 0 ein paar dünne dunkle Striche auf dem Bogen über der Brust hinzu.

Fahre mit diesem Pinsel fort und verwende etwas mehr Wasser in deiner Farbmischung, um einige weiche Linien an den Seiten der Schaufensterpuppe zu gestalten. Füge eine Kontur von der Schulter bis zum Hals auf der rechten Seite hinzu und konturiere damit die rechte Seite der Spitze der Schaufensterpuppe.

Mische etwas Indigo mit Vandyke Brown, um eine fast schwarze Farbe zu erhalten, und füge mit dem Rundpinsel 0 einen Schatten auf der rechten Seite der Metallscheibe hinzu. Male zuletzt mit der gleichen Mischung und dem gleichen Pinsel den unterhalb des Kleides sichtbaren Bereich der Schaufensterpuppe und füge nach und nach mehr Wasser hinzu, damit die Farbe am unteren Rand leicht verblasst.

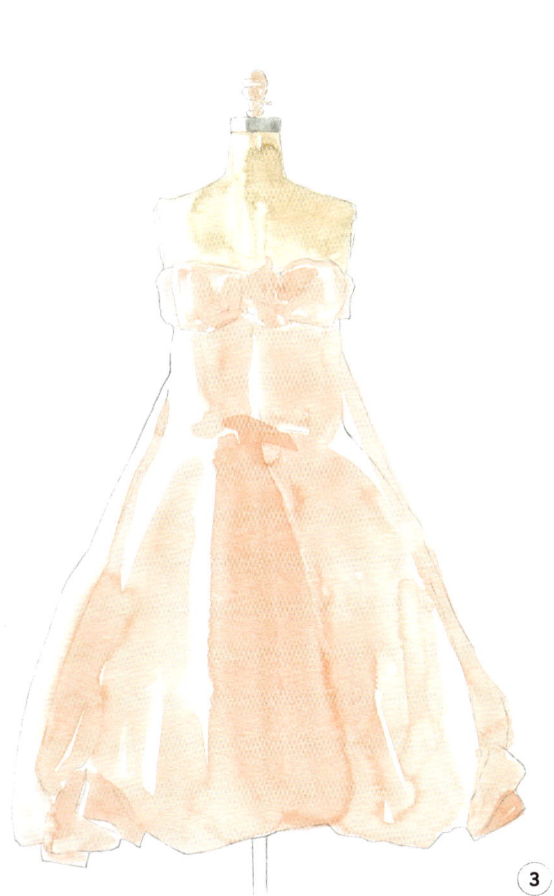

3

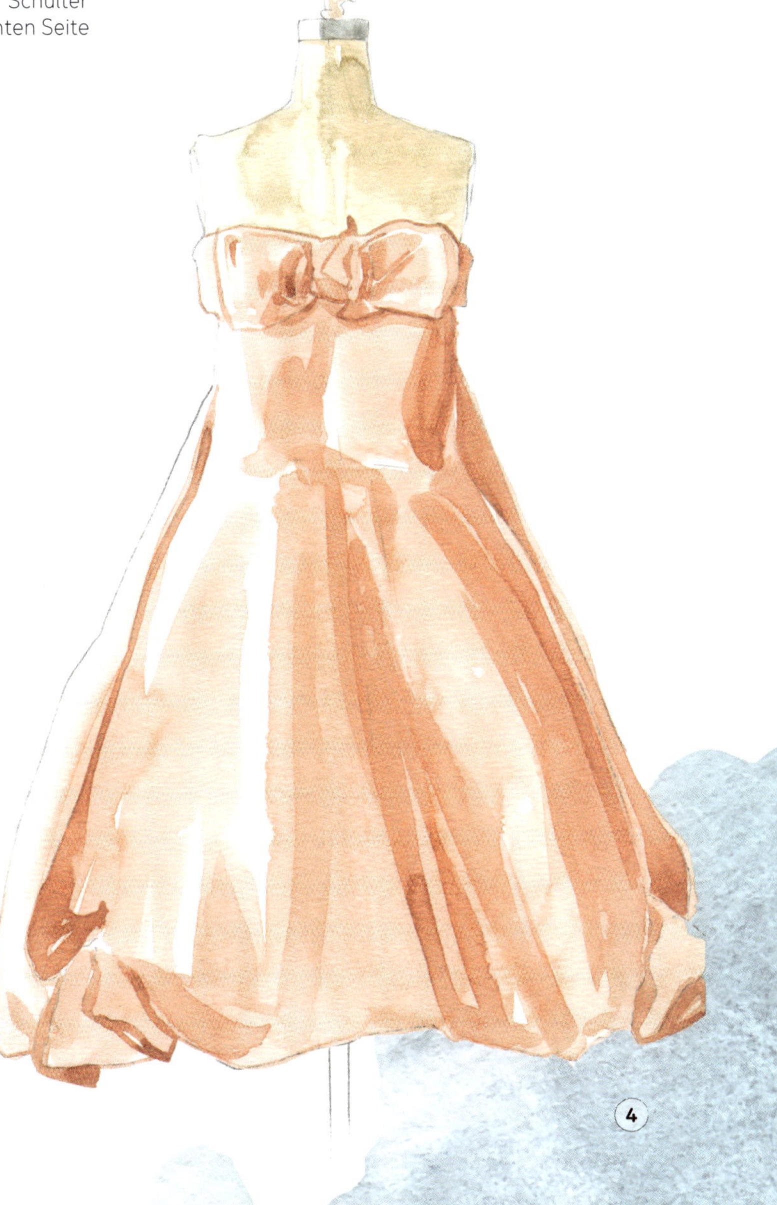

4

Damenmode von Kopf bis Fuß

NIVEAU: LEICHT **MARKE:** BERNADETTE, MALONE SOULIERS

In diesem Tutorial malen wir unsere erste menschliche Figur, aber das ist kein Grund, nervös zu sein. Das Beherrschen des Skizzierens und Aquarellierens kann ein langer Prozess sein, also denk daran, dass dies erst der Anfang deiner Reise in die Welt der Modeillustration ist – du wirst noch viele Gelegenheiten haben, dich zu verbessern! Am einfachsten ist es, mit einem Profil zu beginnen (s. auch S. 26 f.).

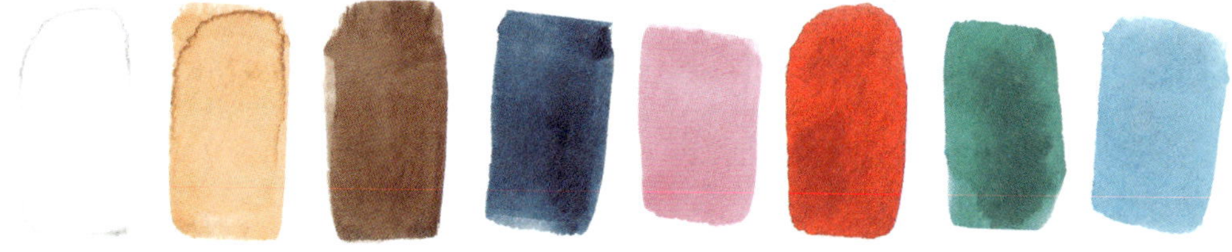

MATERIALIEN

Unverzichtbar:
- Feiner Bleistift
- Radiergummi

Papier:
- Aquarellpapier DIN A4, 300 g

Pinsel:
- Rundpinsel synthetisch Größe 0
- Rundpinsel synthetisch Größe 1
- Rundpinsel synthetisch Größe 2

Farben:
- Chinese White
- Yellow Ochre Light
- Vandyke Brown
- Indigo
- Opera Rose
- Cadmium Red
- Permanent Sap Green
- Cerulean Blue

Buntstifte
- Walnut Brown 177
- Indanthrene Blue 247

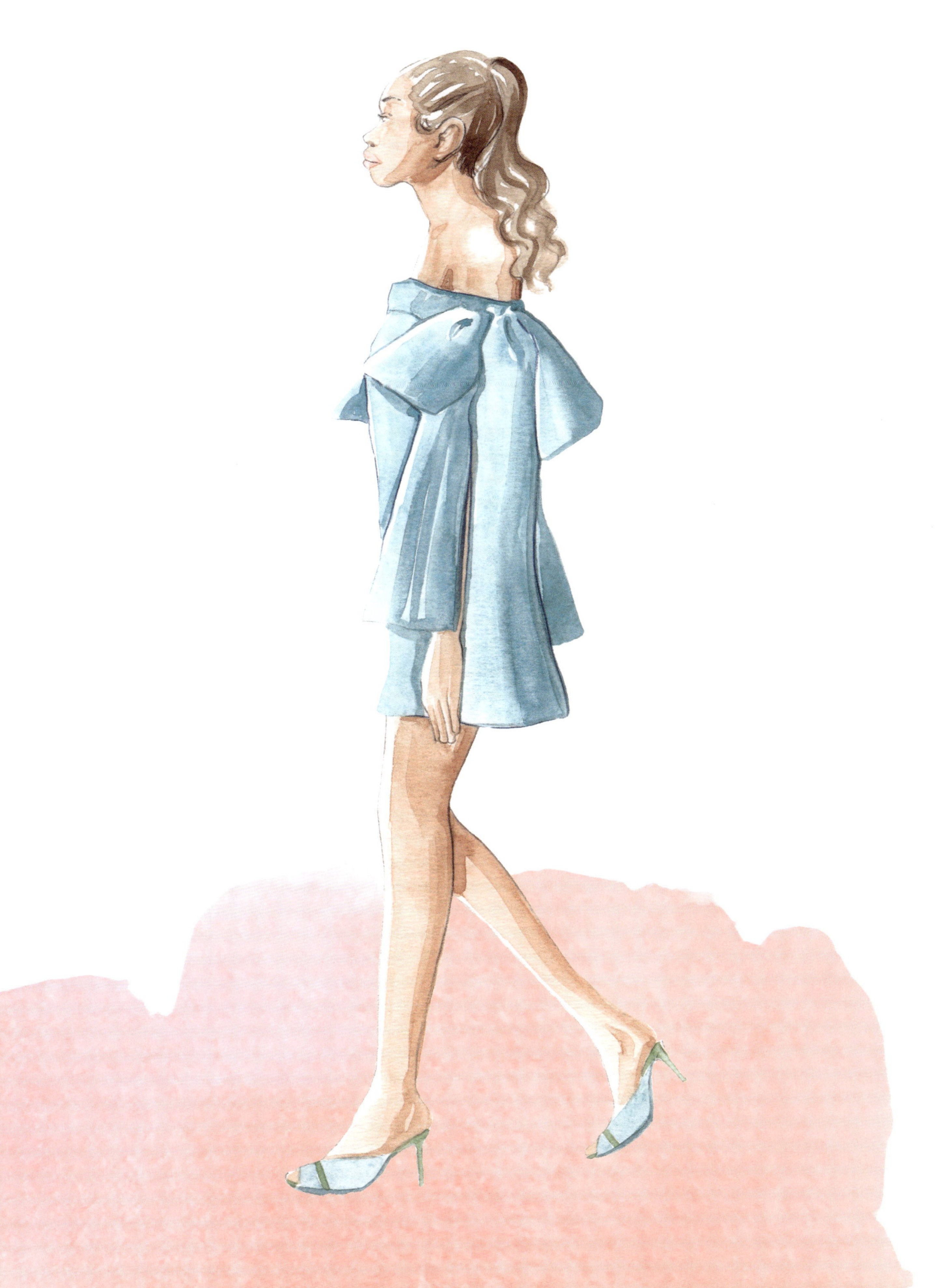

1. Wie immer fertigen wir zunächst eine lockere Skizze der gesamten Illustration an. Achte darauf, dass das Gesicht genügend Details hat, aber komm nicht in Versuchung, zu viele Linien für die anderen Bereiche wie das Kleid oder die Haare hinzuzufügen, da wir alles nach und nach mit Aquarellfarbe aufbauen werden.

2. Als nachstes erstellst du einen Mittelton für die Haut und die Haare, indem du Cadmium Red, Yellow Ochre Light, Vandyke Brown und Chinese White mischst. In dieser Illustration kommt das Licht von links, also trägst du den Mittelton entsprechend auf. Male das Gesicht, den Hals und die Schulter mit einem Rundpinsel 1. Lass etwas weißes Papier auf der linken Seite des Mädchens und auf der Schulter frei, wo ein kleines abgerundetes Glanzlicht zu sehen sein sollte.

Die Hand malst du recht präzise mit einem Rundpinsel 0. Achte darauf, dass zwischen den Fingern etwas dünnes Weiß frei bleibt. Für die Beine verwendest du einen Rundpinsel 2.

Um den Mittelton für das Kopfhaar zu erstellen, trägst du mit dem Rundpinsel 1 etwas leicht verdünntes Vandyke Brown auf, dann malst du weiche Locken für den Pferdeschwanz.

3. Nun erstellen wir einen Mittelton für das Kleid und die Schuhe, indem wir Cerulean Blue und Chinese White mischen. Verwende den Rundpinsel 2 für das Kleid und die 1 für die Schuhe.

Um diesen Schritt abzuschließen, mischst du etwas Permanent Sap Green mit Chinese White und malst dann die Details an den Schuhen (einschließlich der beiden Absätze) mit dem Rundpinsel 0.

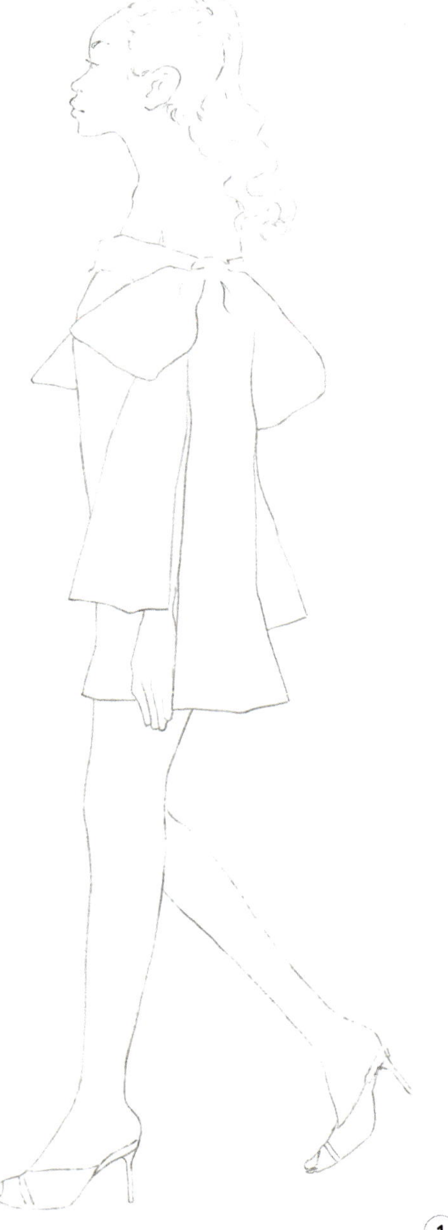

1

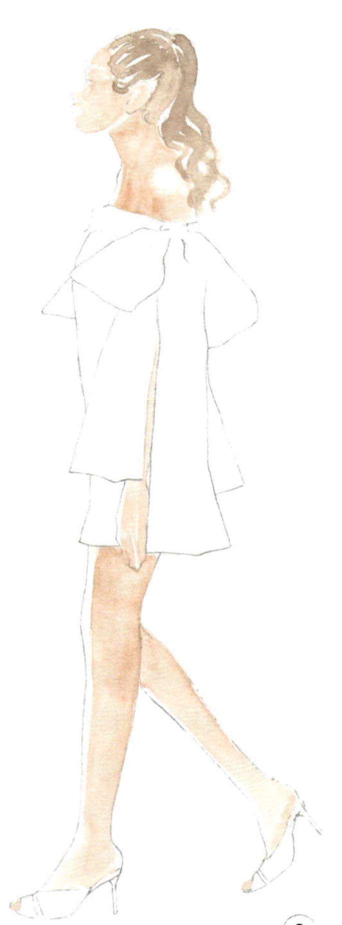

2

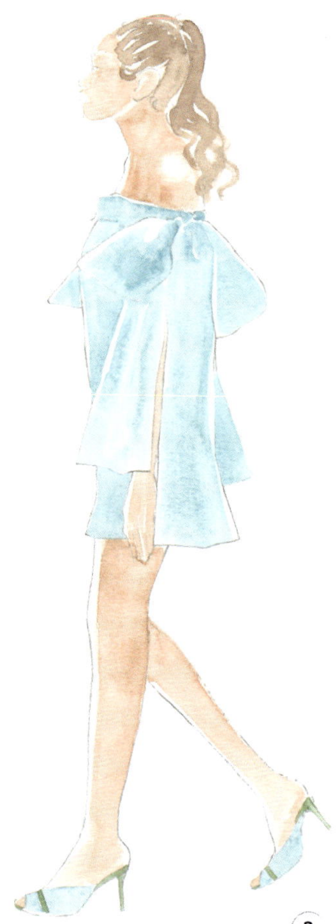

3

4. In diesem Schritt fügen wir die dunklen Töne für die Haut und die Haare hinzu. Mische für die Haut erneut Cadmium Red, Yellow Ochre Light, Vandyke Brown und Chinese White, aber verwende diesmal weniger Chinese White. Benütze den Rundpinsel 1, um Schatten auf der Wange, dem Ohr, unter dem Kinn und bis hinunter zur Schulter zu erzeugen. Gib mit dem Rundpinsel 0 einen weichen dunklen Ton unter der Augenbraue und auf dem Nasenflügel hinzu und deute dann mit einem dünnen Strich das Schlüsselbein an.

Die sichtbare dünne Linie des Arms wird durch den Ärmel abgeschattet, daher sollte sie ebenfalls dunkel sein. Male ihn mit dem Rundpinsel 0, zusammen mit einigen winzigen dünnen Schattenlinien zwischen den Fingern. Für die Beine nimmst du den Rundpinsel 1.

Nimm etwas Vandyke Brown und den Rundpinsel 1, um den Haaren einen dunklen Ton zu geben. Ich habe mich mehr auf den unteren Teil des Kopfes konzentriert und dann einige Locken hinzugefügt.

5. Füge nun dem Kleid einen dunklen Ton hinzu. Mische Cerulean Blue und Chinese White mit ein wenig Indigo. Achte wieder darauf, wie das Licht unsere Figur berührt: Wir geben die Mischung hauptsächlich auf der rechten Seite des Kleides hinzu, mit dem Rundpinsel 1.

Mit der gleichen Mischung und dem Rundpinsel 0 ziehst du eine dünne Linie auf den Schuhsohlen.

6. Sobald alles getrocknet ist, radierst du alle sichtbaren Bleistiftlinien aus. Für den letzten Schliff mischst du etwas Opera Rose und Yellow Ochre Light. Male mit dem Rundpinsel 0 die Lippen hinzu.

Da es sich um eine relativ kleine Skizze handelt, zeichnest du mit einem Buntstift (Walnut Brown 177) das Auge und die Augenbraue, dann ziehst du eine weiche Linie zwischen den Lippen. Definiere das Ohr mit einigen kleinen dunklen Strichen. Mit demselben Buntstift definierst du auch das Haar, die Hand und die Beine.

Verwende den anderen Buntstift (Indanthrene Blue 247), um das Kleid zu verfeinern.

Um die Illustration ausgewogen zu halten, darf der dunkle Hautton nicht zu weit vom Mittelton entfernt sein. Versuche, von jeder Farbe den gleichen Anteil zu verwenden, aber halte den Farbton etwas dunkler mit weniger Weiß. Probiere deine Mischung auf Schmierpapier aus, um zu sehen, wie sie nach dem Trocknen aussehen wird. Nimm dir genug Zeit – mit ein wenig Übung wirst du es schaffen.

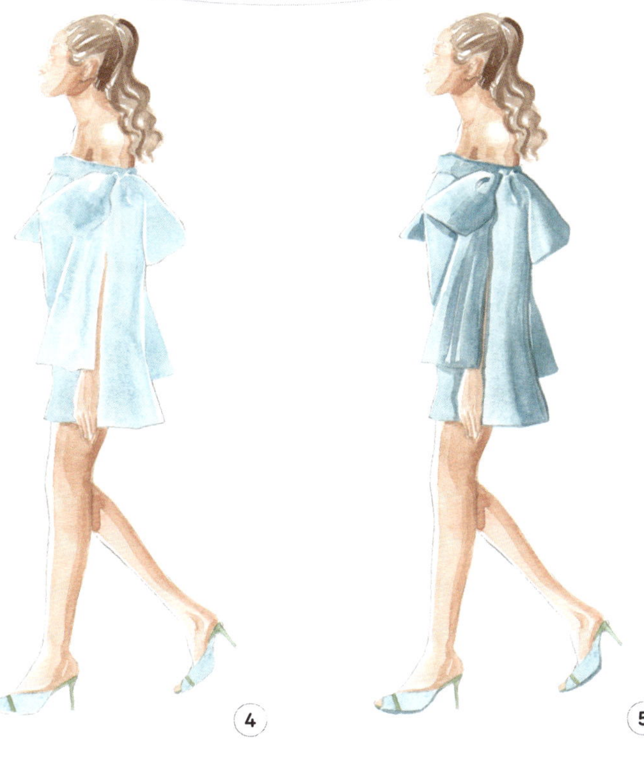

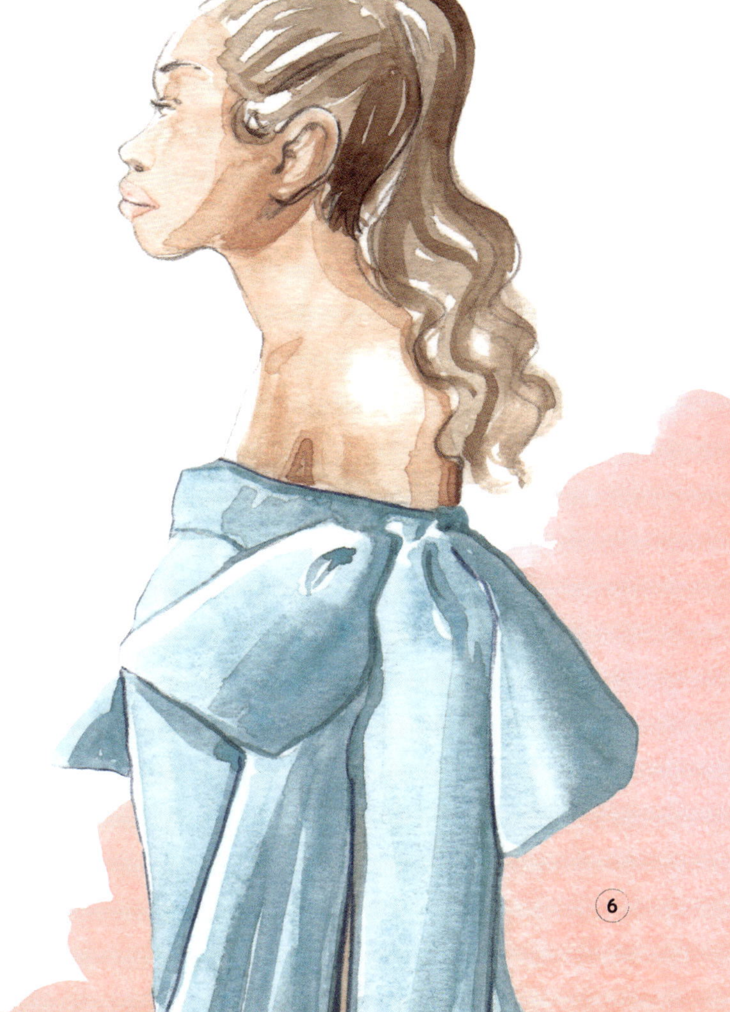

Herrenmode von Kopf bis Fuß

NIVEAU: LEICHT **MARKE:** BERLUTI

Nun ist es an der Zeit, unseren ersten Menswear-Look zu erkunden, und zwar mit diesem Herrenmode-Model im Anzug, das wir wie das Damenmode-Model auf den vorherigen Seiten von Kopf bis Fuß darstellen werden. Interessant ist dabei auch die Richtung des einfallenden Lichts, das anders als gewöhnlich von oben her kommt.

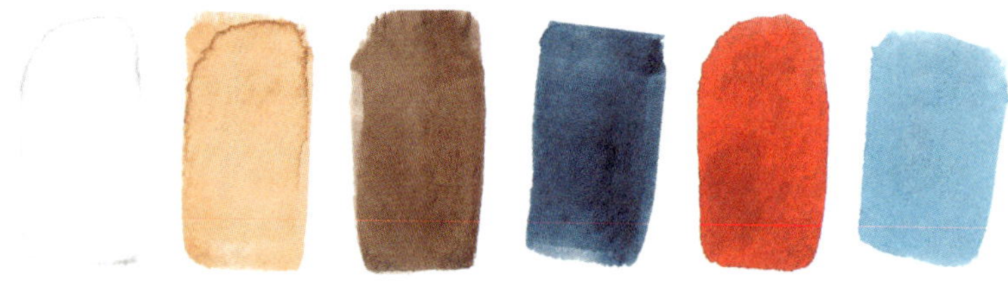

MATERIALIEN

Unverzichtbar:
- Feiner Bleistift
- Radiergummi

Papier:
- Aquarellpapier DIN A4, 300 g

Pinsel:
- Verwaschpinsel Größe 2
- Rundpinsel synthetisch Größe 0
- Rundpinsel synthetisch Größe 1
- Rundpinsel synthetisch Größe 2

Farben:
- Chinese White
- Yellow Ochre Light
- Vandyke Brown
- Indigo
- Cadmium Red
- Cerulean Blue

Buntstift:
- Walnut Brown 177

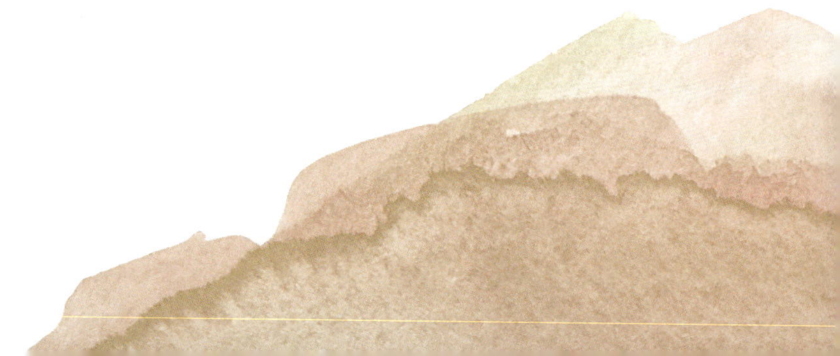

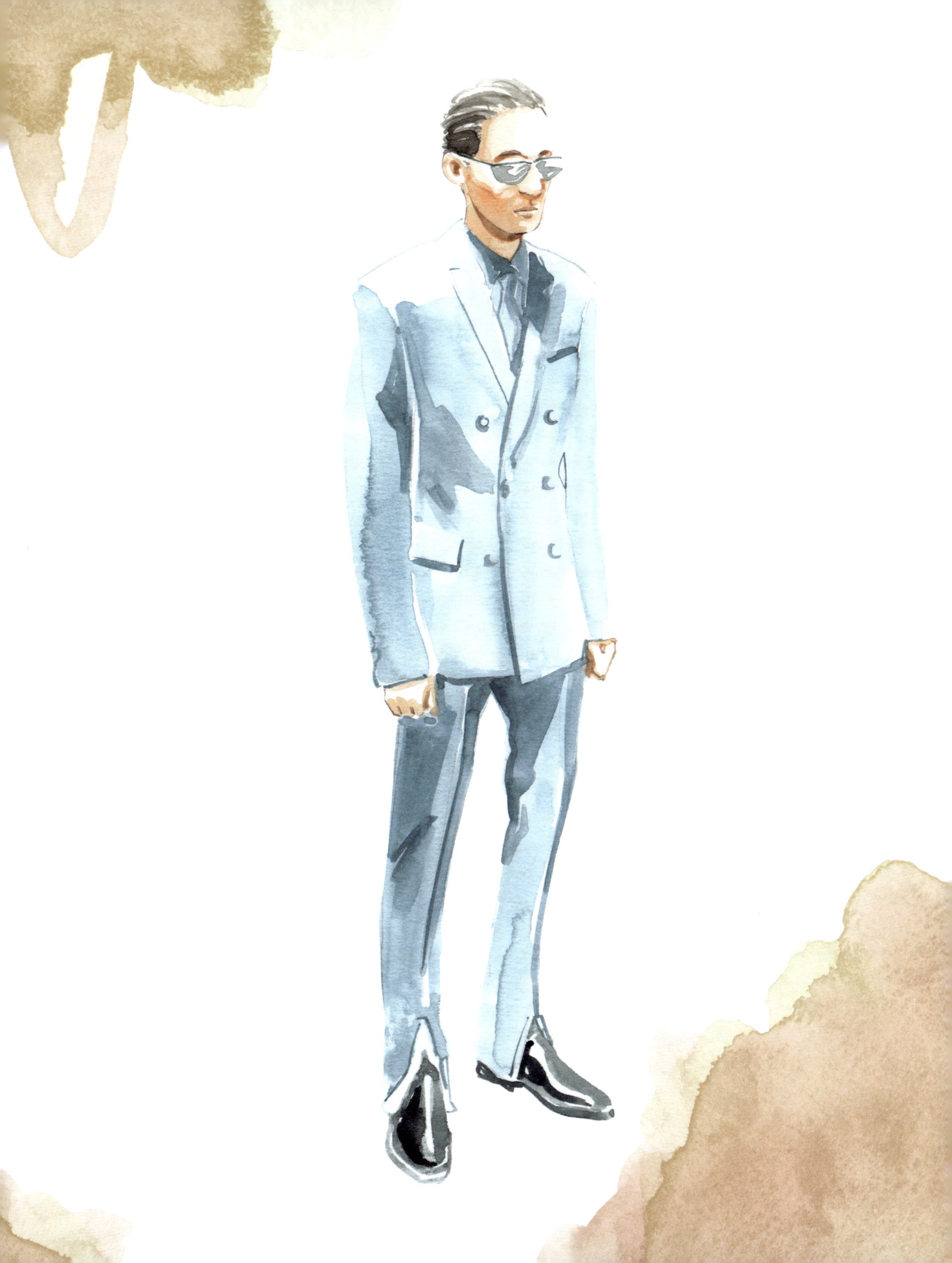

1. Wir beginnen mit einer lockeren Skizze der gesamten Illustration. Zeichne so viele Details wie nötig und achte dabei besonders auf die Sonnenbrille und den Hosensaum.

2. Jetzt konzentrieren wir uns auf die Haut und die Haare. Verwende dafür den Rundpinsel 1. Erstelle einen Mittelton für das Gesicht und die Hände, indem du Cadmium Red, Yellow Ochre Light und Chinese White mischst. Trage die Farbe auf Gesicht, Hals und Hände auf, wobei du weiße Partien als Glanzlichter freilässt.

Für die Haare mischst du Vandyke Brown und Indigo. Nachdem du diese Mischung an der Seite des Kopfes aufgetragen hast, verdünnst du sie mit mehr Wasser, um eine hellere Mischung für den Rest des Haares zu erhalten.

3. Jetzt erstellen wir einen Mittelton für den Anzug, einschließlich Krawatte und Hemd, indem wir Cerulean Blue, Indigo und Chinese White mischen. Für die kleineren Bereiche schlage ich vor, den Rundpinsel 1 zu verwenden, während für den Rest des Anzugs ein Verwaschpinsel Größe 2 gut funktioniert.

4. Gib nun den dunklen Hautton hinzu. Nimm zu der gleichen Mischung wie zuvor (Cadmium Red, Yellow Ochre Light und Chinese White) noch etwas Vandyke Brown hinzu.

Verwende einen Rundpinsel 0, um dunklere Bereiche unter den Augenbrauen, der Nase und dem Kinn zu erzeugen. Male einige dünne dunklere Linien zwischen den Fingern hinzu. Tauche die Spitze des Pinsels in sauberes Wasser und male die Lippen mit der leicht verdünnten Farbe aus.

Bei diesem Projekt fällt das Licht von oben ein, sodass es andere Schatten als üblich erzeugen wird. Es fällt z. B. auf die Stirn und die Nase, weshalb das übrige Gesicht und der Hals etwas dunkler gestaltet werden sollten.

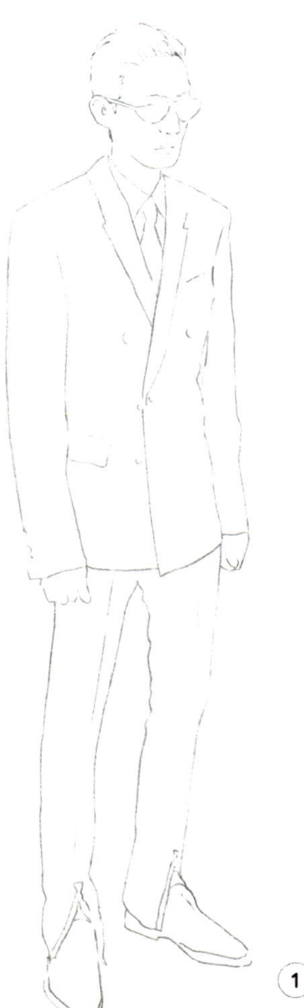
1

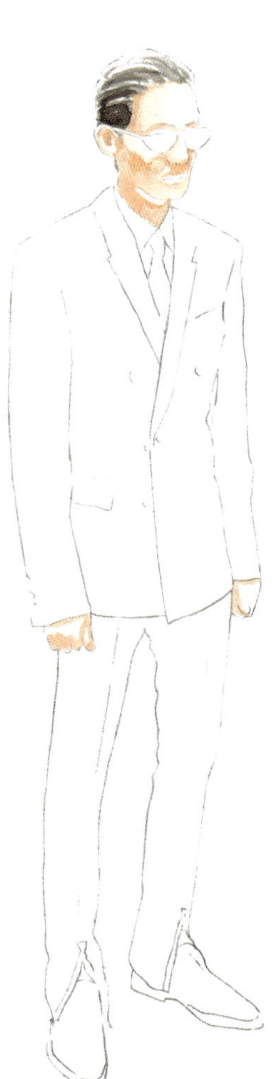
2

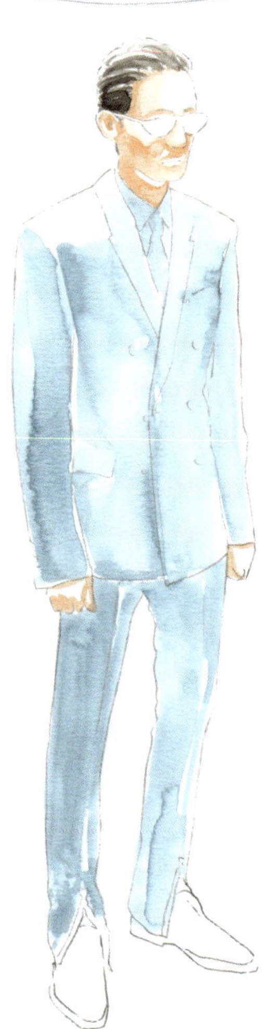
3

Fahre mit dem Rundpinsel 0 fort, verdünne etwas Indigo und gib die Farbe auf die Sonnenbrille. Sei dabei sehr vorsichtig, da es sich um eine kleine Fläche handelt. Gestalte die Linien recht grafisch und berücksichtige dabei, dass das Licht auf dem Glas stärker reflektiert wird als am Stoff.

Um diesen Schritt abzuschließen, mische etwas Vandyke Brown und Indigo und verwende den Rundpinsel 1, um die Schuhe zu bemalen. Definiere auf jedem Schuh eine weiße Linie als Glanzlicht und male dann mit der Mischung die dunklen Bereiche. Verdünne die Mischung, um den Mittelton zu erzeugen, und verwende diesen für den Rest der Schuhe.

5. Lass alles vollständig trocknen, bevor du die noch sichtbaren Linien der Bleistiftskizze ausradierst. Den letzten Schliff gibst du deiner Modeillustration, in dem du dem Anzug einen dunklen Ton hinzufügst.

Mische Cerulean Blue und Indigo und trage das dann mit verschiedenen Pinseln auf, je nachdem, wie präzise du arbeiten musst. Für die Schatten an den Beinen ist zum Beispiel ein Rundpinsel 2 ideal, während du für kleinere Details wie den Hemdkragen, die Taschen, die Knöpfe und den Hosensaum eventuell den Rundpinsel 0 benötigst.

Male einen dunklen Bereich neben der Krawatte, um den Schatten des Kopfes zu erzeugen, der durch das Licht von oben entsteht. Füge noch einige dünne Linien hinzu, um bestimmte Bereiche, die dir wichtig erscheinen – etwa an den Schultern – stärker hervorzuheben.

Zuletzt verwendest du den Buntstift (Walnut Brown 177), um das Gesicht wie die Hände fein auszuführen und um die Augenbrauen sowie eine dünne Linie zwischen den Lippen hinzuzufügen.

Wenn du kleine Flächen mit einer einfachen Farbmischung bearbeitest, wie hier bei den Schuhen, kannst du alle nötigen Farbtöne erzeugen, indem du zuerst die dunklen Bereiche malst und dann für die helleren Bereiche Wasser zur Mischung hinzufügst. Je mehr du dich mit Aquarellfarben vertraut machst, desto mehr wirst du dich an diese Vorgehensweise gewöhnen.

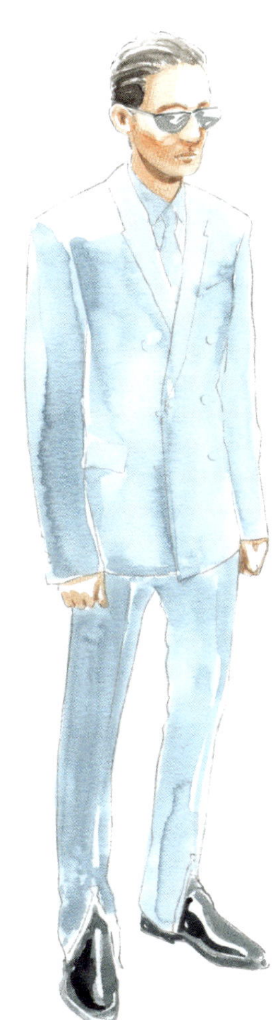
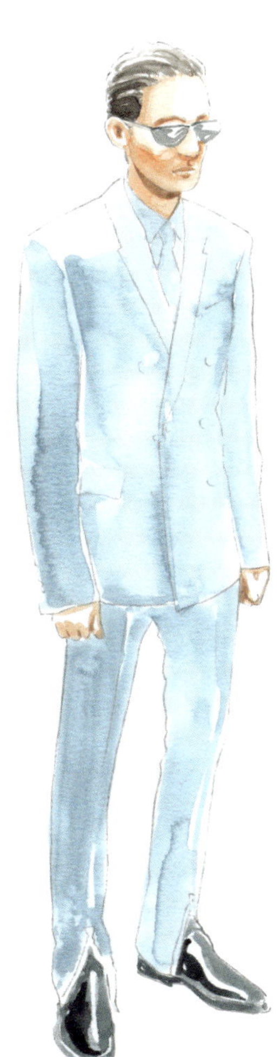

4

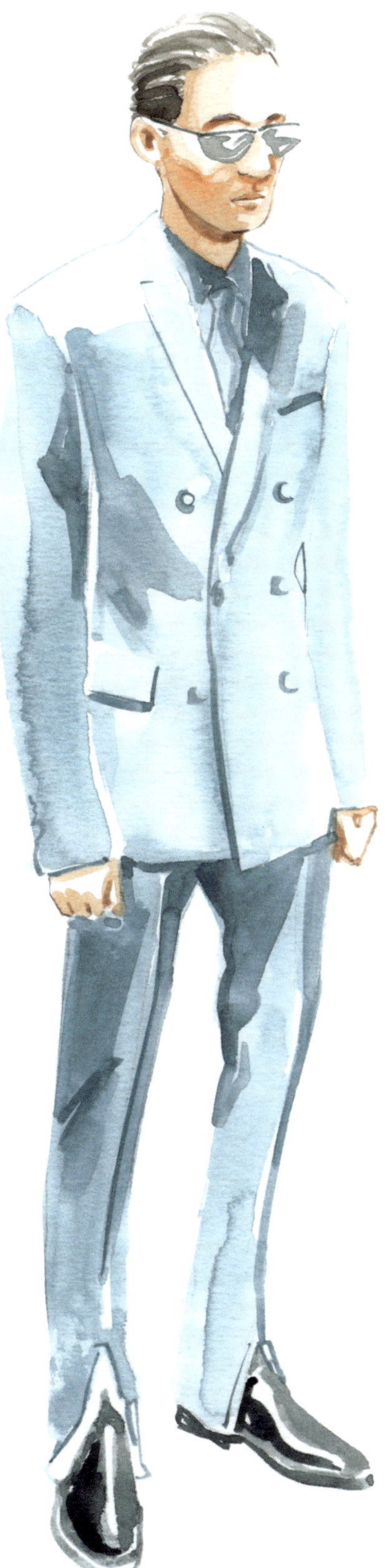

5

Mädchen mit Tasche

NIVEAU: LEICHT **MARKE:** SUZI LEE

Dies ist das letzte Tutorial in der Rubrik »leicht«. Erneut werden wir uns mit dem menschlichen Körper beschäftigen, aber dieses Mal fügen wir ein weiteres Element hinzu: eine Umhängetasche. Sehen wir uns an, wie alle diese Elemente in der Illustration zusammenwirken.

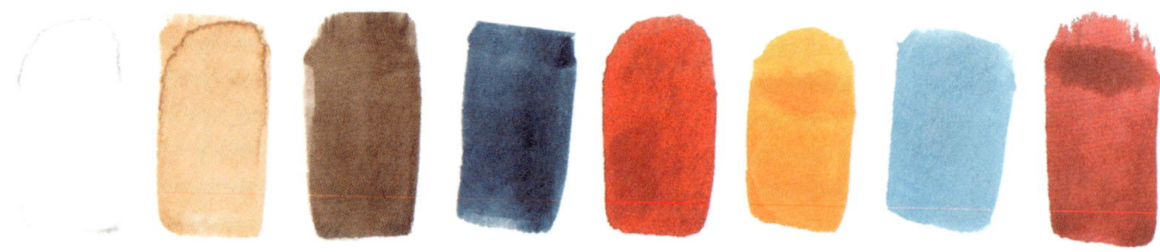

MATERIALIEN

Unverzichtbar:
- Feiner Bleistift
- Radiergummi

Papier:
- Aquarellpapier DIN A4, 300 g

Pinsel:
- Verwaschpinsel Größe 2
- Rundpinsel synthetisch Größe 0
- Rundpinsel synthetisch Größe 1
- Rundpinsel synthetisch Größe 2

Farben:
- Chinese White
- Yellow Ochre Light
- Vandyke Brown
- Indigo
- Cerulean Blue
- Cadmium Red
- Cadmium Yellow

Buntstifte:
- Walnut Brown 177
- Indanthrene Blue 247
- Cobalt Turquoise 153

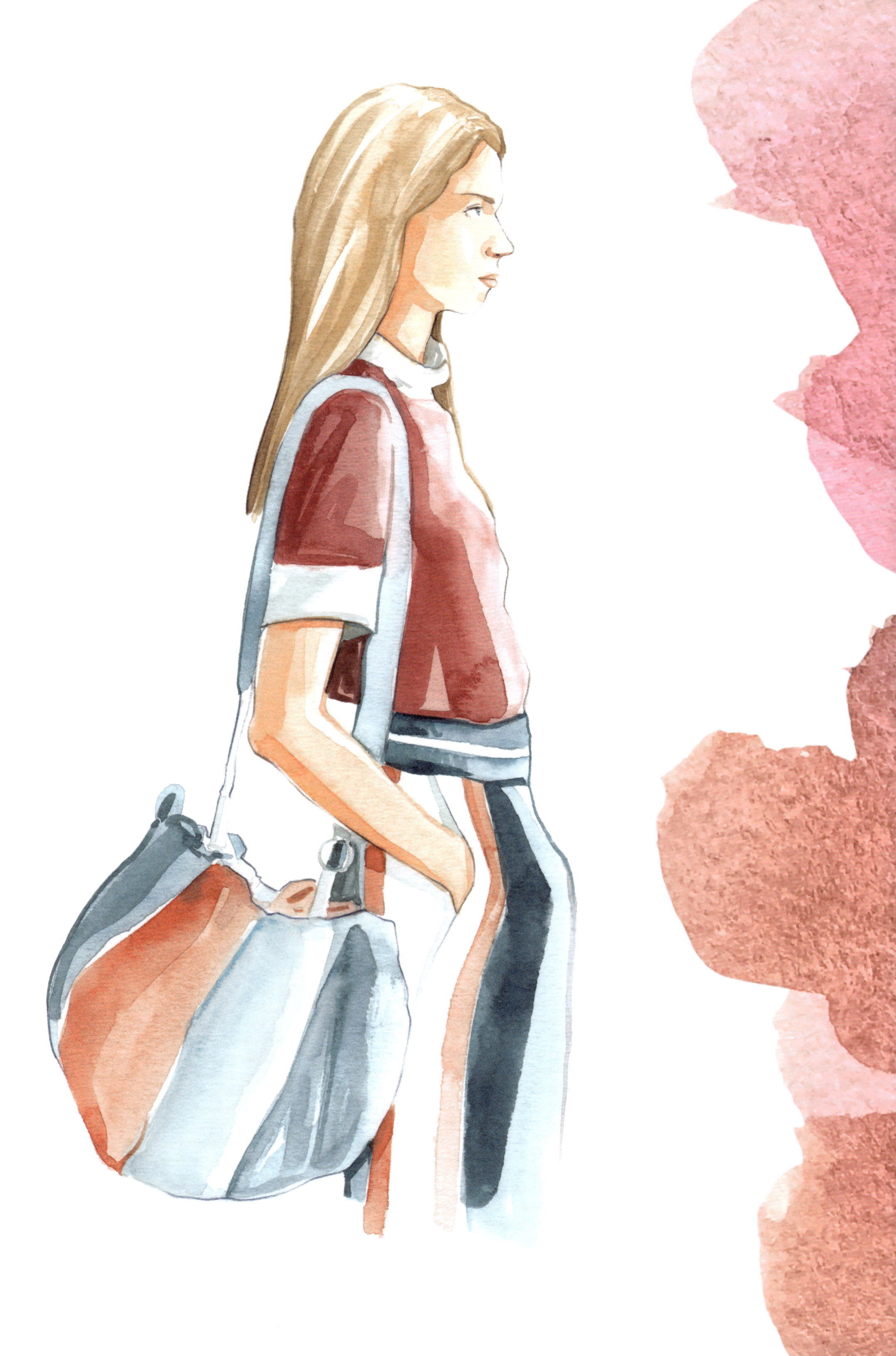

1. Eine lockere Skizze der gesamten Illustration ist wieder unser erster Schritt. Achte darauf, genügend Details auf der Umhängetasche und im Gesicht hinzuzufügen, aber halte dich bei den übrigen Partien, etwa den Haaren, eher damit zurück, um alles so klar und übersichtlich wie möglich zu gestalten.

2. Erstelle nun einen Mittelton für Haut und Haare. Um den richtigen Farbton für die Haut zu erzeugen, mischst du Cadmium Red, Cadmium Yellow und Chinese White. In dieser Modeillustration kommt das Licht von rechts – berücksichtige das bei allen Arbeitsschritten.

   Male dann das Gesicht, den Hals und den Arm mit einem Verwaschpinsel der Größe 2 aus, wobei du einige kleine weiße Bereiche, etwa auf Stirn und Wange, aussparst. Verwende die Spitze des Pinsels, um schmale Bereiche zu malen.

   Für den mittleren Haarton verdünnst du etwas Yellow Ochre Light und trägst es mit dem Verwaschpinsel auf. Füge nun mit dem Rundpinsel 0 die Augenbraue sowie die Haare im Nacken und auf dem Rücken hinzu.

3. Dieser Schritt wird etwas länger dauern, da wir alle Mitteltöne für den Rest der Figur hinzufügen werden. Beginne damit, weiche Schatten auf die weißen Teile der Kleidungsstücke zu malen: den Kragen, die Unterseite des Ärmels und den Streifen auf der Hose. Mische etwas Indigo mit viel Chinese White und verwende den Rundpinsel 0 für den Kragen sowie den Rundpinsel 1 für den Ärmel und die Tasche der Hose. Ziehe eine feine Linie unter dem Arm, um den Schatten wiederzugeben, den er auf der Hose erzeugt.

   Für das T-Shirt verdünnst du (ein bisschen) eine Mischung aus Winsor Red Deep, Cadmium Red und Chinese White. Trage diese mit dem Verwaschpinsel auf, wobei du für kleinere Flächen den Rundpinsel 0 oder 1 verwendest.

   Nun geben wir das Orange hinzu. Mische Cadmium Red mit ein wenig Cadmium Yellow und Chinese White. Verwende den Rundpinsel 1, um die schmalen orangefarbenen Streifen auf der Hose zu malen. Den Verwaschpinsel nimmst du für die orangefarbenen Bereiche der Tasche.

   Die letzte Mischung, die wir unserer Illustration hinzufügen, ist ein Blauton, der durch das Mischen von Indigo, Cerulean Blue und Chinese White entsteht. Trage sie auf den Schulterriemen der Tasche, der Tasche selbst und der Hose auf. Dabei ziehst du eine horizontale weiße Linie um die Taille. Verwende einen Rundpinsel 2 für den Gurt, wechsle dann zum Verwaschpinsel für die Hose und die größeren Abschnitte der Tasche. Verdünne die blaue Mischung und füge sie in

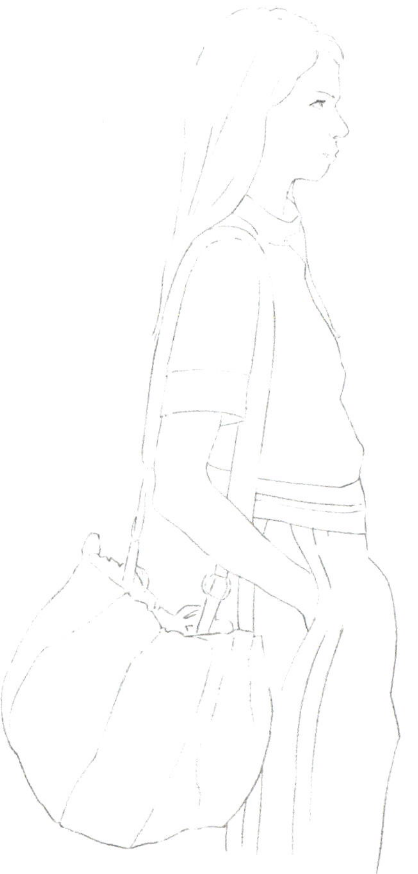
1

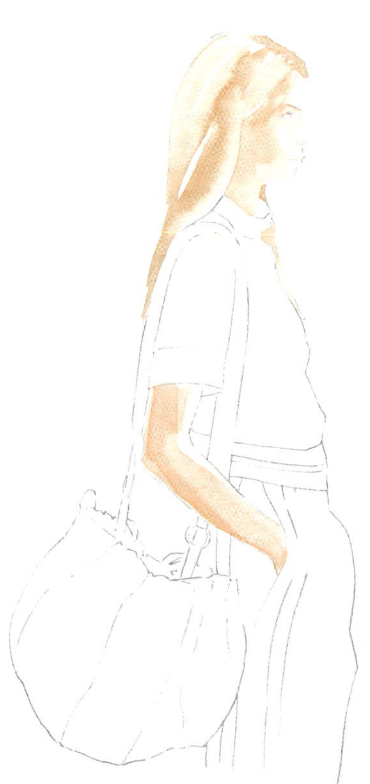
2

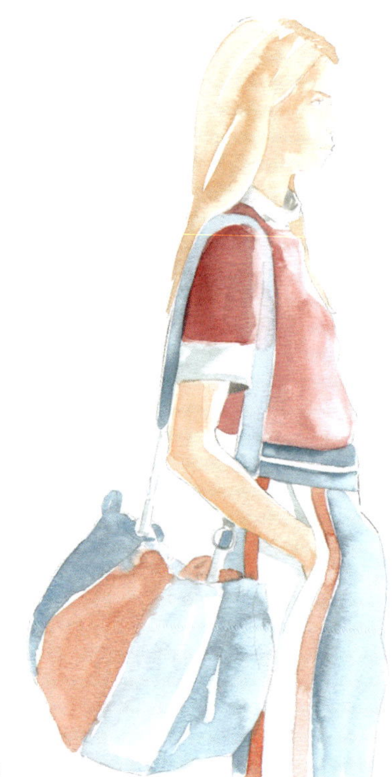
3

die helleren Teile der Tasche ein. Verwende diese verdünnte Mischung für die Verbindungsstücke des Schulterriemens mit dem Rundpinsel 0.

4. Alles trocknen lassen und eventuell noch vorhandene Bleistiftskizzenlinien ausradieren.

Nun kümmern wir uns um einen dunklen Ton auf der Haut und den Haaren. Für die Haut mischst du wieder Cadmium Red, Cadmium Yellow und Chinese White. Wenn die Mischung etwas dunkler werden soll, gibst du noch ein wenig Vandyke Brown hinzu – nicht zu viel!

Trage die Farbe mit dem Rundpinsel 1 auf das Gesicht auf, bis unters Kinn. Wechsle zum Rundpinsel 0, um einen kleinen Schatten unter der Augenbraue und unter der Nase zu erzeugen. Füge dann wieder mit dem Rundpinsel 1 den mittleren Farbton auf der Rückseite des Arms hinzu und male anschließend einen weichen, dunklen Schatten unter den Ärmel.

Für die Haare mischst du Yellow Ochre Light mit etwas Vandyke Brown und trägst es mit dem Rundpinsel 2 auf. Rundpinsel 0 nimmst du für die feineren Linien.

Um diesen Schritt abzuschließen, mischst du etwas Winsor Red Deep mit Chinese White und malst die Lippen.

5. Jetzt geben wir den dunklen Ton zu den Kleidungsstücken hinzu. Trage zunächst mit dem Rundpinsel 2 etwas Winsor Red Deep auf das Hemd auf. Füge dann ein bisschen Vandyke Brown hinzu und definiere mit dem Rundpinsel 0 die Linie zwischen Arm und Schultergurt.

Male mit etwas Cadmium Red einen weichen Schatten auf dem orangefarbenen Streifen der Hose unter dem Arm und füge mit dem Rundpinsel 1 den orangefarbenen Teilen der Tasche einen dunkleren Ton hinzu.

Mische etwas Indigo und Cerulean Blue und füge die dunklen Töne mit dem Rundpinsel 0 zu den kleinen Teilen um den Bund der Hose hinzu. Für die dunkleren blauen Streifen auf der Hose und der Tasche verwendest du den Verwaschpinsel. Nimm die gleiche Mischung leicht verdünnt auch für den helleren blauen Teil der Tasche.

6. Jetzt sind wir fast fertig! Für diesen letzten Schritt nehmen wir Buntstifte (Walnut Brown 177, Cobalt Turquoise 153), um das Auge braun und türkis zu umranden. Den walnussbraunen Buntstift verwenden wir auch, um die Haare, das Nasenloch und den Arm besser zu definieren. Konturiere zuletzt andere Teile wie die Tasche und einige Partien des T-Shirts mit einem weiteren Buntstift (Indanthrene Blue 247).

Wenn du dir noch nicht ganz sicher bist, kannst du die Skizzenlinien für das Gesichtsprofil und das Auge stehen lassen, da wir diese später mit einem dunkleren Buntstift übermalen werden, um sie besser zu definieren.

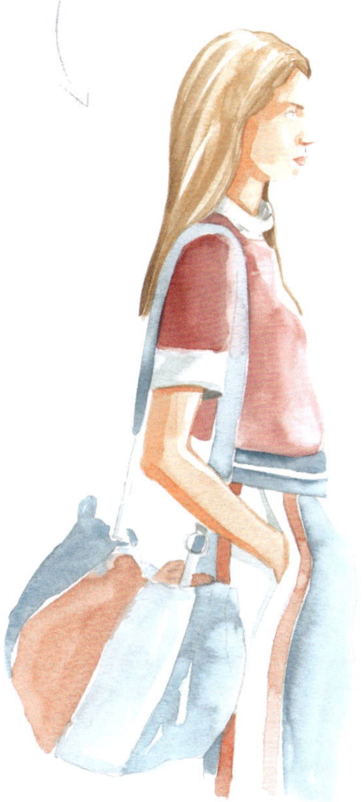

4

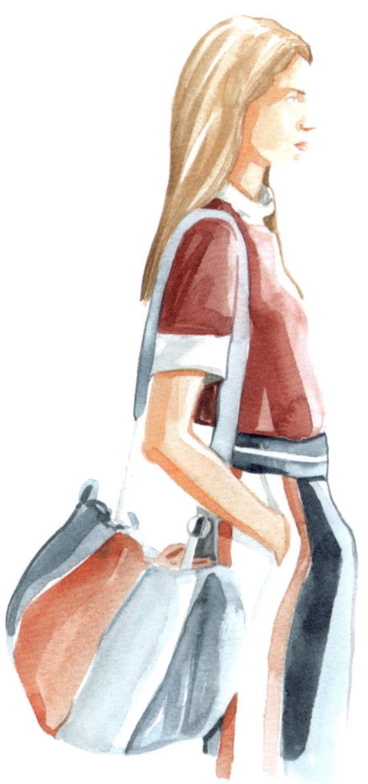

5

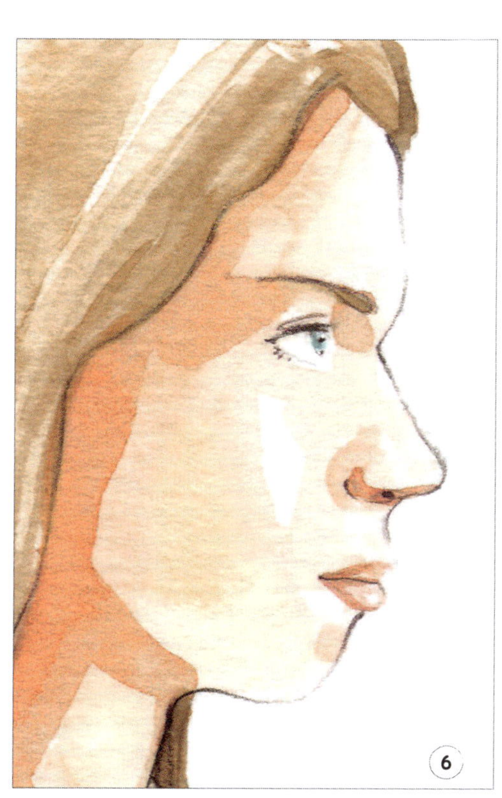

6

Augen-Make-up

NIVEAU: MITTEL

Herzlich willkommen zum ersten Tutorial auf mittlerem Niveau! Hier werden wir das zu illustrierende Auge im Detail erforschen, einschließlich des Augen-Make-ups. Das wird spannend und macht Spaß, aber bleib dabei konzentriert!

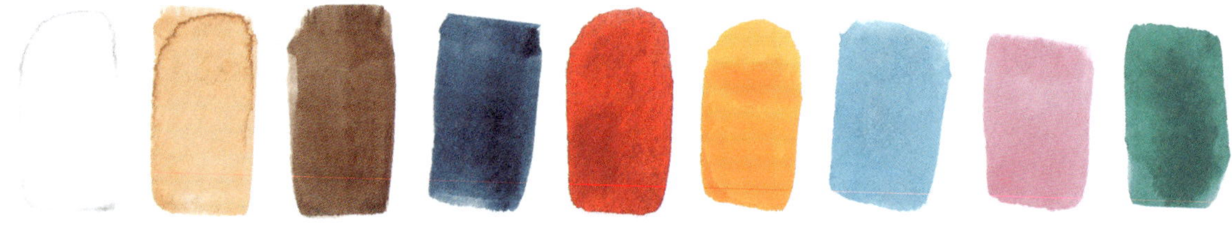

MATERIALIEN

Unverzichtbar:
- Feiner Bleistift
- Radiergummi

Papier:
- Aquarellpapier DIN A4, 300 g

Pinsel:
- Verwaschpinsel Größe 2
- Rundpinsel synthetisch Größe 0
- Rundpinsel synthetisch Größe 1
- Rundpinsel synthetisch Größe 2

Farben:
- Chinese White
- Yellow Ochre Light
- Vandyke Brown
- Indigo
- Cadmium Red
- Cadmium Yellow
- Cerulean Blue
- Opera Rose
- Cobalt Turquoise

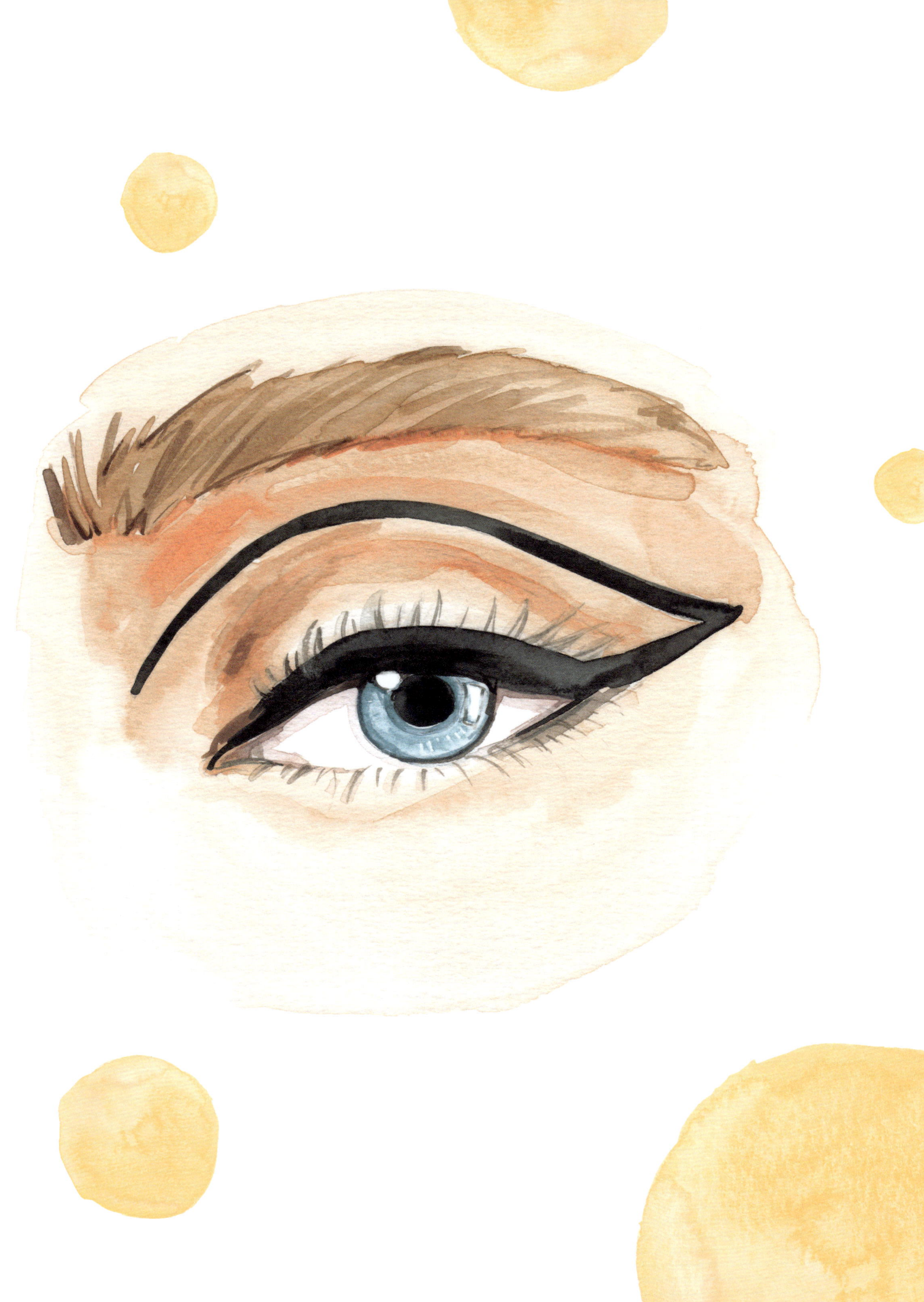

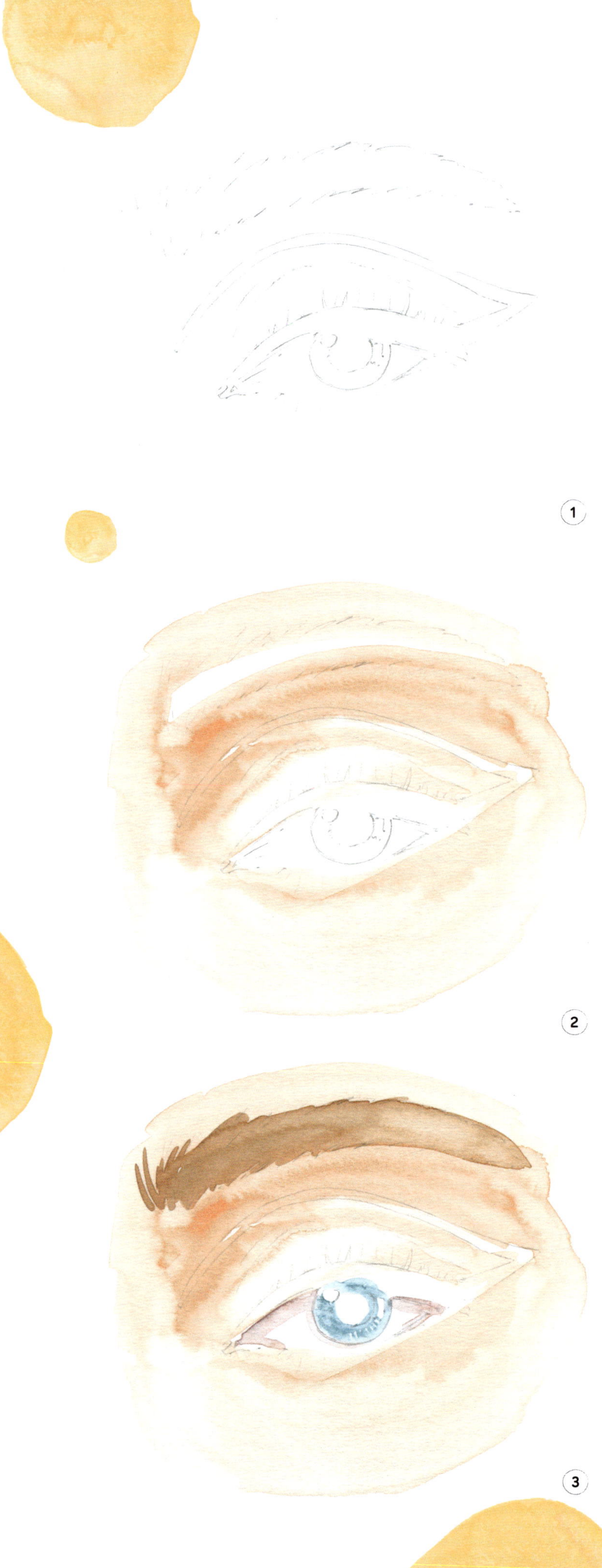

1. Halte die Linien der lockeren Bleistiftskizze hell, dann müssen wir sie dieses Mal nicht ausradieren, da sie vollständig von der Farbe verdeckt werden.

2. Mische zunächst Cadmium Red, Yellow Ochre Light und Chinese White als Mittelton für die Haut. Verdünne diese Mischung etwas mehr als üblich und trage sie dann mit einem Verwaschpinsel 2 direkt unter der Augenbraue auf (die dunkelste Stelle der Haut). Übertrage die Mischung auch auf den restlichen Bereich.

3. Nun geht es um das Auge selbst: Mische etwas Opera Rose mit Chinese White und ein wenig Cobalt Turquoise. Verwende einen Rundpinsel 1, um einen weichen Schatten unter dem oberen Augenlid zu erzeugen. Mische als nächstes Cerulean Blue und ein wenig Chinese White und male die Iris ein. Sei hier ganz vorsichtig, denn du musst einige weiße Bereiche als Glanzlichter lassen (ein abgerundetes Glanzlicht auf der linken und ein eckigeres auf der rechten Seite) und Platz für die Pupille schaffen. Verwende einen Rundpinsel 0, damit du so präzise wie möglich malen kannst.

   Für die Augenbraue mischst du etwas Yellow Ochre Light mit Chinese White und beginnst von links nach rechts zu malen, wobei du die Mischung nach und nach leicht verdünnst. Verwende den Rundpinsel 0, um ein paar einzelne Haare am Anfang der Augenbraue hinzuzufügen und so einen Hauch von Realismus zu schaffen.

4. Als nächstes fügen wir einige Schatten auf der Haut, der Iris und

Kümmere dich nicht zu sehr darum, den Bleistiftlinien aus Schritt 1 perfekt zu folgen, wenn du die Haut malst, da die Farben, die wir später hinzufügen werden, die Struktur des Auges aufbauen und dunkler sind als unsere Hautmischung.

der Augenbraue hinzu. Wir verwenden die Mischung aus Schritt 2 (Cadmium Red, Yellow Ochre Light und Chinese White), aber dieses Mal verwenden wir feinere Pinsel, um die dunkleren Töne zu erzeugen. Wechsle den Rundpinsel 1 mit einem 2er ab, je nachdem, wie groß der Bereich ist, den du bearbeitest, und füge Schatten unter der Augenbraue, an den Seiten des Augenlids sowie überall dort hinzu, wo du das sinnvoll findest.

Mische Cerulean Blue mit ein wenig Indigo und gib einige dunkle Bereiche für die Iris hinzu. Verwende den Rundpinsel 0, um die Iris und die beiden Glanzlichter zu konturieren. Nimm dann etwas Yellow Ochre Light und den Rundpinsel 1, um der Augenbraue weitere Haare hinzuzufügen.

5. Kreiere nun einen schönen Schwarzton, indem du Vandyke Brown und Indigo mischst. Füge mit dem Rundpinsel 1 die Pupille hinzu. Male mit der gleichen Mischung das obere Augenlid und folge weiter der Linie des Make-ups. Male dabei so präzise wie möglich und wechsle bei Bedarf zwischen den Rundpinseln 1 und 2.

Schließe diesen Schritt mit dem Rundpinsel 0 ab, indem du einige weiche Linien auf dem Unterlid, insbesondere in den Augenwinkeln, hinzufügst.

6. Jetzt ist es Zeit für die letzten Details. Für den gesamten Schritt habe ich den Rundpinsel 0 verwendet. Nimm die gleiche Schwarzmischung wie in Schritt 5, um die Wimpern auf die beiden Lider zu malen und das Augen-Make-up zu akzentuieren.

Füge mit etwas Vandyke Brown einige dunkle Härchen an der Augenbraue hinzu. Dunkle die Hauttöne auf der Innenseite des Augenlids ab.

Mische etwas Opera Rose mit Chinese White und ein wenig Cobalt Turquoise, um den Schatten zu betonen, den das Augenlid auf das Weiß des Auges wirft.

Falls noch Bleistiftlinien vorhanden sein sollten, kannst du diese nun ausradieren.

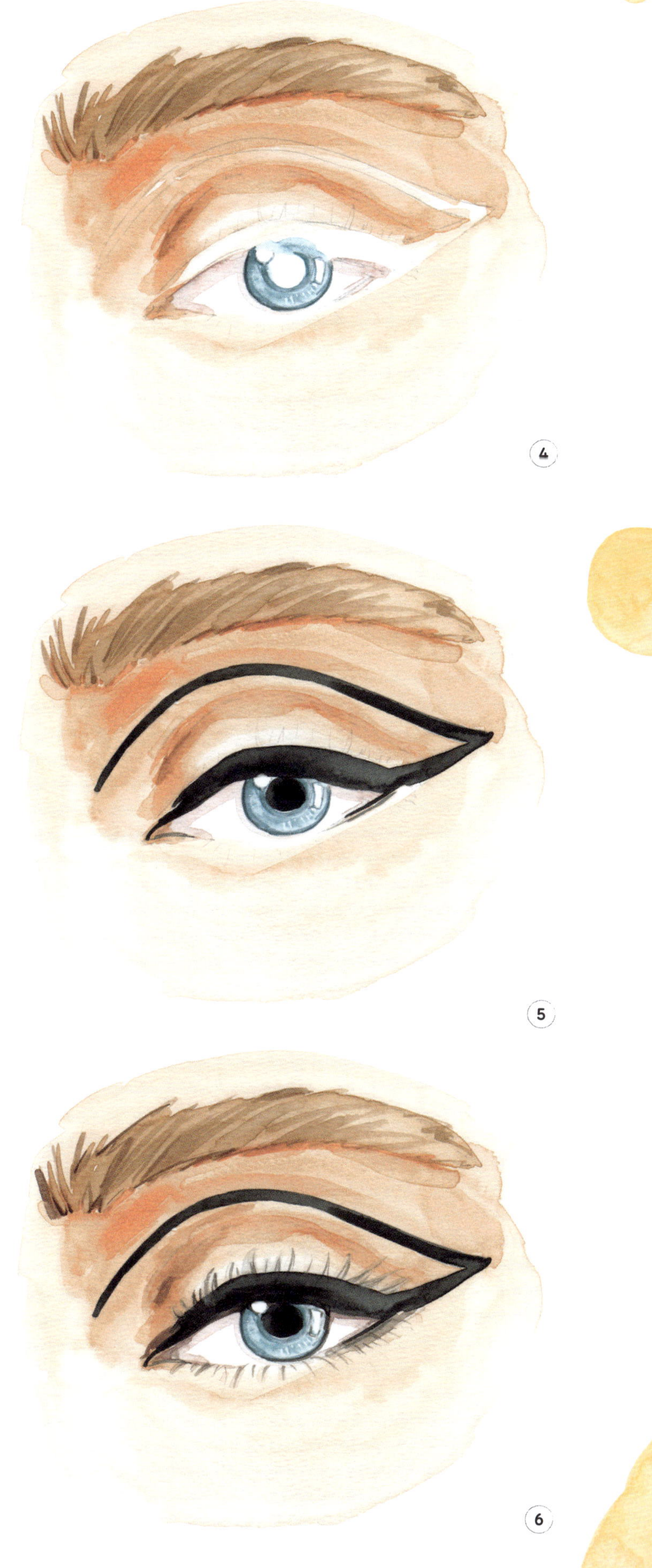

Mädchen mit Hut

NIVEAU: MITTEL **MARKE:** PATOU

In diesem Tutorial werden wir zum ersten Mal die Nahaufnahme eines Mädchengesichtes illustrieren. Außerdem fügen wir einen hübschen Hut hinzu, um das ganze Bild aufzuwerten. Es ist immer eine gute Idee, die Figuren mit Accessoires interagieren zu lassen – das macht einen raffinierteren Eindruck.

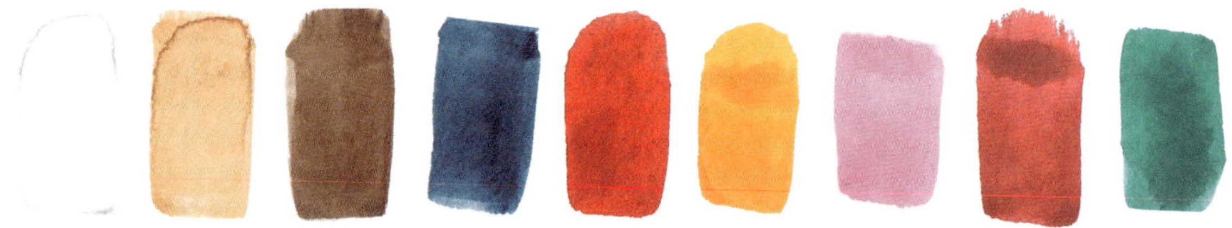

MATERIALIEN

Unverzichtbar:
- Feiner Bleistift
- Radiergummi

Papier:
- Aquarellpapier DIN A4, 300 g

Pinsel:
- Verwaschpinsel Größe 2
- Rundpinsel synthetisch Größe 0
- Rundpinsel synthetisch Größe 1
- Rundpinsel synthetisch Größe 2

Farben:
- Chinese White
- Yellow Ochre Light
- Vandyke Brown
- Indigo
- Cadmium Red
- Cadmium Yellow
- Opera Rose
- Winsor Red Deep
- Cobalt Turquoise

Buntstift:
- Walnut Brown 177

Copic Ciao Markers:
- Warm Gray No.2 W-2
- Pale Blue Gray B60

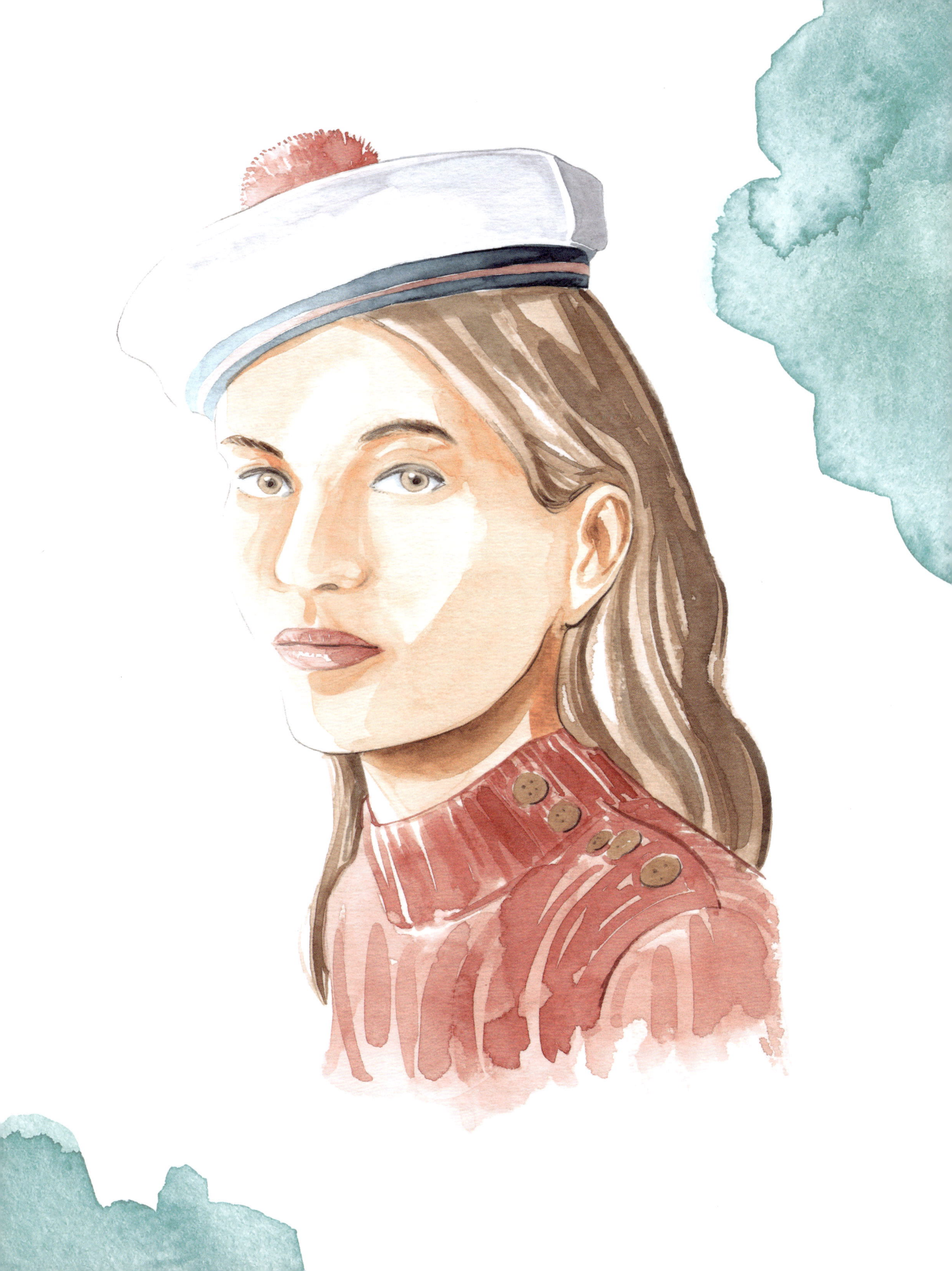

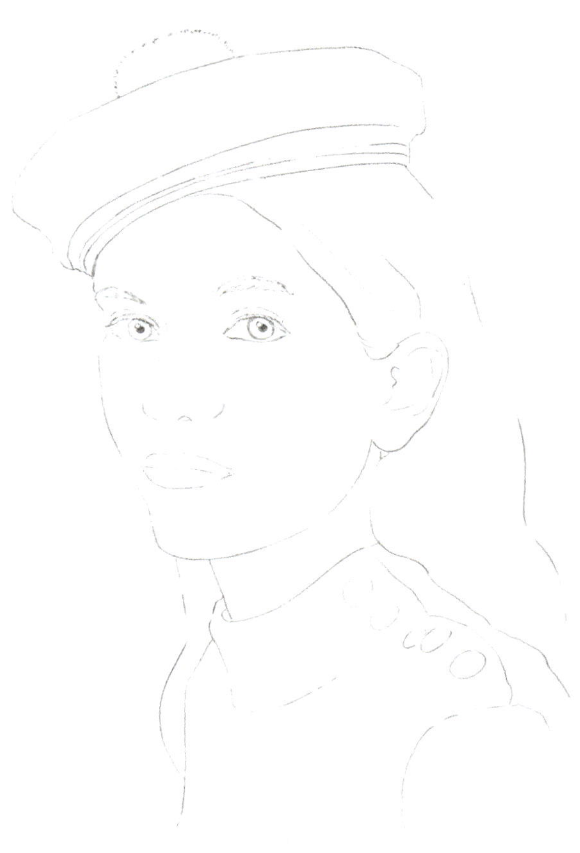

1

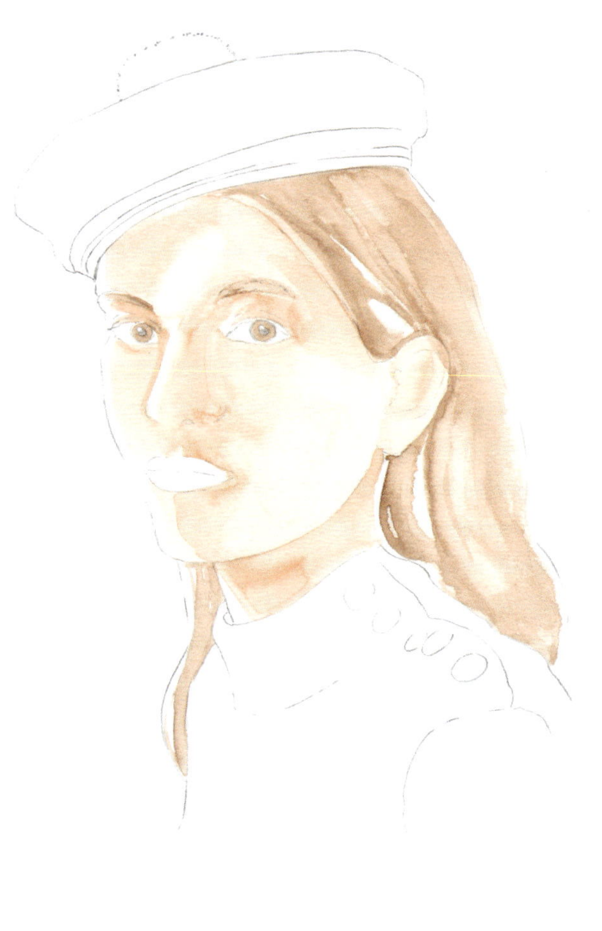

2

1. Da es sich um ein Porträt in Nahaufnahme handelt, ist es nützlich, die Augen und die Linien am Hut recht detailliert zu zeichnen, wenn du deine erste Bleistiftskizze anfertigst.

2. Im zweiten Schritt erstellst du die Mitteltöne für die Haut und die Haare. Für die Haut habe ich Cadmium Red, Cadmium Yellow und Chinese White gemischt. Bei dieser Darstellung kommt das Licht von links, also achte darauf, dass du die Mischung entsprechend anwendest.

Für die kleinen Teile des Gesichts wie die Iris, die Augenbrauenbögen und die Nase empfehle ich, einen Rundpinsel 1 zu verwenden. Für den Rest des Gesichts und den Hals verwendest du einen Verwaschpinsel 2. Halte den Mittelton so gleichmäßig und hell wie möglich, indem du bei Bedarf mehr Wasser hinzufügst.

Weiter geht's mit den Haaren: Mische etwas Yellow Ochre Light mit ein bisschen Vandyke Brown und Chinese White. Trage die Mischung mit dem Verwaschpinsel auf, um die erste Haarschicht hell und weich zu halten. Mit der gleichen Mischung, aber diesmal mit einem Rundpinsel 0, malst du vorsichtig die Augenbrauen und auch jeweils die Iris der Augen.

3. Nun dreht sich alles um den Hut. Mische etwas Cobalt Turquoise mit etwas Opera Rose und Chinese White und trage die Mischung auf den kleinen Bereich des Schattens auf der rechten Seite auf. Male dann den Hauptteil des Hutes weiter, wobei du von rechts nach links arbeitest und die Mischung auf dem Papier sukzessive verdünnst, sodass du von einem dunklen Ton zu einem Mittelton übergehst und schließlich am Rand des Hutes zum Weiß des Papiers hin verblasst. Ein Rundpinsel 2 ist für diesen Schritt perfekt geeignet.

Jetzt malen wir die drei Zierstreifen auf den Hut. Beginne mit dem roten Streifen in der Mitte. Verwende dazu etwas Winsor Red Deep und den Rundpinsel 0. Auch hier malst du von rechts und fügst immer mehr Wasser hinzu, um die Farbe zu verdünnen, je weiter du nach links kommst. Mach das Gleiche mit den beiden marineblauen Linien, indem du etwas Indigo verwendest.

3

4. Konzentrieren wir uns nun auf die roten Teile der Illustration. Mische etwas Winsor Red Deep mit Cadmium Red, um die Farbe hell zu halten. Male den Bommel oben auf dem Hut und trage die Farbe mit dem Rundpinsel 0 auf. Konturiere ihn mit kleinen Farbpunkten, um seine flauschige Textur zu imitieren. Füge weiter Wasser hinzu, während du in Richtung der linken Seite des Bommels arbeitest, um die Beleuchtung zu berücksichtigen.

Gehe nun mit der gleichen Mischung und dem gleichen Pinsel zu den Lippen über, wobei du immer das Licht berücksichtigen solltest. Verwende die gleiche Mischung, um den Mittelton für den Pullover zu erstellen, und trage diese mit dem Verwaschpinsel auf.

Diesen Schritt schließt du ab, indem du mit dem Rundpinsel 1 und einer Mischung aus Yellow Ochre Light und Vandyke Brown die Knöpfe des Pullovers malst.

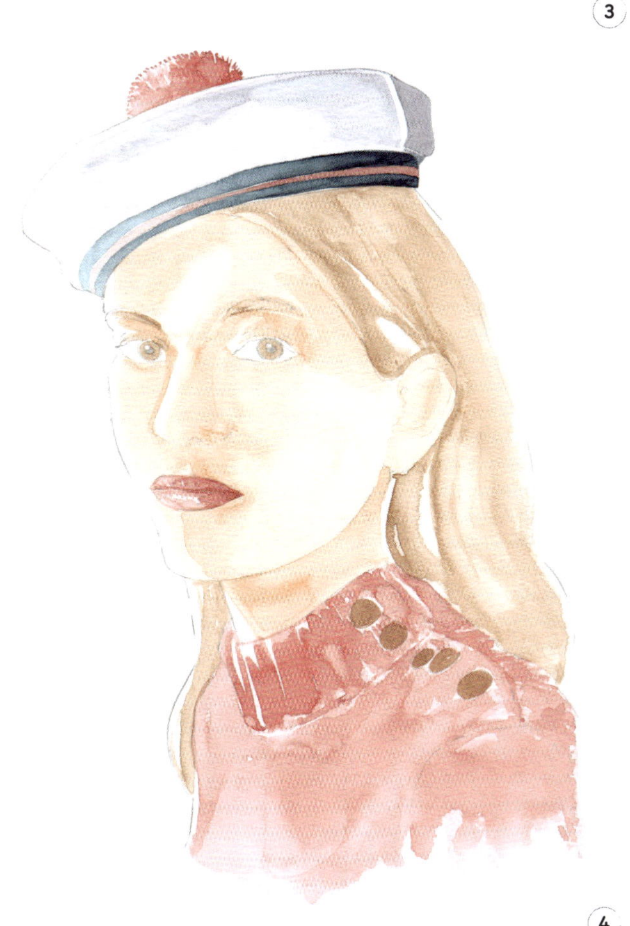

4

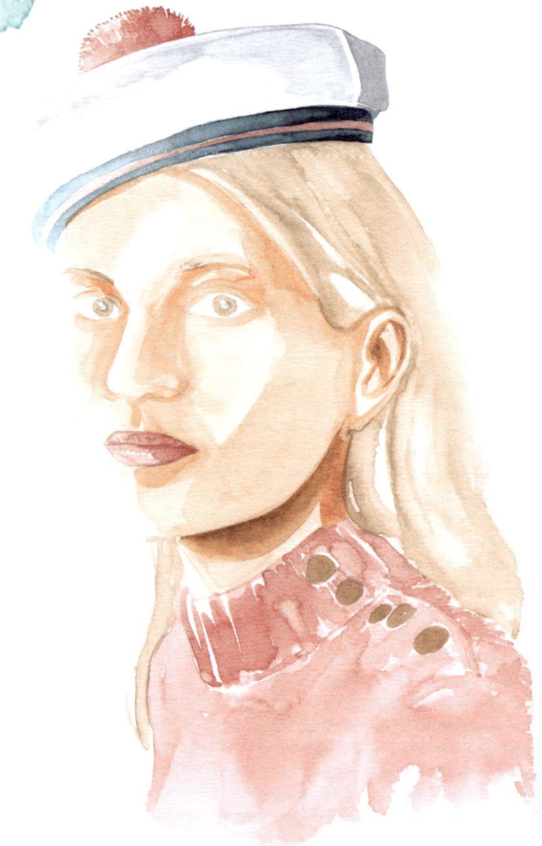

5

5. Radiere alle sichtbaren Skizzenlinien aus, dann konzentrieren wir uns wieder auf die Haut. Für den dunklen Ton verwendest du die Mischung aus Schritt 2 (Cadmium Red, Cadmium Yellow und Chinese White), aber mit weniger Wasser verdünnt. Trage diesen mit dem Rundpinsel 1 unter den Augenbrauen, entlang der Nase, unter den Lippen und in den Ohrmuscheln auf.

Wechsle zum Rundpinsel 2, um eine zarte dunkle Linie oben auf der Stirn (wo der Hut einen kleinen Schatten wirft) und quer über die rechte Seite der Stirn hinzuzufügen.

Trage nun den dunkleren Ton mit dem Verwaschpinsel auf die rechte Gesichtshälfte auf. Um diesen Schritt abzuschließen, fügst du etwas Vandyke Brown zu deiner Hauttonmischung hinzu, um mit dem Rundpinsel 2 den Schatten zu malen, den das Kinn auf den Hals wirft (der häufig die dunkelste Stelle eines Porträts ist). Auch im Ohr kannst du mit dem Rundpinsel 1 weitere dunkle Linien hinzufügen.

Um den dunklen Ton an der Seite des Gesichts aufzutragen, beginne damit, eine kleine ovale Form auf der Wange zu erstellen. Verbreitere dann die Form, indem du mehr Wasser hinzufügst und den Pinsel kreisförmig bewegst, um sie – harmonisch mit dem Rest der Haut – zu schattieren.

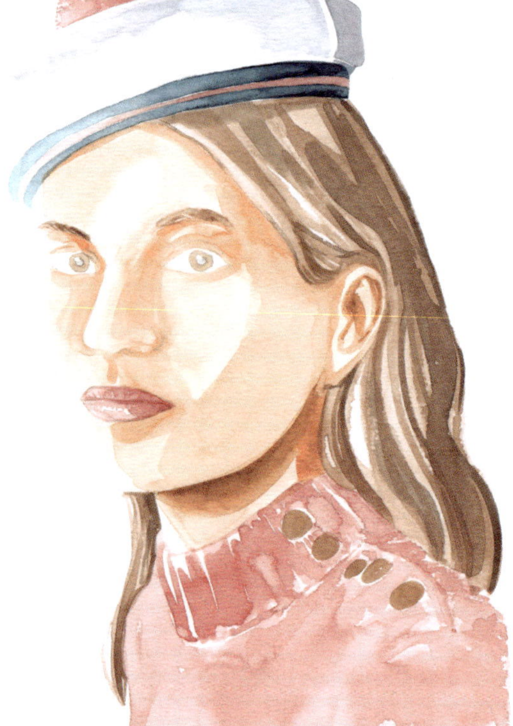

6

6. In diesem Schritt fügen wir einen dunklen Ton für die Haare und die Augenbrauen hinzu. Mische Yellow Ochre Light und Vandyke Brown und definiere mit dem Verwaschpinsel und dem Rundpinsel 2 die Haarsträhnen. Verwende anschließend die gleiche Farbmischung mit dem Rundpinsel 0, um die Augenbrauen fein zu definieren.

7. Gib nun einige dunkle Töne auf dem Pullover mit Winsor Red Deep dazu. Füge mit dem Rundpinsel 0 feine Linien hinzu, um einige Bereiche um den Hals und an der Schulter besser zu definieren. Male dann mit dem Verwaschpinsel einige zarte Linien auf den Rest des Pullovers, um dessen Struktur zu imitieren.

8. In diesem abschließenden Schritt konzentrieren wir uns auf die Augen und geben ihnen den letzten Schliff. Verwende für jedes Auge den Copic Marker B60, um einen dünnen Schatten auf der Sklera (dem Weiß des Auges), direkt unter den Oberlidern, zu zeichnen. Konturiere beide Augenlider mit einem Copic Marker W-2. Mit demselben Marker kannst du auch das Nasenloch einzeichnen.

Mit einem walnussbraunen Buntstift definierst du die Konturen dort, wo das nötig ist. Ich habe den Stift verwendet, um weitere Details an den Augen zu malen, einschließlich der Pupille und der oberen Augenlider. Ich ergänzte auch noch die Augenbrauen, zog eine feine Linie zwischen den Lippen und definierte die Umrisse auf der linken Seite des Hutes sowie um das Gesicht und das Kinn. Um diese Illustration zu vervollständigen, fügst du noch einige Linien auf den Knöpfen des Pullovers hinzu.

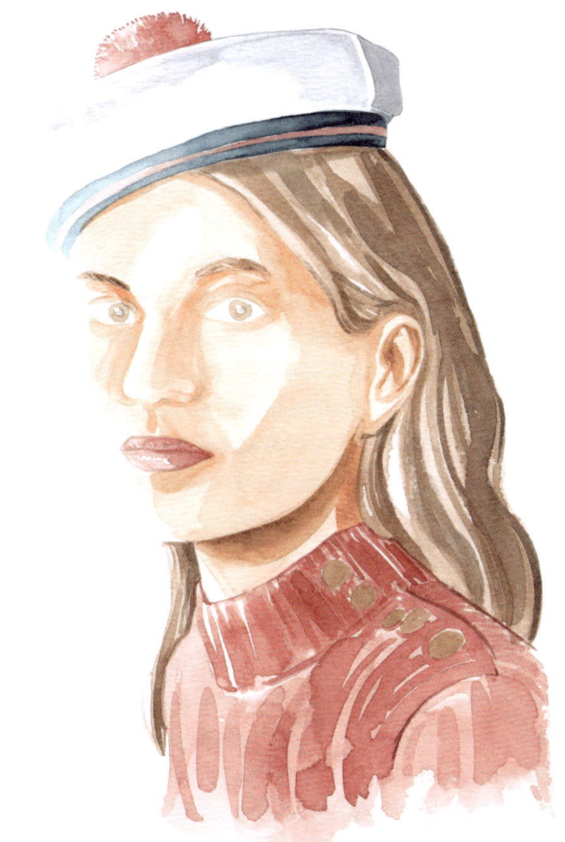

7

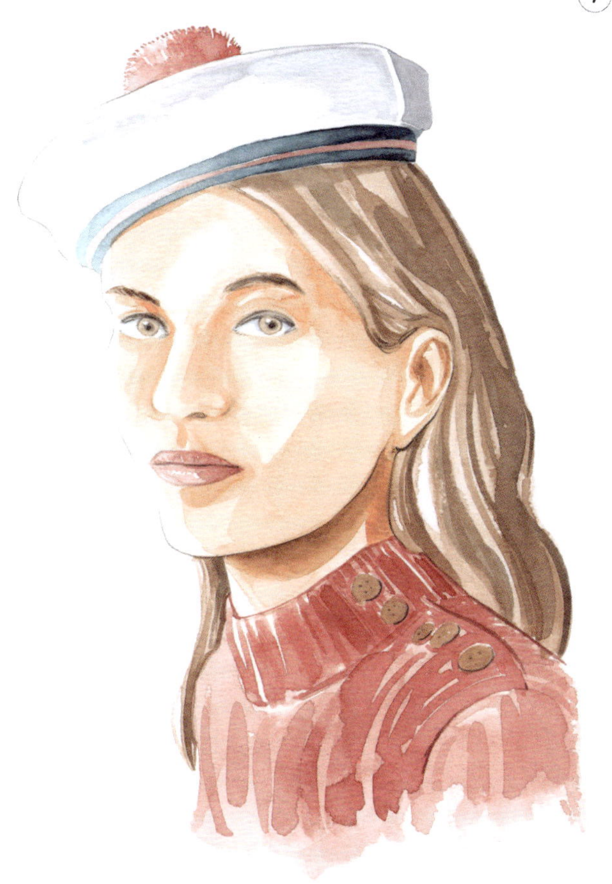

8

Frau im bedruckten Kleid

NIVEAU: MITTEL **MARKE:** ELZINGA

In diesem Tutorial erkunden wir zum ersten Mal die Vorderansicht eines Models. Dabei lernen wir auch, wie man ein schönes bedrucktes Kleid kreiert, indem wir das Muster aus fünf verschiedenen Farben zusammenstellen.

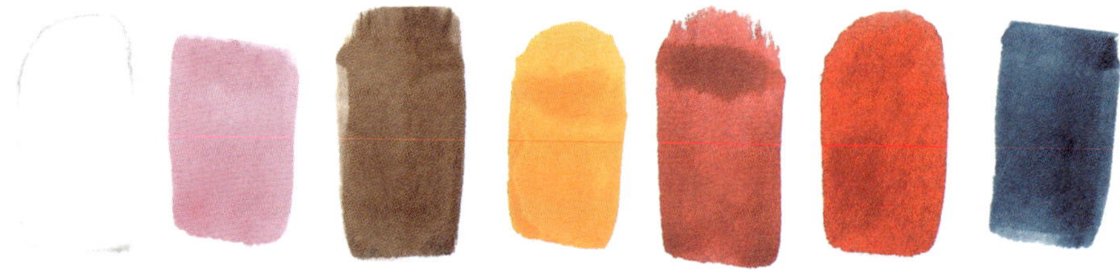

MATERIALIEN

Unverzichtbar:
- Feiner Bleistift
- Radiergummi

Papier:
- Aquarellpapier DIN A4, 300 g

Pinsel:
- Verwaschpinsel Größe 2
- Rundpinsel synthetisch Größe 0
- Rundpinsel synthetisch Größe 1

Farben:
- Chinese White
- Opera Rose
- Cobalt Violet
- Vandyke Brown
- Cadmium Yellow
- Cadmium Red
- Winsor Red Deep
- Indigo

Buntstifte:
- Beige Red 132
- Walnut Brown 177
- Cinnamon 189

Copic Ciao Markers:
- Pale Fruit Pink E000
- Soft Sun E21
- Pale Purple RV000

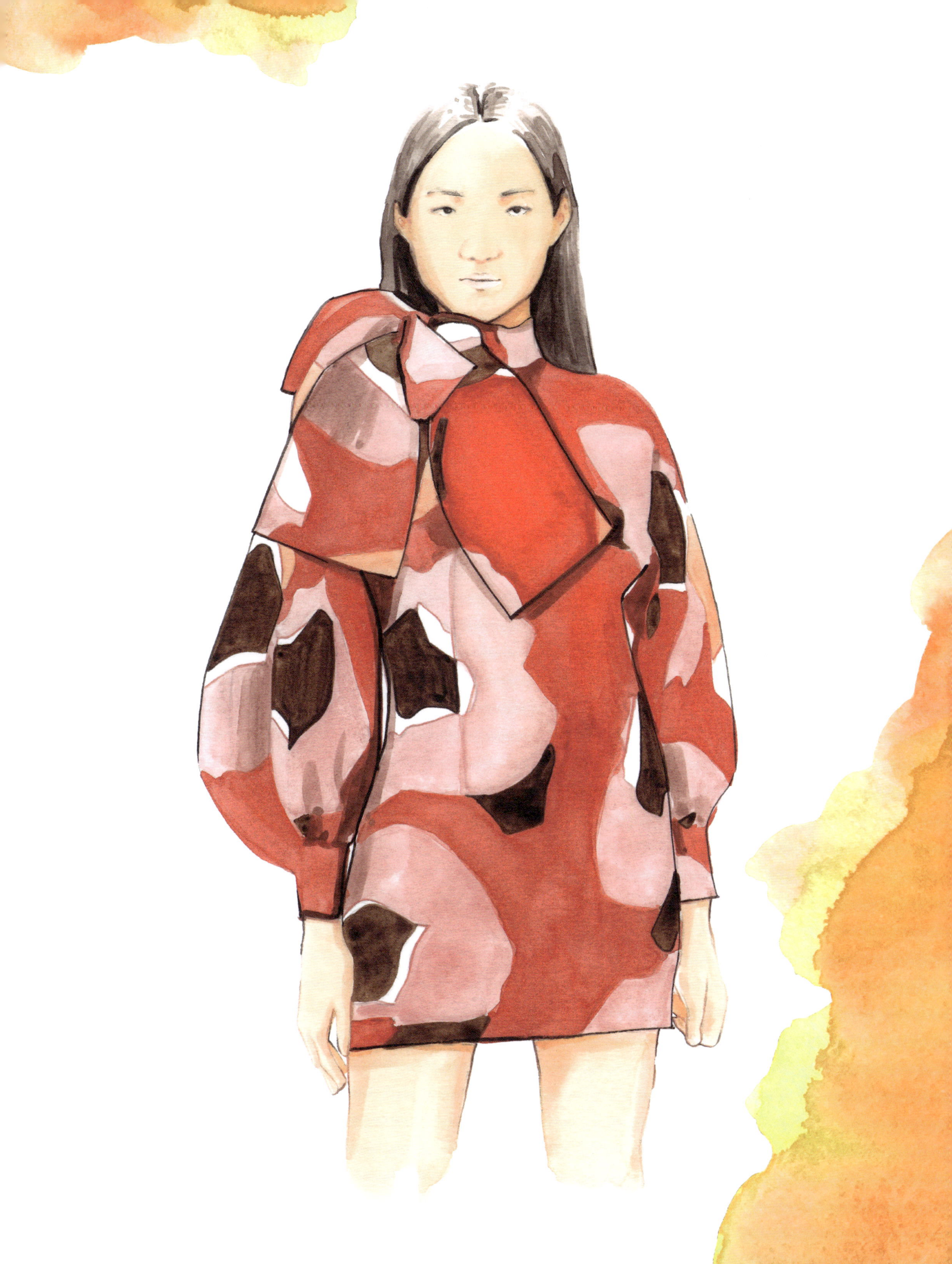

1. Ausgangspunkt ist wie immer eine Bleistiftskizze der vollständigen Illustration. Diesmal arbeiten wir mit einem anspruchsvollen Print auf dem Kleid: Achte darauf, dass du alle Orientierungspunkte mit einbeziehst, die du beim Hinzufügen von Farbe benötigst, aber versuche diese so hell wie möglich zu halten.

2. Zunächst mischen wir die Hautfarbe mit Cadmium Red, Chinese White und ein bisschen Cadmium Yellow. Lass dir genügend Zeit, den richtigen Farbton zu finden. Verwende den Verwaschpinsel, um eine gleichmäßige Oberfläche am Gesicht, den Händen und Beinen zu schaffen und so eine schöne Balance über das gesamte Werk zu erzielen, damit das Kleid im Mittelpunkt steht.

3. Das Kleid besteht aus fünf Farben: Weiß, Rosa, Orange, Rot, Braun. Wir lassen Partien frei für das Papierweiß und beginnen mit den hellen Farben zu malen. Mische Opera Rose, Chinese White und ein wenig Cadmium Yellow, um den rosa Farbton zu bekommen. Verwende einen Rundpinsel 1 und halte die Farbe recht homogen. Ziehe eine zarte Linie für den Saum des Kleides in der Mitte des Oberkörpers. Gib als nächstes die kleinen orangefarbenen Partien des Musters hinzu, indem du Cadmium Red und Cadmium Yellow mischst.

4. Nun ist es an der Zeit, dem Kleid rote Farbe hinzuzufügen. Ich habe dafür etwas Winsor Red Deep mit Cadmium Red und ein wenig Chinese White gemischt, um einen angenehm hellen Farbton zu erhalten. Ich schlage vor, den Rundpinsel 1 für alle kleineren Bereiche zu verwenden, und den Verwaschpinsel 2 für größere Bereiche wie den Torso. Nimm Vandyke Brown, um die restlichen Teile des Musters zu füllen.

Füge dann mit dem Rundpinsel 1 eine mitteltönige Schicht auf den Haaren hinzu. Dazu mischst du Opera Rose, Vandyke Brown mit etwas Indigo so, dass es natürlich aussieht. Lass auf beiden Seiten etwas Papierweiß stehen, um die Reflexionen auf dem Haar anzudeuten.

5. Nun, da wir eine Farbschicht über die gesamte Struktur der Illustration gelegt haben, können wir die Reste unserer Bleistiftlinien ausradieren. Um dem Kleid etwas Volumen zu geben, fügst du nun die dunklen Töne hinzu. Mische dazu etwas Vandyke Brown in die Rosa- und Rottöne, die wir in Schritt 3 und 4 für das Kleid angefertigt haben. Hebe die Schleife ein bisschen deutlicher sichtbar hervor, indem du dort dunklere Töne hinzufügst, wo die Schleife Schatten erzeugt. Definiere die Ärmel, die Seiten des Rumpfes und der Hüften noch etwas mehr.

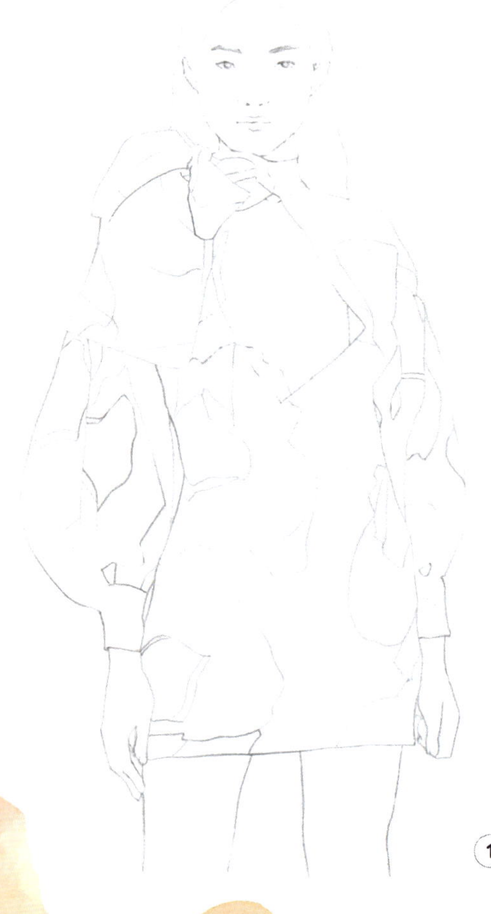

1

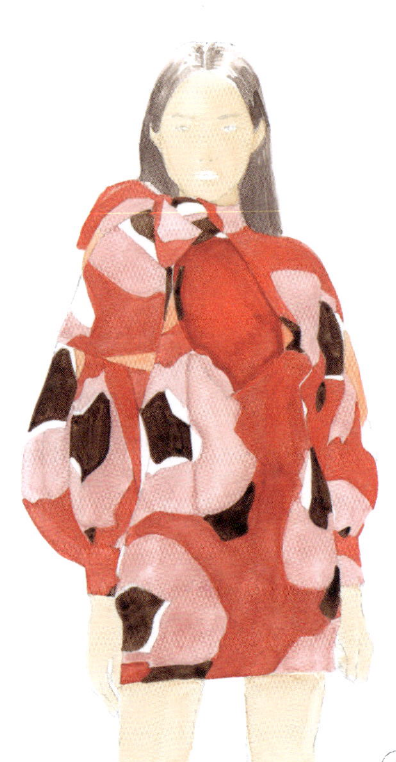

4

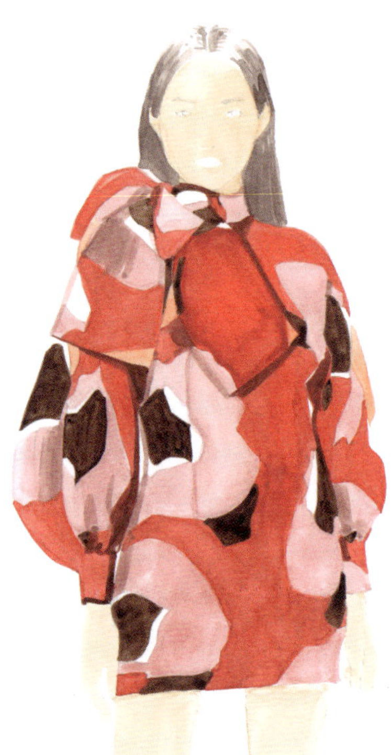

5

6. Jetzt fügen wir dem Gesicht, den Händen und den Beinen noch einige Details hinzu. Da das Kleid für sich schon sehr viel hermacht, sollte das Gesicht eher schlicht gehalten werden. Verwende den Marker E000, um einige dunkle Töne unter den Augenbrauen und der Nase sowie an den Seiten des Gesichts zu erzeugen, und nimm dann den Marker E21 für dunklere Bereiche wie in den Ohren und am Hals. Für die Lippen eignet sich der RV000 Marker, um die Nase ein wenig zu akzentuieren der Buntstift Beige Red. Mit dem Buntstift Walnut Brown akzentuierst du die Augen wie die Augenbrauen und zeichnest eine weiche Linie zwischen die Lippen. Für die dunkleren Töne an den Händen und Beinen nimmst du wieder die Marker E000 und E21. Mit dem Cinnamon-Buntstift akzentuierst du die Umrisse von Händen und Beinen.

7. Verfeinere das Kleid noch ein wenig, indem du mit einem dunklen Farbton (Vandyke Brown und etwas Indigo) sowie dem Rundpinsel 0 eine dezente Umrandung erstellst, um die Schleife und den Hals zu akzentuieren. Füge noch einige Details an den Ärmeln, am Rumpf und an den Beinen hinzu. Für den letzten Schliff malst du einen dunklen Ton zu den Haaren hinzu, vor allem an den Seiten des Halses.

Ein noch stärkerer Effekt lässt sich mit einem helleren Mittelton für das Haar erzeugen, indem du mehr Opera Rose oder etwas Cobalt Violet hinzugibst: Das würde am Ende, wenn wir den dunklen Ton hinzufügen, den Kontrast betonen.

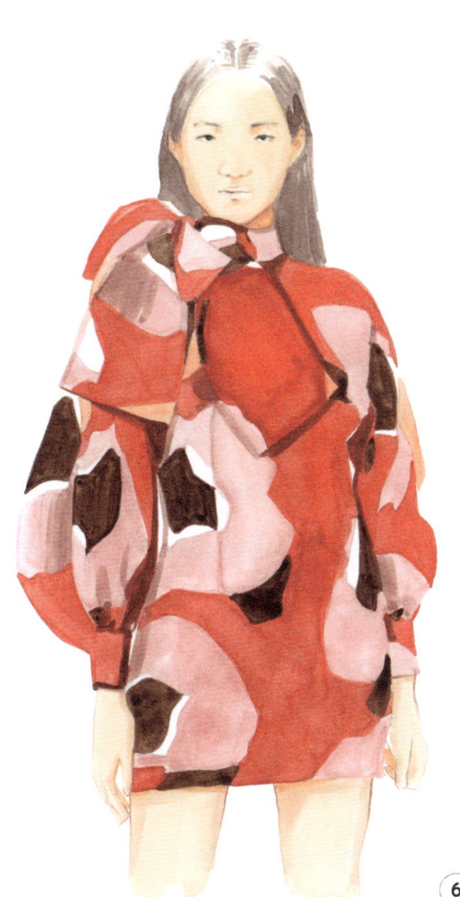

6

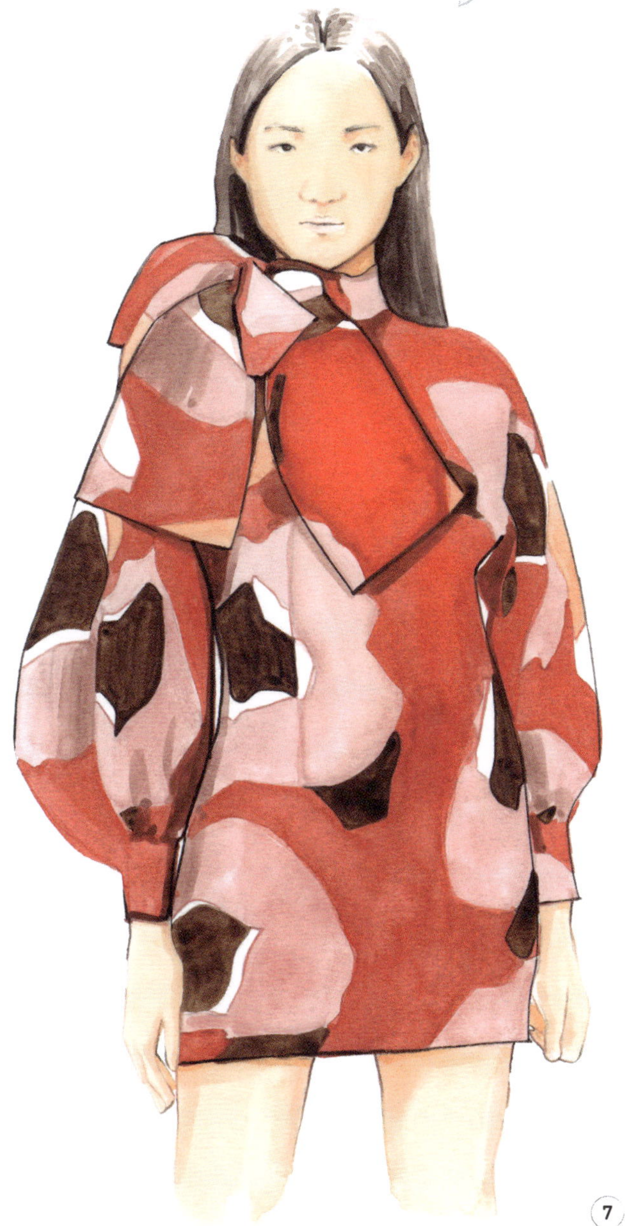

7

Junge mit Hut

NIVEAU: MITTEL **MARKE:** AGNÈS B.

Hier folgt unser zweites Tutorial zum Thema Menswear – mit der Nahaufnahme eines Models, das einen Fedora trägt, einen weichen Filzhut. Tipps und Tricks zum Thema »Den Charakter treffen« findet du auf den Seiten 26 f.

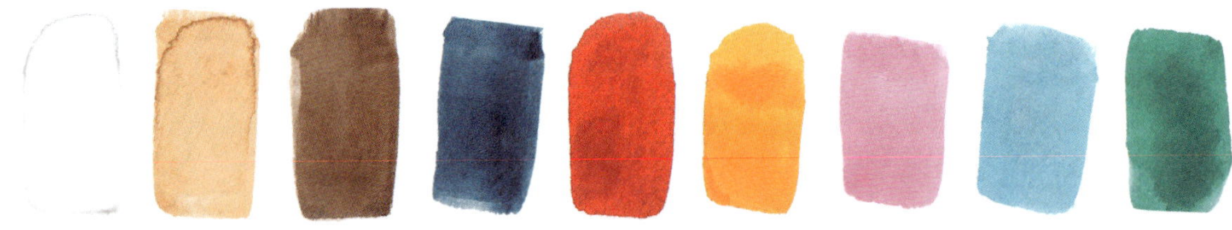

MATERIALIEN

Unverzichtbar:
- Feiner Bleistift
- Radiergummi

Papier:
- Aquarellpapier DIN A4, 300 g

Pinsel:
- Verwaschpinsel Größe 2
- Rundpinsel synthetisch Größe 0
- Rundpinsel synthetisch Größe 1
- Rundpinsel synthetisch Größe 2

Farben:
- Chinese White
- Yellow Ochre Light
- Vandyke Brown
- Indigo
- Cadmium Red
- Cadmium Yellow
- Opera Rose
- Cerulean Blue
- Cobalt Turquoise

Bleistift:
- Walnut Brown 177

Copic Ciao Markers:
- Warm Gray No.2 W-2
- Pale Blue Gray B60

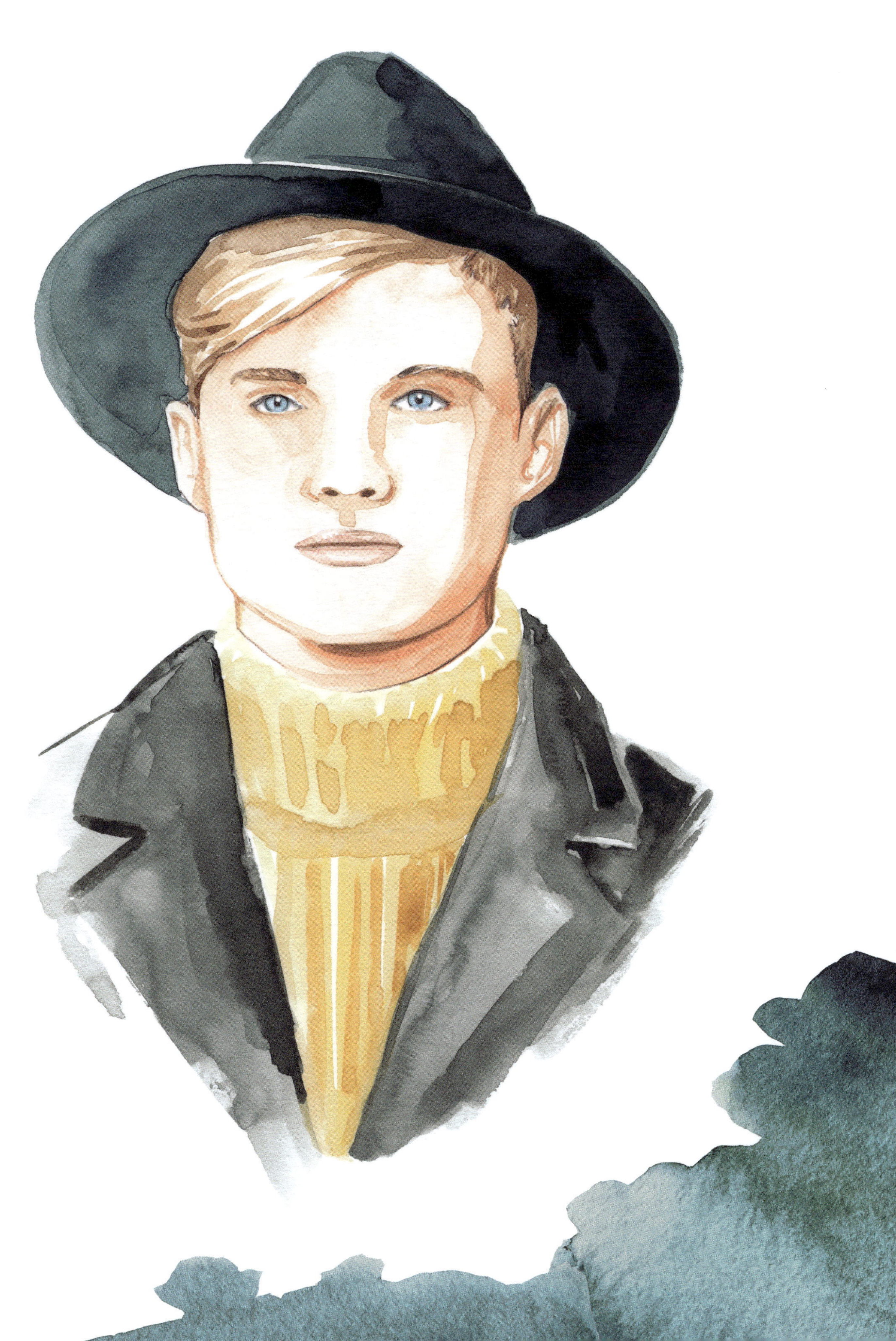

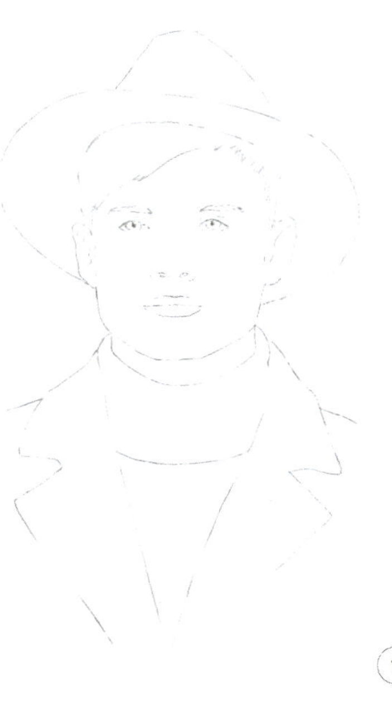

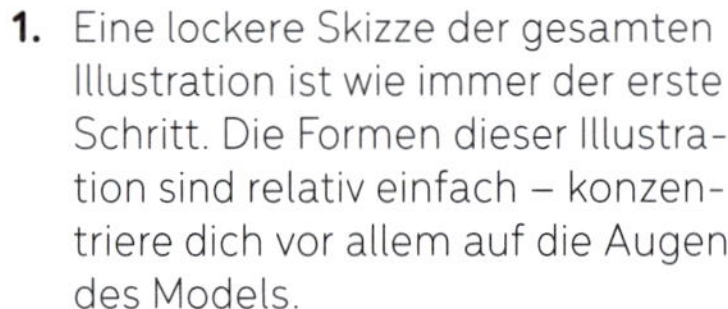

1. Eine lockere Skizze der gesamten Illustration ist wie immer der erste Schritt. Die Formen dieser Illustration sind relativ einfach – konzentriere dich vor allem auf die Augen des Models.

2. Für die Haut mischst du Cadmium Red, Cadmium Yellow und Chinese White.

   Verwende einen Rundpinsel 1 für die kleineren Partien des Gesichts wie die Augenbrauenbögen und die Nase sowie einen Verwaschpinsel 2 für den Rest des Gesichts und den Hals. Trag deine Mischung auf und berücksichtige dabei, dass das Licht hier von links einfällt.

   Mische für die Haare etwas Yellow Ochre Light mit Chinese White und trage die Farbe mit einem Rundpinsel 2 auf, wobei du für die kleineren Bereiche auf der rechten Seite einen Rundpinsel 1 verwendest. Vergiss nicht, etwas Papierweiß für die Strähnchen zu lassen. Verwende die gleiche Mischung und einen Rundpinsel 0, um die Augenbrauen zu malen.

3. Fügen wir nun der Iris etwas Farbe hinzu. Mische dazu etwas Cerulean Blue und Chinese White und trage das Ergebnis mit dem Rundpinsel 0 leicht auf.

   Für die Lippen mischst du etwas Opera Rose mit Cadmium Red und Chinese White. Nimm hierfür den Rundpinsel 0, damit du so präzise wie möglich arbeiten kannst.

   Füge nun einen mittleren Farbton für den Pullover hinzu. Dazu mischst du etwas Yellow Ochre Light mit Cadmium Yellow und Chinese White. Nimm den Verwaschpinsel, um die Struktur des Pullovers mit weichen vertikalen Linien am Kragen und danach an der Brust aufzubauen.

4. In diesem Schritt geben wir einen Mittelton für den Hut und die Jacke hinzu. Für den Hut mischst du Cobalt Turquoise, Indigo und Vandyke Brown, für den Grauton der Jacke Vandyke Brown, Indigo und Chinese White. Ich habe die Mischungen sowohl für den Hut als auch für die Jacke mit dem Verwaschpinsel aufgetragen.

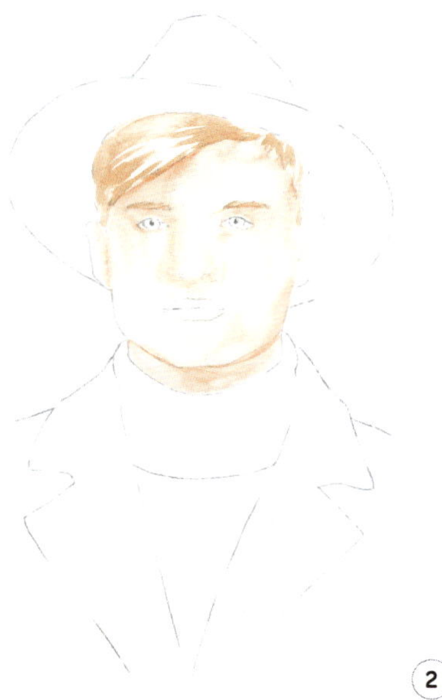

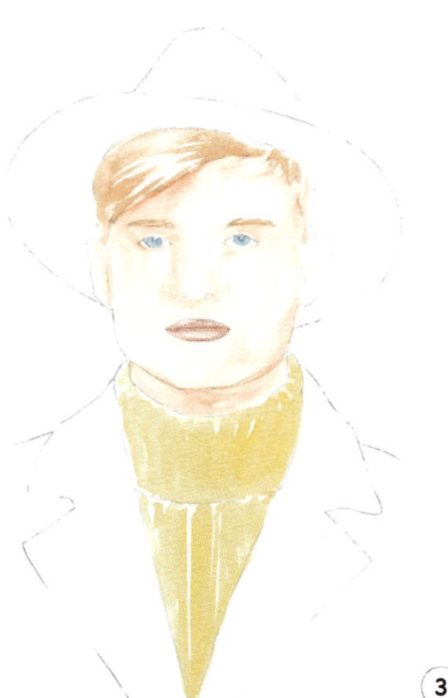

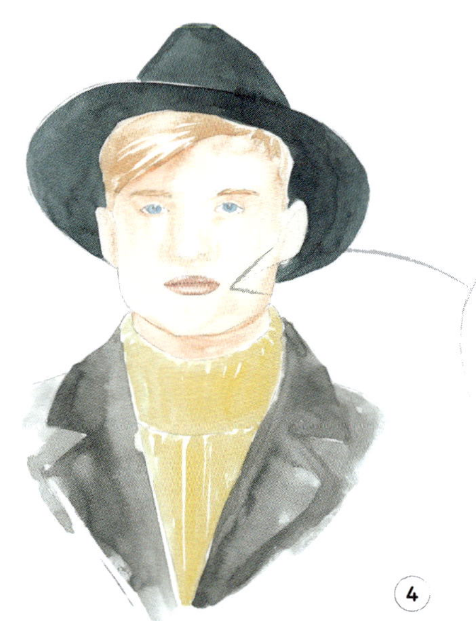

Um alles im Gleichgewicht zu halten, achte darauf, dass die Mischung für die Lippen nicht zu dunkel ist. Im Zweifelsfall fügst du mehr Chinese White oder Wasser hinzu.

5. Lösche alle sichtbaren Skizzenlinien und konzentriere dich dann auf das Gesicht und den Hals, um einen dunkleren Ton hinzuzufügen. Verwende die gleiche Mischung wie zuvor (Cadmium Red, Cadmium Yellow und Chinese White) und male mit dem Rundpinsel 1 dunklere Striche unter den Augenbrauen sowie entlang der Nase. Um die Nasenlöcher besser zu definieren, könntest du den Rundpinsel 0 verwenden.

   Nimm den Rundpinsel 2 und den Verwaschpinsel, um einen weichen dunklen Schatten auf der rechten Gesichtshälfte zu malen. Füge einige kleine Striche an den Ohrmuscheln hinzu.

   Um am Hals den dunkelsten Bereich des Schattens, den das Kinn hier wirft, hinzuzufügen, nimmst du den Rundpinsel 2. Verdünne die Mischung weiter, um den Rest des Halses zu malen.

6. Verwende Yellow Ochre Light und den Rundpinsel 2, um den Haaren einen dunkleren Ton zu geben, und definiere dann mit dem Rundpinsel 0 fein die Augenbrauen und die Nasenlöcher. Füge eine zarte Linie zwischen den Lippen und eine Kontur am Kinn sowie oben um das Gesicht herum hinzu.

   Mische nun Yellow Ochre Light und Cadmium Yellow, und füge mit dem Verwaschpinsel einige dunklere Töne auf dem Pullover hinzu, um eine Textur anzudeuten.

7. Auch an Hut und Jacke brauchen wir einige Schatten. Für den Hut mischst du Cobalt Turquoise mit Indigo und verwendest den Verwaschpinsel. Beginne auf der rechten Seite und gib Wasser hinzu, während du den Pinsel nach links führst.

   Für die Jacke mischst du Indigo und Vandyke Brown und malst weiter mit dem Verwaschpinsel. Verwende dessen Spitze, um Teile der Jacke zu umreißen.

8. Im letzten Schritt konzentrieren wir uns auf die Augen. Verwende den Copic Marker B60, um einen zarten Schatten auf der Sklera beider Augen, direkt unter den Oberlidern, zu zeichnen. Konturiere das obere Augenlid mit dem Copic Marker W-2 und verwende dann den walnussbraunen Buntstift, um das obere Augenlid und die Pupille zu definieren. Mit demselben Stift verleihst du den Augenbrauen mehr Details und definierst andere Bereiche wie das linke Ohrläppchen noch besser. Zum Schluss fügst du eine zarte Linie zwischen dem Hals und dem Pullover hinzu.

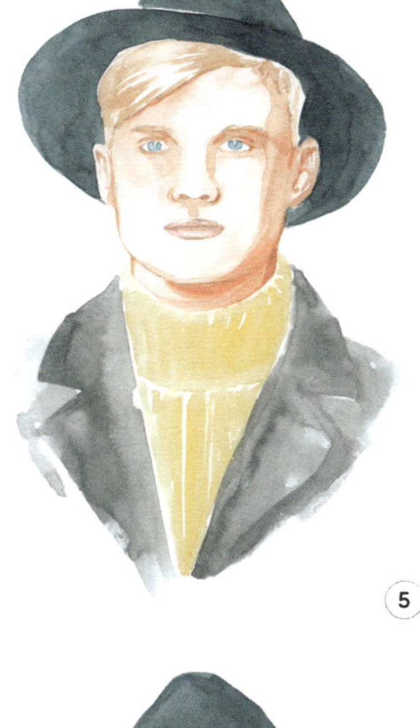

5

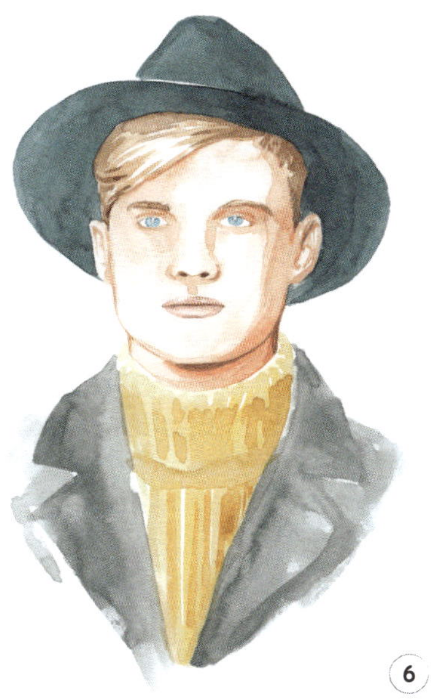

6

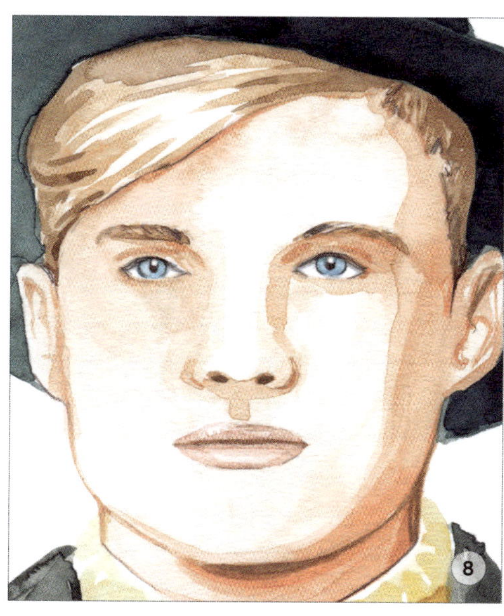

8

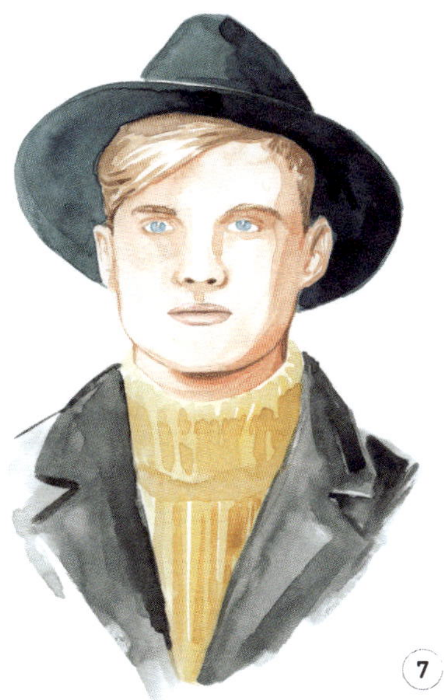

7

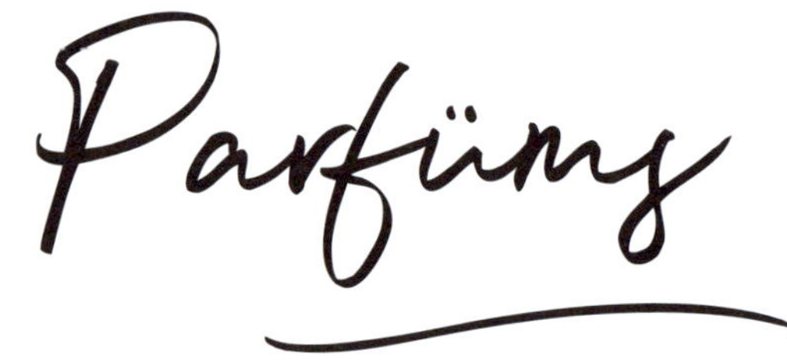

NIVEAU: MITTEL

MARKE: CHANEL, LANCÔME, JEAN PAUL GAULTIER, VIKTOR&ROLF

Fügen wir unserem Portfolio ein weiteres Element hinzu, indem wir uns mit diesen bekannten Düften beschäftigen. Dabei liegt unser Hauptaugenmerk darauf, die glänzende Oberfläche des Glases wiederzugeben. Denke also daran, einige kleine weiße Bereiche frei zu lassen, wo das Licht vom Glas reflektiert wird.

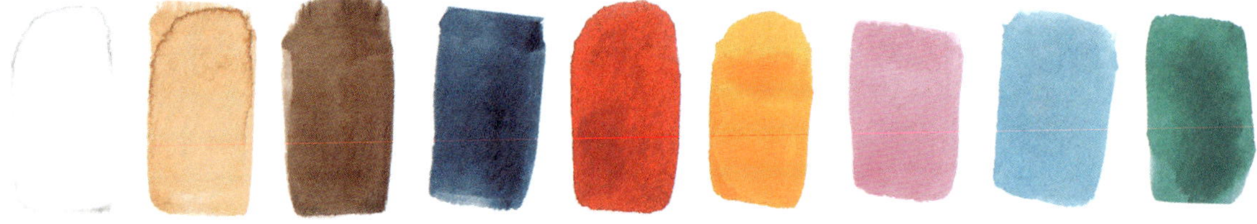

MATERIALIEN

Unverzichtbar:
- Feiner Bleistift
- Radiergummi

Papier:
- Aquarellpapier DIN A4, 300 g

Pinsel:
- Verwaschpinsel Größe 2
- Rundpinsel synthetisch Größe 0
- Rundpinsel synthetisch Größe 1
- Rundpinsel synthetisch Größe 2

Farben:
- Chinese White
- Yellow Ochre Light
- Vandyke Brown
- Indigo
- Cadmium Red
- Cadmium Yellow
- Opera Rose
- Cerulean Blue
- Cobalt Turquoise

Buntstifte
- Cold Gray 235
- Cinnamon 189
- Raw Umber 180

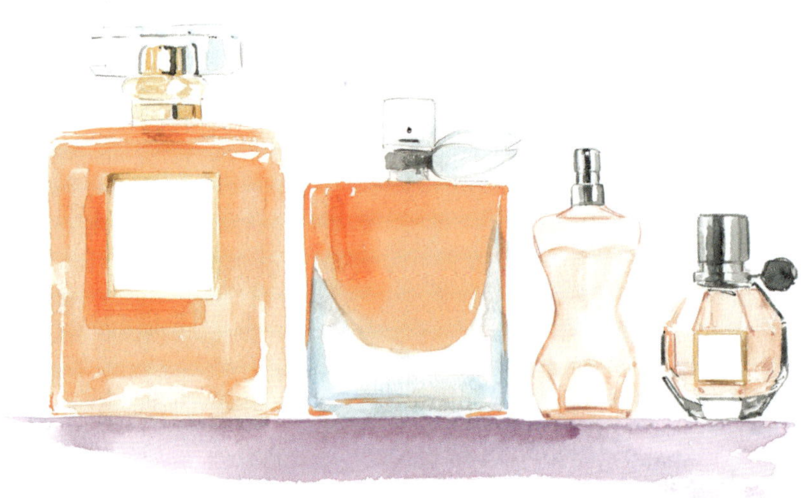

1. Haltet eure erste Skizze der gesamten Illustration recht sauber, da wir einige transparente Flächen erstellen werden.

2. Um die erste Schicht für die beiden größeren Flaschen auf der linken Seite zu erstellen, kombinierst du Cadmium Red, Cadmium Yellow und Chinese White. Trage die Mischung mit dem Verwaschpinsel auf und verwende dessen Spitze für die dünneren Linien.

   Für die beiden verbleibenden Flaschen mischst du Opera Rose, Cadmium Yellow und Chinese White. Zeichne die Umrisse der körperförmigen Flasche mit einem Rundpinsel 1, dann verdünne die Farbe auf dem Papier, um die Form zu füllen. Wechsle zu einem Rundpinsel 0, um dies bei der letzten Flasche zu wiederholen, wobei oben links eine kleine weiße Reflexion sichtbar bleibt.

3. Mische etwas Yellow Ochre Light, ein bisschen Cadmium Yellow und Chinese White. Male mit dem Rundpinsel 0 den goldenen Hals und den Deckel der ersten Flasche sowie die Ränder der Etiketten der ersten und letzten Flasche.

   Mische nun etwas Cerulean Blue, Chinese White und ein wenig Opera Rose und bemale das untere Glas der zweiten Flasche, wobei du diese an den Seiten und am Boden mit dem Rundpinsel 1 ein wenig umrandest. Verwende den Verwaschpinsel mit etwas Wasser, um die Farbe in den Rest dieses Bereichs zu mischen, wobei du den inneren Teil so weiß wie möglich lässt.

   Male mit der gleichen Mischung und dem Rundpinsel 0 den Hals, den Verschluss und die blättrige Schleife. Trage die gleiche Mischung mit dem Rundpinsel 1 auf die Krone der ersten Flasche auf, wobei du dich auf einige Linien konzentrierst, um die Tiefe des Glases anzudeuten.

4. Arbeite mit dem Rundpinsel 0 einige dunkle Details auf jeder Flasche aus. Mische dazu Vandyke Brown und Indigo zu einem Schwarz und trage es mit kleinen, dünnen Linien auf die Krone der ersten Flasche und dann auf den Hals der zweiten Flasche auf. Bei der körperförmigen Flasche wollen wir eine metallisch glänzende Oberfläche nachbilden: Ziehe einige dünne vertikale Linien auf Hals und Deckel, lass einige Bereiche weiß und schattiere andere mit etwas Wasser, um einen Grauton zu erhalten. Füge dem Körper der letzten Flasche auf ähnliche Weise einige Details hinzu, insbesondere um den Boden herum.

5. Radiere alle sichtbaren Bleistiftlinien aus. Verwende die anfängliche Mischung aus Schritt 2 (Cadmium Red, Cadmium Yellow, Chinese White), um einen Schatten hinter dem Etikett der ersten Flasche hinzuzufügen, und zwar mit einem Rundpinsel 2. Fahre mit diesem Pinsel fort, um mehr Kontrast auf der zweiten Flasche zu erzeugen, indem du einen kleinen Strich auf der linken Seite aufträgst. Wechsle zum Rundpinsel 0, um einige dünne horizontale Linien am oberen Rand der ersten Flasche zu malen.

   Definiere nun mit einem Cold Gray-Buntstift die Oberseiten der ersten beiden Flaschen etwas. Wechsle zu einem Raw Umber-Buntstift, um die beiden Etiketten zu definieren, und verwende dann den Cinnamon-Buntstift, um die körperförmige Flasche ein wenig zu konturieren.

   Mische zum Abschluss Opera Rose, Chinese White und etwas Cobalt Turquoise und male mit dem Verwaschpinsel eine feine horizontale Linie entlang des unteren Teils der Bildkomposition.

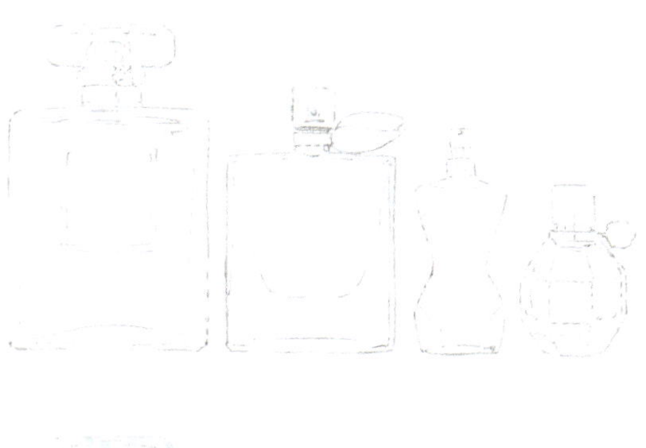

1

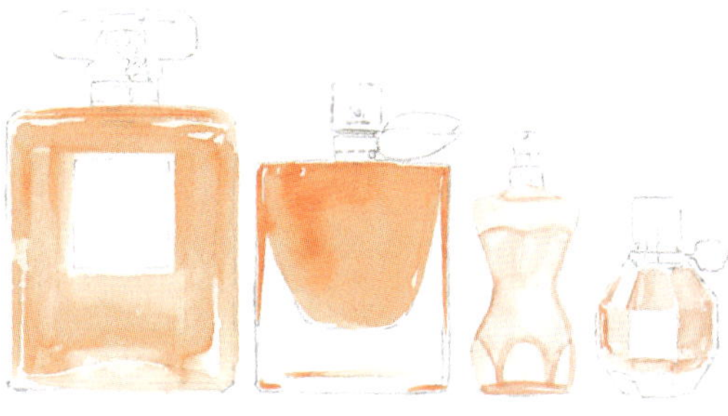

2

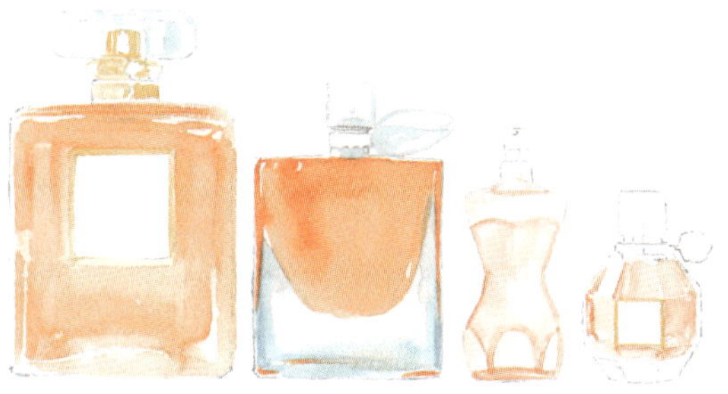

3

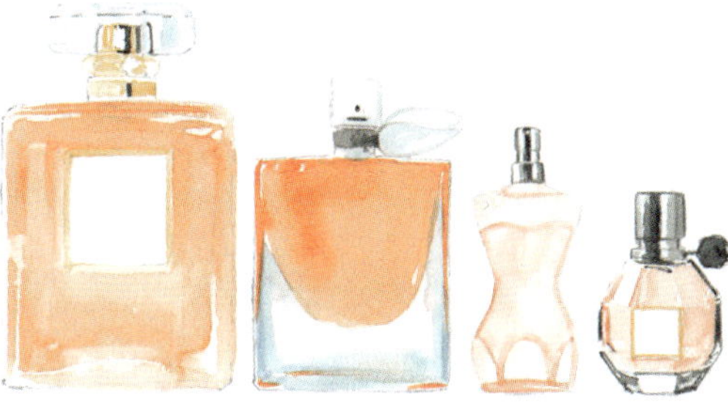

4

Im Fokus: Beauty

NIVEAU: MITTEL

Die Schönheitsindustrie arbeitet oft mit Illustratorinnen und Illustratoren zusammen, also sollten wir uns einige Arbeiten dieser Art für ein Portfolio ansehen. In diesem Tutorial erstellen wir eine Beauty-Illustration, in der ein Mädchen roten Lippenstift aufträgt.

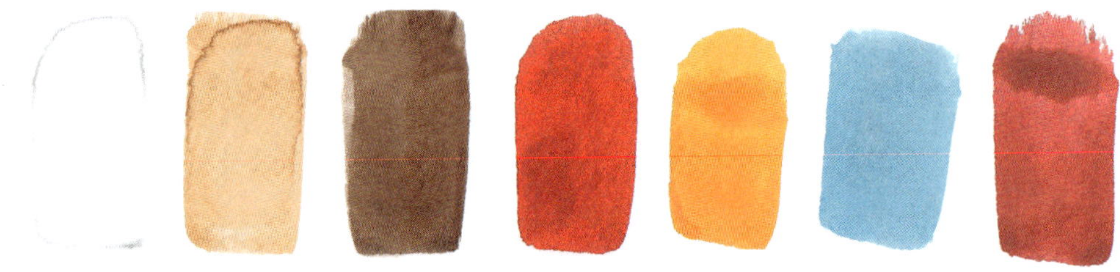

MATERIALIEN

Unverzichtbar:
- Feiner Bleistift
- Radiergummi

Papier:
- Aquarellpapier DIN A4, 300 g

Pinsel:
- Verwaschpinsel Größe 2
- Rundpinsel synthetisch Größe 0
- Rundpinsel synthetisch Größe 1
- Rundpinsel synthetisch Größe 2

Farben:
- Chinese White
- Yellow Ochre Light
- Vandyke Brown
- Cadmium Red
- Cadmium Yellow
- Cerulean Blue
- Opera Rose
- Winsor Red Deep

Buntstift:
- Walnut Brown 177

Copic Ciao Markers:
- Warm Gray No.2 W-2
- Pale Blue Gray B60

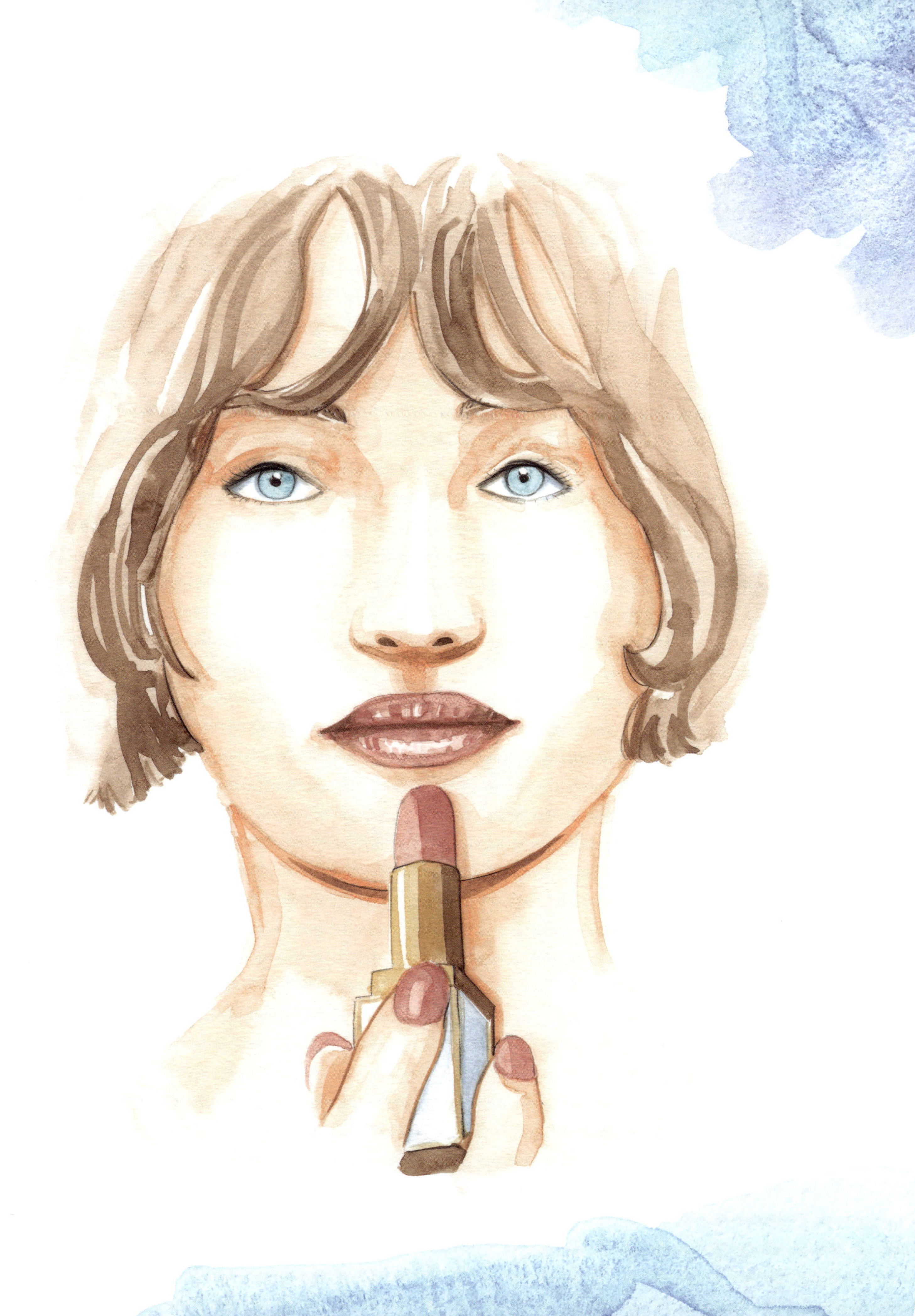

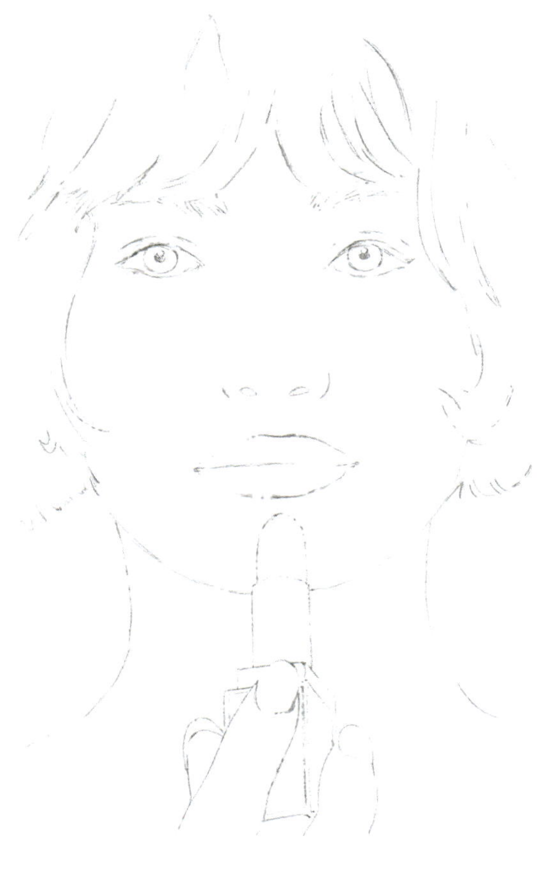

1

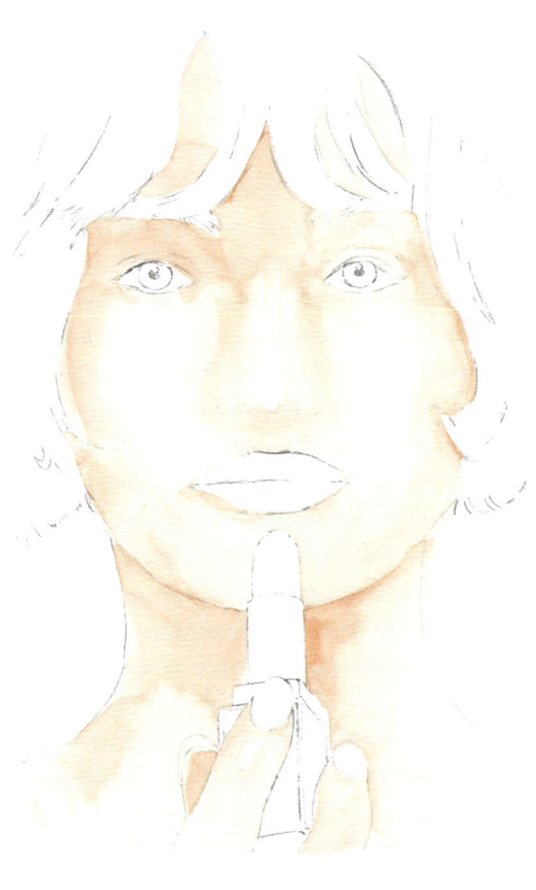

2

1. Wenn du die Nahaufnahme eines Mädchens skizzierst, solltest du genügend Details für die Augen mit einbeziehen. Stell außerdem sicher, dass sich genügend Orientierungspunkte für den Lippenstift und die Finger ergeben.

2. Die Haut nimmt einen großen Teil der Illustration ein, und da wir diese Mischung für Schritt 7 wieder brauchen werden, bereite reichlich Farbe für den Mittelton vor, indem du Cadmium Red, Cadmium Yellow und Chinese White mischst.

   Am besten verwendest du hier den Verwaschpinsel 2, dessen Spitze du für die kleineren Parts (etwa die Finger und zwischen den Haaren auf der Stirn) verwendest. Denk daran, einige freie weiße Bereiche an der Nase und den Wangen zu lassen, und verdünne die Mischung zum unteren Rand der Illustration hin, damit sie für einen schönen Effekt unter dem Hals verblasst.

3. Nun erstellen wir den Mittelton für die Haare und Augenbrauen. Ich habe Vandyke Brown mit ein wenig Chinesisch White und Yellow Ochre Light gemischt. Verdünne diese Mischung etwas und trage sie mit dem Verwaschpinsel auf, wobei du deine Striche locker hältst.

In dieser Illustration verwenden wir eine schwache frontale Lichtquelle – eine Einstellung, die häufig in der Kosmetikbranche verwendet wird. Sie erzeugt einen schönen, diffusen Schein über das gesamte Model, sodass wir auch die Schattierung ausgewogen halten.

Mische die Augenfarbe aus Cerulean Blue und ein wenig Chinese White und male die Iris mit einem Rundpinsel 0.

4. In diesem Schritt konzentrieren wir uns auf die Lippenstifthülse und legen verschiedene Schichten an, um die glänzende Oberfläche zu reproduzieren. Mische etwas Cerulean Blue mit ein wenig Chinese White und Opera Rose und male dann mit dem Rundpinsel 0 die rechte Seite der Hülse, wobei du die Farbe gleichmäßig hältst. Verwende die gleiche Mischung, um einen zarten Schatten an der Vorderseite des Lippenstifts unter dem Finger hinzuzufügen. Gib etwas Wasser dazu, um diese Seite der Lippenstifthülse zu vervollständigen, damit sie sich von der anderen Seite, die leicht im Schatten liegt, abhebt.

   Mische etwas Cadmium Yellow mit ein bisschen Yellow Ochre Light und male mit einem Rundpinsel 1 die Oberseite der Lippenstifthülse mit einigen vertikalen Strichen. Achte darauf, eine weiße Linie als Glanzlicht stehen zu lassen. Verwende die gleiche Mischung, um Details auf dem Rest der Hülse hinzuzufügen. Mischen nun etwas Yellow Ochre Light mit etwas Vandyke Brown und ziehe mit demselben Pinsel eine größere vertikale Linie in der Mitte der Lippenstifthülse. Trocknen lassen. Erzeuge einen dunklen Ton, indem du der Mischung mehr Vandyke Brown hinzufügst, und trage ihn auf den rechten Teil der Lippenstifthülse ebenso auf wie auf das kleine Rechteck darunter, den schmalen Streifen auf der rechten Seite und auf dem Lippenstiftboden.

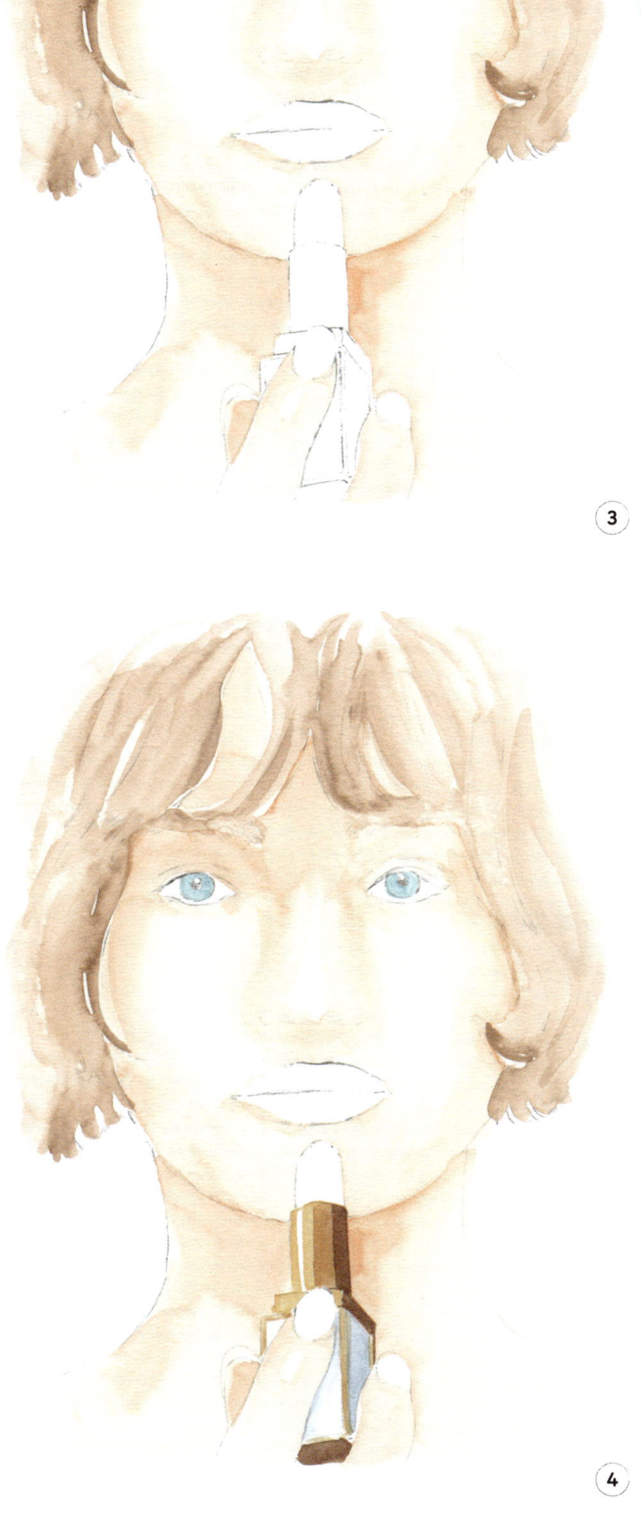
3

4

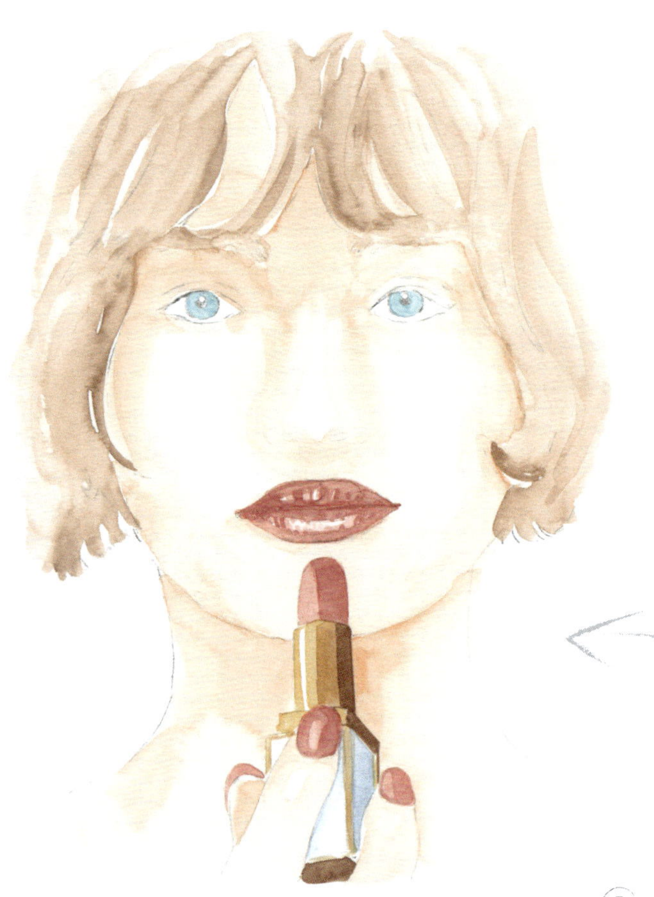

5

5. Jetzt fügen wir die roten Bereiche dazu: die Lippen, die Spitze des Lippenstifts und die Nägel. Beginne mit dem Mittelton, indem du Cadmium Red mit ein wenig Winsor Red Deep und Chinese White mischst. Trage die Farbe mit einem Rundpinsel 2 auf, wobei du kleine weiße Bereiche auf den Lippen für die Glanzlichter belässt.

Lass diese Schicht trocknen. Füge dann mehr Winsor Red Deep zu deiner Mischung hinzu und trage es auf die gleichen Bereiche auf, um einen dunkleren Wert zu erzeugen.

Denk daran, dass es sich um eine Beauty-Illustration handelt, und achte darauf, der Darstellung des Lippenstifts in seiner Hülse und auf den Lippen die zentrale Aufmerksamkeit zu schenken. Nimm dir genügend Zeit, das wirklich zu betonen!

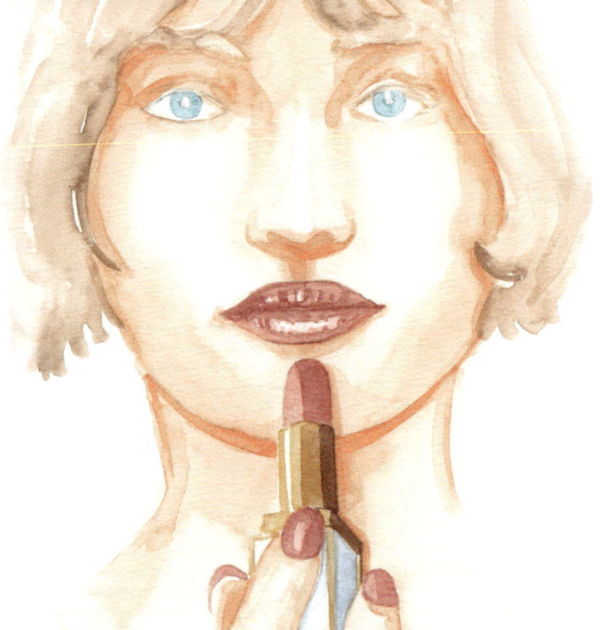

6

6. Radiere alle überflüssigen Linien der Bleistiftskizze aus und füge der Haut einen dunklen Ton hinzu. Dazu verwendest du die Mischung aus Schritt 2, jedoch etwas weniger verdünnt, und den Rundpinsel 2. Beginne nun, deine Mischung unter den Augenbrauen und an der Seite des Gesichts aufzutragen. Male einige weiche Striche an den sichtbaren Teilen der Stirn hinzu. Verwende den Rundpinsel 1, um einen dunklen Ton unter der Nase und einen zarten Strich unter den Lippen hinzuzufügen. Verwende bei Bedarf den Verwaschpinsel, um mehr Farbe an den Wangen hinzuzugeben. Male dann mit dem Rundpinsel 2 einen Schatten unter dem Kinn und definiere leicht die Seiten des Halses.

Ergänze mit dem Rundpinsel 1 einige dunklere Bereiche auf den Fingern und deute so den weichen Schatten an, den der Lippenstift auf dem Hals und im Gesicht wirft.

7. Gib nun den Haaren einige dunkle Töne dazu, indem du etwas leicht verdünntes Vandyke Brown mit der Spitze des Verwaschpinsels aufträgst. Füge dann mit dem Rundpinsel 0 dünne Striche hinzu, um die Haare der Augenbrauen besser zu definieren. Du kannst auch vorsichtig die Nasenlöcher hinzumalen.

Um den Mund plastisch wirken zu lassen, gibst du einige dunklere Töne an den Mundwinkeln dazu und ziehst eine weiche Linie dazwischen.

Addiere noch etwas Vandyke Brown zu der Hauttonmischung hinzu, die wir für die Schritte 2 und 6 erstellt haben. Trage die Mischung mit einigen lockeren Strichen unter den Nasenlöchern auf. Dazu verwendest du den Rundpinsel 1. Umrande mit demselben Pinsel sanft die Finger.

Um diesen Schritt abzuschließen, verwendest du die gleiche Mischung und den gleichen Pinsel, um den Schatten unter dem Kinn zu akzentuieren.

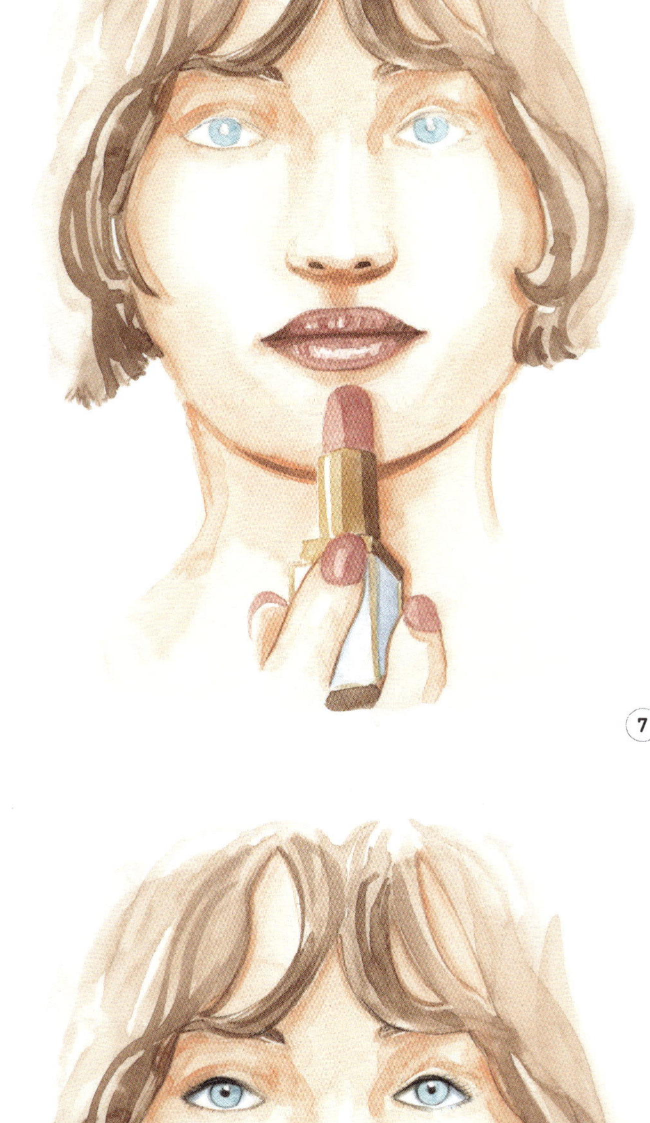

7

8. Im letzten Schritt konzentrieren wir uns auf die Augen und geben ihnen den letzten Schliff. Trage etwas Copic Marker B60 unter den Oberlidern auf, um einen dünnen Schatten auf der Sklera zu erzeugen. Umrande beide Augenlider mit einem Copic Marker W-2 und füge dann mit dem walnussbraunen Buntstift die Pupille hinzu. Konturiere die gesamte Iris und zeichne beide Oberlider. Du kannst auch einige Wimpern hinzufügen, einschließlich einiger kleiner Wimpern auf den unteren Lidern.

Zuletzt fährst du mit dem Buntstift fort, den Lippenstift zu definieren und den Augenbrauen einige Härchen hinzuzufügen.

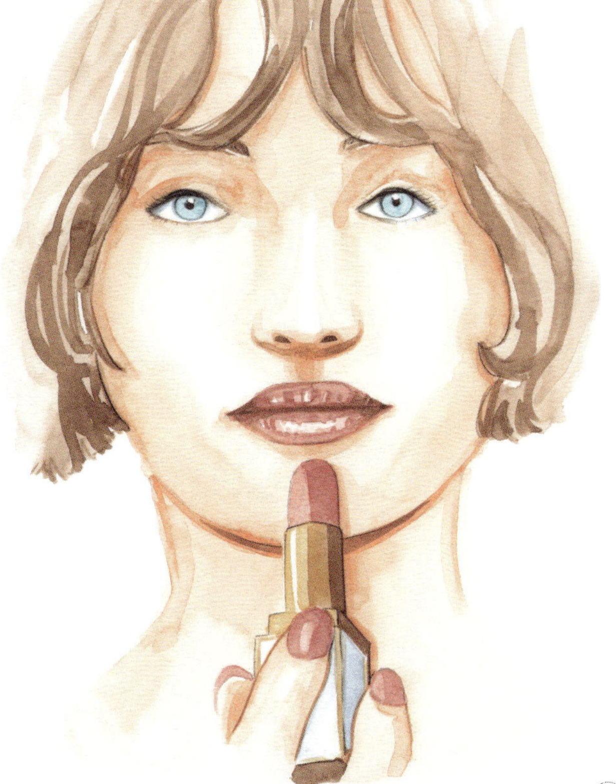

8

Mädchen mit Sonnenbrille

NIVEAU: MITTEL **MARKE:** BURBERRY

In diesem Tutorial legen wir den Fokus auf die Sonnenbrille, wobei die Pose den Eindruck einer Werbekampagne verstärkt. Außerdem werden wir zum ersten Mal einen Hintergrund zu unserem Motiv hinzufügen.

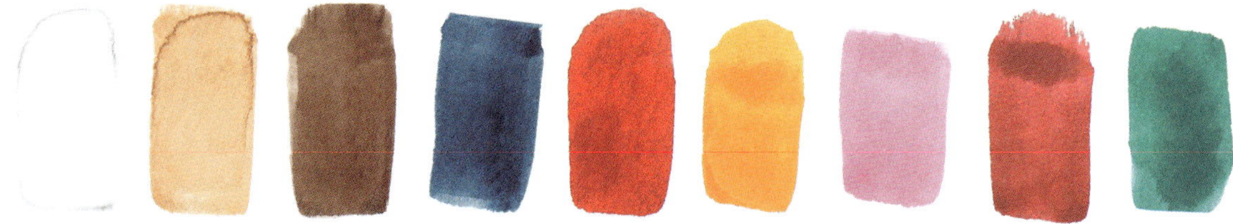

MATERIALIEN

Unverzichtbar:
- Feiner Bleistift
- Radiergummi

Papier:
- Aquarellpapier DIN A4, 300 g

Pinsel:
- Verwaschpinsel Größe 2
- Rundpinsel synthetisch Größe 0
- Rundpinsel synthetisch Größe 1
- Rundpinsel synthetisch Größe 2

Farben:
- Chinese White
- Yellow Ochre Light
- Vandyke Brown
- Indigo
- Cadmium Red
- Cadmium Yellow
- Opera Rose
- Winsor Red Deep
- Cobalt Turquoise

Buntstifte
- Walnut Brown 177
- Cinnamon 189
- Raw Umber 180

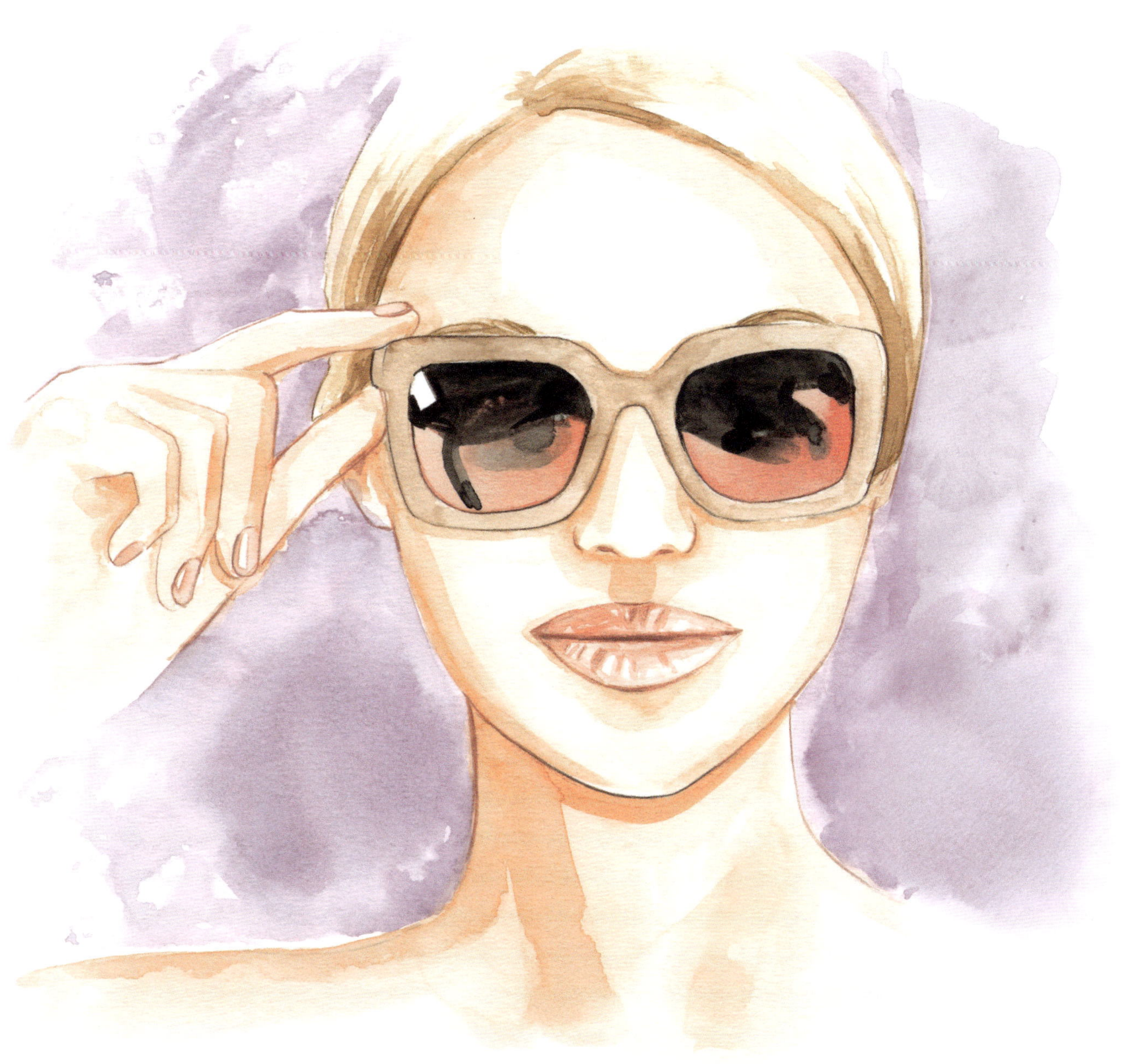

1. Diese Illustration enthält zwei besonders schwierig zu zeichnende Elemente: Hände und Sonnenbrillen. Insbesondere die Sonnenbrille kann schwierig zu malen sein, da sie symmetrisch sein muss. Lass dir also beim Skizzieren genügend Zeit, um sie richtig hinzubekommen. Denk daran, dass es hier darum geht, genügend Details zu zeichnen, damit du dich sicherer fühlst, wenn du die folgenden Schritte angehst.

2. Um den richtigen Farbton für die Haut zu erzielen, mische Cadmium Red, Cadmium Yellow und Chinese White. Hier haben wir es wieder mit einer frontalen Lichtquelle zu tun, die die gesamte Illustration in ein diffuses Licht taucht.

   Für die erste Schicht schlage ich vor, den Verwaschpinsel 2 zu nehmen, wobei du die Spitze für kleinere Partien wie die Finger verwendest. Denke daran, einige hellere Bereiche auf der Nase und der Stirn als Glanzlichter zu belassen.

3. Mische nun etwas Yellow Ochre Light mit ein wenig Chinese White. Trage es mit einem Rundpinsel 2 auf das Haar auf und lass dabei wie üblich einige weiße Bereiche als Strähnchen stehen. Verwende die gleiche Farbmischung und einen Rundpinsel 0, um die Augenbrauen zu malen.

   Mische etwas Yellow Ochre Light, Vandyke Brown und ein wenig Chinese White. Male mit dieser Mischung die Rahmen der Sonnenbrille mit einem Rundpinsel 1 aus. Halte dabei die Farbe und den Ton fast gleichmäßig.

4. Erstelle nun die erste Schicht für die Gläser der Sonnenbrille. Mische Cadmium Red und Chinese White und trage die Farbe mit dem Verwaschpinsel auf den unteren Teil der Gläser auf. Du kannst den Rundpinsel 0 verwenden, um bei Bedarf kleine Bereiche neben der Fassung zu retuschieren.

   Mische nun Yellow Ochre Light und Winsor Red Deep und male die Lippen mit dem Rundpinsel 1. Denke daran, kleine Bereiche als Glanzlichter auszusparen. Verwende die gleiche Mischung, um (allerdings mit dem den Rundpinsel 0) die Fingernägel zu malen. Lass etwas weißes Papier stehen, um das Glanzlicht auf den Fingernägeln anzudeuten.

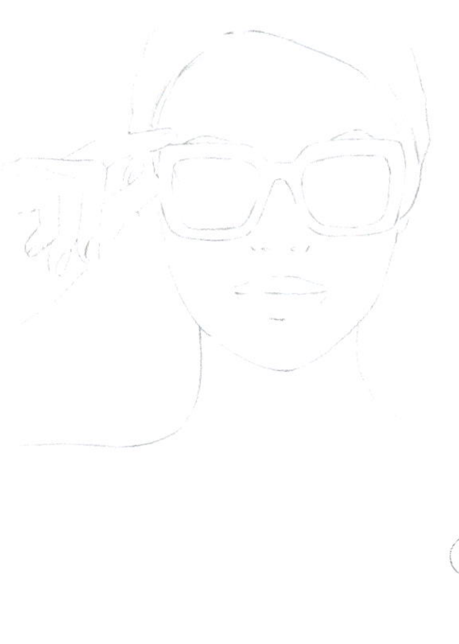

1

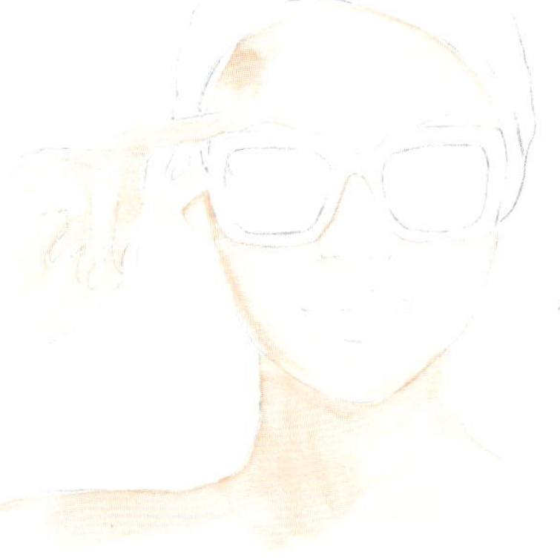

2

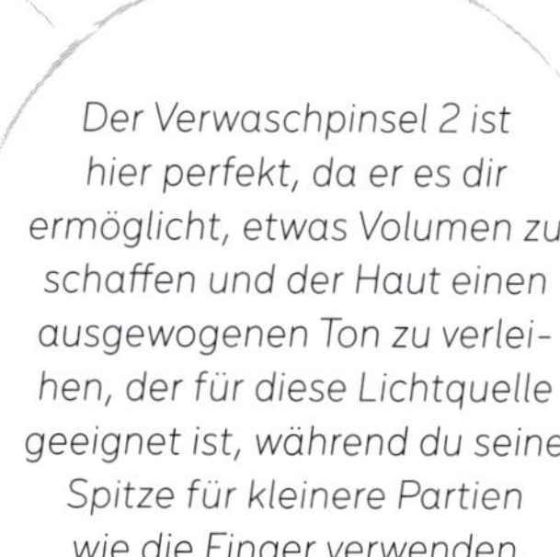

Der Verwaschpinsel 2 ist hier perfekt, da er es dir ermöglicht, etwas Volumen zu schaffen und der Haut einen ausgewogenen Ton zu verleihen, der für diese Lichtquelle geeignet ist, während du seine Spitze für kleinere Partien wie die Finger verwenden kannst.

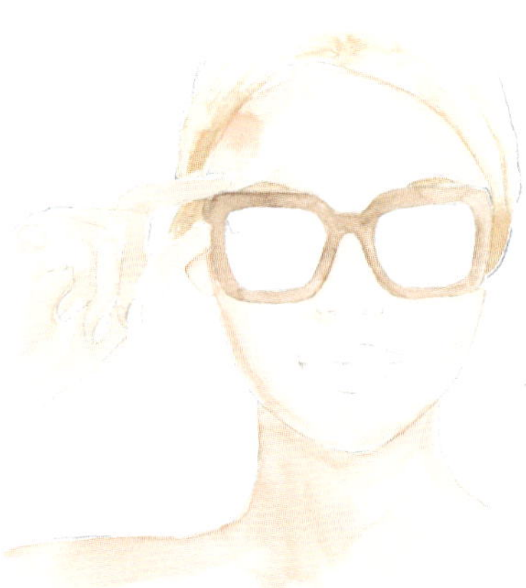

3

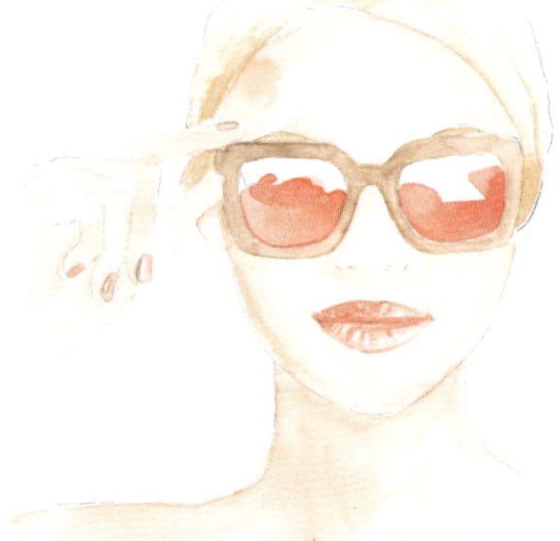

4

5. Wenn alles getrocknet ist, radiere alle noch sichtbaren Bleistiftlinien aus, dann können wir uns wieder auf die Haut konzentrieren.

   Beginne mit der gleichen Mischung wie in Schritt 2 (Cadmium Red, Cadmium Yellow und Chinese White), um einige Schatten im Gesicht zu setzen. Bearbeite die Nase mit dem Rundpinsel 1, dann füge eine zarte Linie unter die Fassung der Sonnenbrille hinzu, um die Schatten zu imitieren, die diese auf das Gesicht wirft. Füge weitere dunkle Striche an den Seiten des Gesichts, dem Kinn und der Stirn hinzu. Male mit dem Rundpinsel 2 einen tieferen Schatten unter das Kinn und wechsle dann zum Verwaschpinsel, um den Rest des Halses zu gestalten.

   Konzentriere dich nun auf die Hand und verwende den Rundpinsel 0, um ganz präzise malen zu können. Beginne mit einem Schatten zwischen dem kleinen Finger und der Handfläche und füge anschließend einen weichen Schatten auf jedem Finger hinzu, um wirklich Tiefe zu schaffen.

6. In diesem Schritt fügst du einen dunklen Ton für die Haare und die Augenbrauen hinzu. Mische Yellow Ochre Light mit etwas Vandyke Brown und füge dann mit dem Rundpinsel 1 einige Striche hinzu, die als Schatten wirken, vor allem um den Haaransatz. Verwende dann den Rundpinsel 0, um die Augenbrauen zu definieren.

   Nun bearbeiten wir die Gläser der Sonnenbrille und fügen einen sehr dunklen Ton hinzu, um die spiegelnde Oberfläche anzudeuten, die für bestimmte Models typisch ist. Kombiniere Indigo und Vandyke Brown und trage die Mischung über den oberen Bereich der beiden Gläser auf.

   Jetzt ist es an der Zeit, einen Hintergrund hinzuzufügen. Mische Opera Rose mit Chinese White und ein wenig Cobalt Turquoise, um einen lilafarbenen Farbton zu erhalten.

   Verwende den Verwaschpinsel, um diese Mischung aufzutragen, beginnend im Bereich zwischen dem Hals und der Hand. Füge bei Bedarf Wasser hinzu und verwende die Spitze des Pinsels, wenn du deine Kontur erreichst, um so präzise wie möglich zu malen. Lass alles trocknen und fahre mit dem nächsten Schritt fort, um diese Illustration zu vervollständigen.

7. Lass uns nun der gesamten Illustration mit drei Buntstiften etwas Kontur hinzufügen. Beginne mit dem Cinnamon-Stift, um das Gesicht, den Hals und die Finger sanft zu umranden. Zeichne die Nasenlöcher und dann die Lippen, um mehr Details hinzuzufügen. Verwende den Walnut-Brown-Stift, um die Linie zwischen den Lippen zu akzentuieren, und konturiere dann zart die Gläser und die Fassung, falls erforderlich. Verwende zum Schluss den Raw-Umber-Stift, um die Haare und Augenbrauen zu definieren.

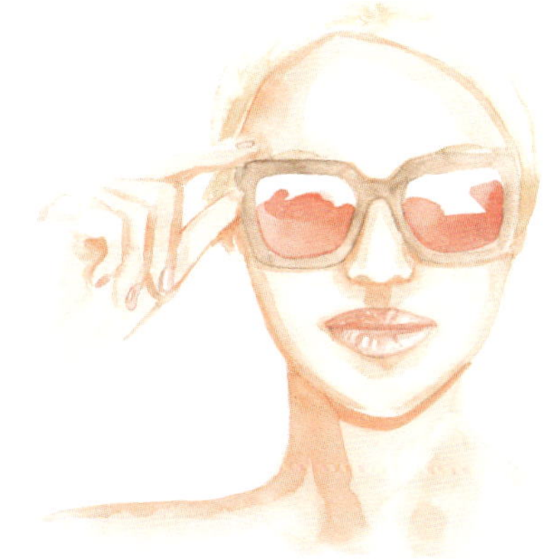

5

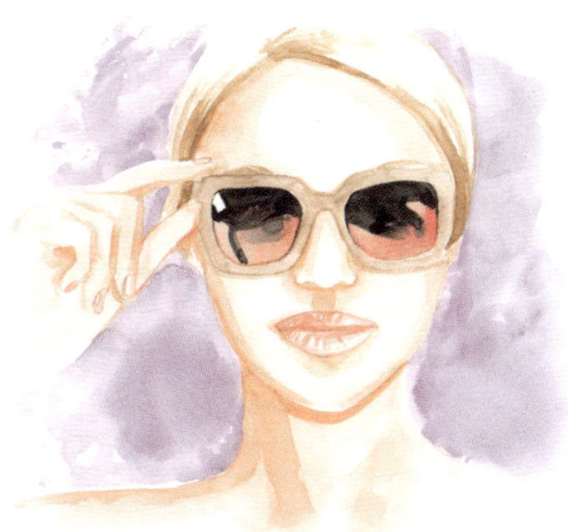

6

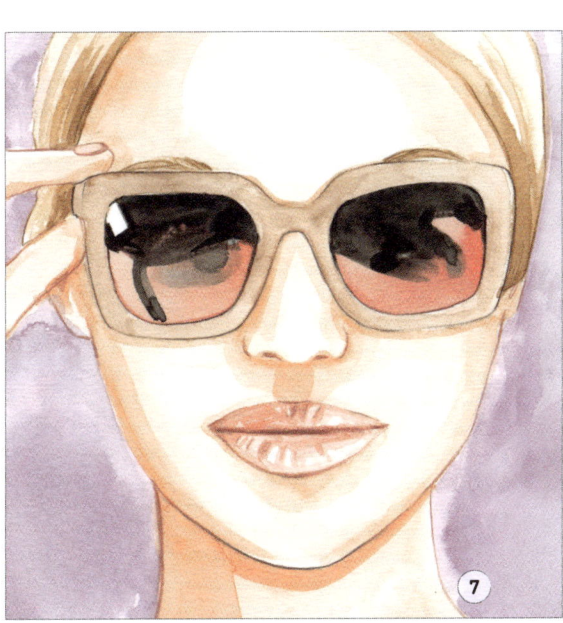

7

Für die Spiegelung in der Brille habe ich beim linken Glas einen kleinen weißen Bereich in der oberen Ecke freigelassen und eine zarte vertikale dunkle Linie gemalt, die die Form der Fassung nachahmt, um einen realistischeren Effekt zu erzielen.

Mann in bedrucktem Hemd

NIVEAU: MITTEL **MARKE:** NOMA T.D.

Es ist an der Zeit, einen weiteren kunstvollen Druck zu erforschen, dieses Mal auf einem Männerhemd. Atme tief durch und habe so viel Geduld wie möglich, denn diese Illustration erfordert einen langsamen, meditativen Prozess!

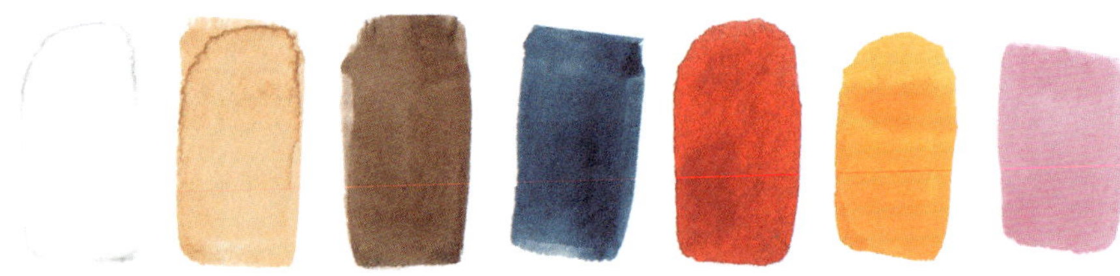

MATERIALIEN

Unverzichtbar:
- Feiner Bleistift
- Radiergummi

Papier:
- Aquarellpapier DIN A4, 300 g

Pinsel:
- Verwaschpinsel Größe 2
- Rundpinsel synthetisch Größe 0
- Rundpinsel synthetisch Größe 1
- Rundpinsel synthetisch Größe 2

Farben:
- Chinese White
- Yellow Ochre Light
- Vandyke Brown
- Indigo
- Cadmium Red
- Cadmium Yellow
- Opera Rose

Buntstift:
- Walnut Brown 177

Copic Ciao Markers:
- Warm Gray No.2 W-2
- Pale Blue Gray B60

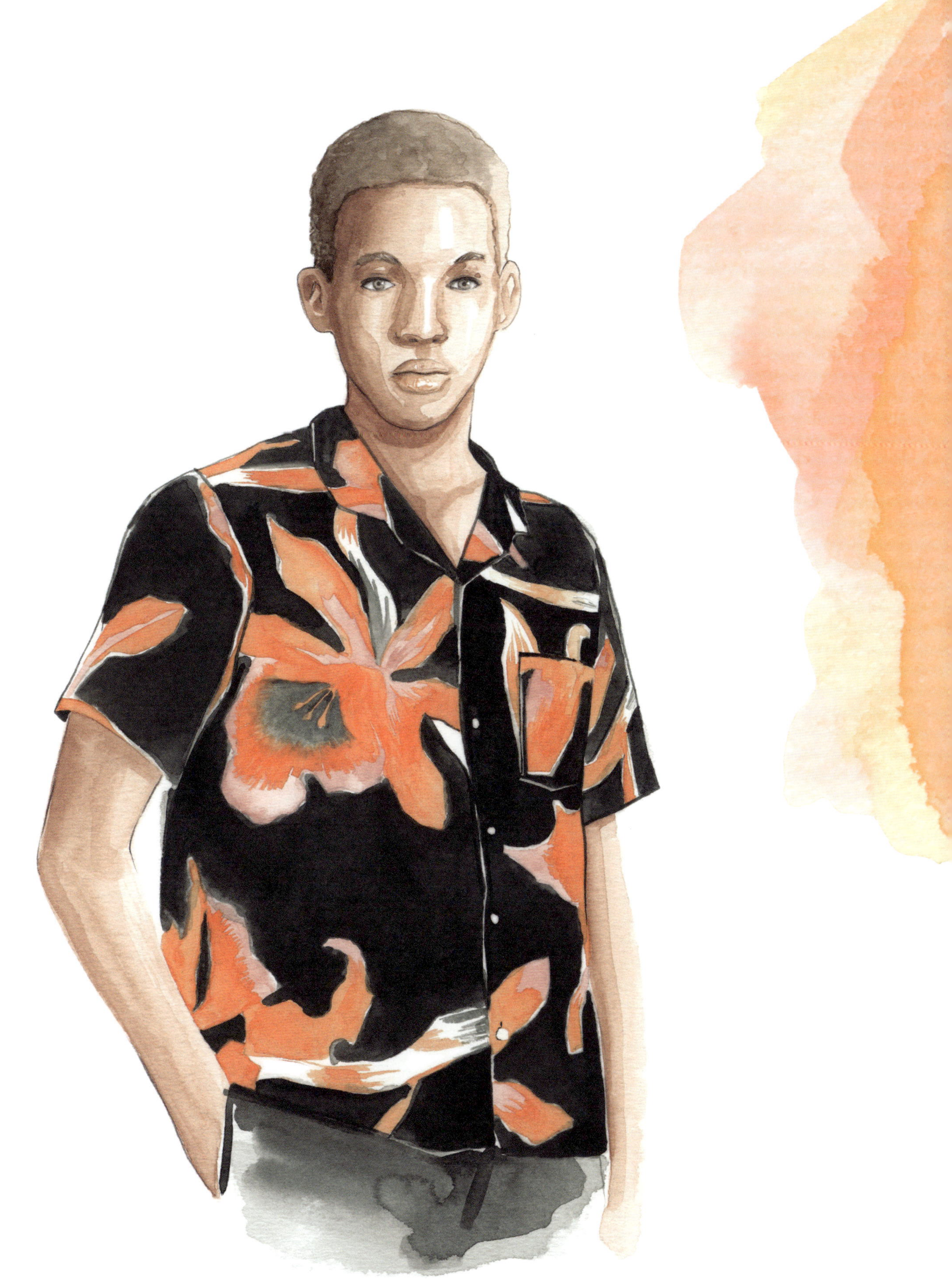

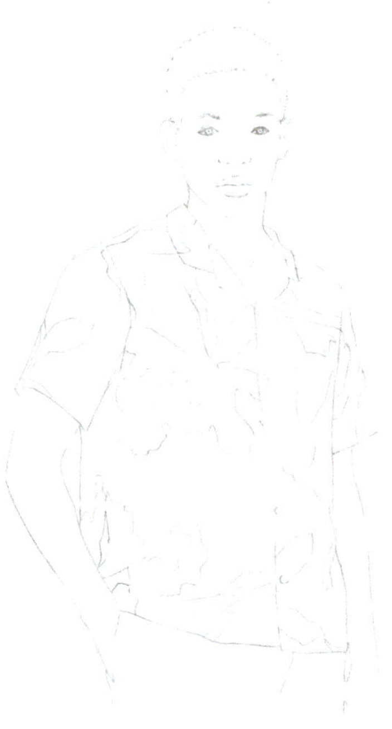

1. Unser erster Schritt ist wie immer eine Bleistiftskizze der gesamten Illustration. Da wir es mit einem etwas aufwendigeren Print auf dem Hemd zu tun haben, achte darauf, dass du alle Orientierungspunkte einbeziehst, die du brauchst, ehe du anfängst, Farbe hinzuzufügen.

2. In diesem Schritt erstellen wir einen Mittelton für die Haut und die Haare. Für die Haut mischst du Cadmium Red, Yellow Ochre Light, Vandyke Brown und Chinese White. Hier kommt das Licht von rechts – behalte das während des ganzen Malprozesses im Hinterkopf. Trage die Mischung mit einem Rundpinsel 0 auf das Gesicht auf. Beginne dabei auf der linken Seite und füge mehr Wasser hinzu, während du nach rechts weitermalst.

   Lass einige unbemalte weiße Bereiche auf der Nase und der Stirn und färbe die Lippen noch nicht ein. Für den Hals und die Arme verwendest du einen Rundpinsel 1 oder 2 – je nachdem, womit du besser zurechtkommst.

   Für den mittleren Haarton trägst du mit dem Rundpinsel 1 eine leicht verdünnte Schicht Vandyke Brown auf, wiederum beginnend an der linken Kopfseite, da diese im Schatten liegt. Füge vorsichtig die Augenbrauen mit dem Rundpinsel 0 hinzu.

3. Konzentriere dich nun auf den Blumenaufdruck des Hemds. Die Motive setzen sich aus vier Farben zusammen: Rosa, Orange, Grau und Weiß. Mische also zunächst etwas Opera Rose und Chinese White, um einen schönen dunkleren Rosa-Ton zu erhalten. Für das Orange mischst du Cadmium Red und Cadmium Yellow. Nimm den Rundpinsel 0, um die detaillierten Blumen zu malen. Das ist ein langsamer Prozess, der viel Sorgfalt benötigt, also lass dir dafür auch genügend Zeit.

4. In diesem Schritt erstellen wir einen Grauton, indem wir Vandyke Brown, Indigo und Chinese White mischen. Verteile mit dem Rundpinsel 0 einige kleine Striche auf der Mitte der Blume auf der Brust.

   Erstelle dann mit dem Verwaschpinsel 2 eine Grauschicht über das gesamte Hemd, wobei einige kleine Bereiche für das Weiß des Musters unbemalt bleiben. Diese graue Schicht dient als Grundlage für das Schwarz und hilft, den Übergang zwischen den Motiven und der Hauptfarbe des Hemdes zu glätten. Schließe diesen Schritt ab, indem du etwas graue Farbe auf die Hose aufträgst.

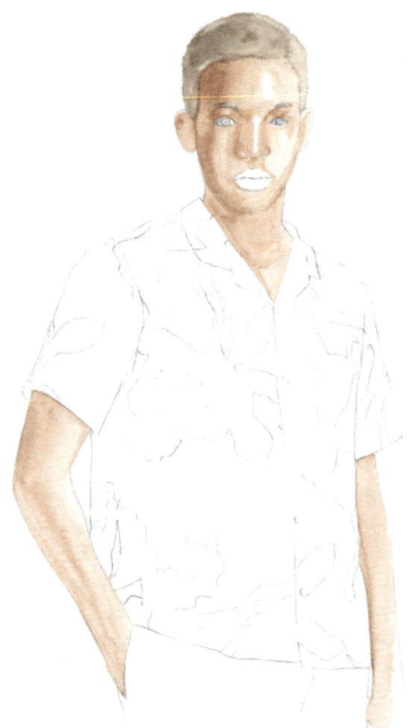

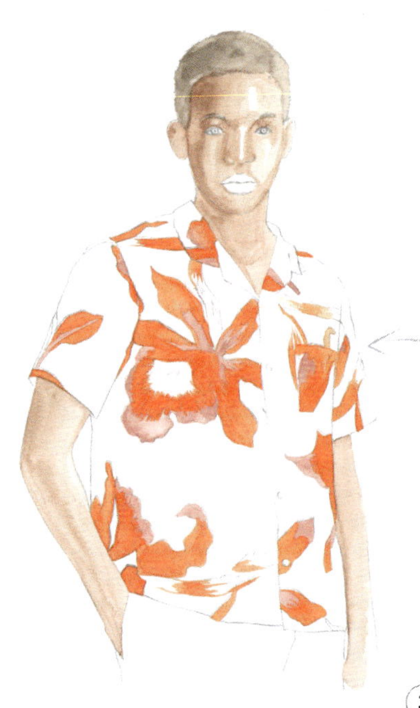

Mach dir keine Gedanken darüber, ob die Blumen genauso aussehen wie in meiner Illustration. Unser Ziel ist es, die Motive gut ausbalanciert zu halten und sich auf die Technik für die Schattierung der Farben zu konzentrieren, insbesondere auf das Rosa und Orange.

5. Lass alles trocknen und radiere die noch sichtbaren Bleistiftlinien aus. Nun fügen wir der Haut und den Haaren einen dunklen Ton hinzu.

   Bereite noch mehr von der Mischung aus Schritt 2 zu (Cadmium Red, Yellow Ochre Light, Vandyke Brown und Chinese White), aber verwende weniger Wasser, um es dunkler zu halten. Nimm den Rundpinsel 0, um ihn unter den Augenbrauen und um die Nase aufzutragen.

   Male mit dem Rundpinsel 1 den Rest des Gesichts und den Hals, dann wechsle zum Rundpinsel 2 für die Arme.

   Verwende die gleiche Mischung, um die Lippen mit dem Rundpinsel 0 aufzutragen.

   Für die Haare verwendest du etwas Vandyke Brown mit dem Rundpinsel 1. Beginne auf der linken Seite des Kopfes und füge mehr Wasser hinzu, wenn du dich der rechten Seite näherst. Definiere die Augenbrauen mit dem Rundpinsel 0.

6. Nun fügen wir das Schwarz für das Hemd und die Hose hinzu. Mische Vandyke Brown und Indigo und wähle einen deiner Rundpinsel (von 0 bis 2) entsprechend der Größe des Bereichs, den du bemalst. Der Rundpinsel 0 eignet sich z. B. perfekt zum Konturieren feinerer Partien wie der Tasche, des Kragens und der Knöpfe.

   Um diesen Schritt abzuschließen, fügst du noch etwas Schwarz auf der Hose hinzu, um die Linien der Nähte zu imitieren.

7. Jetzt konzentrieren wir uns mit Markern und Stiften auf die letzten Details, insbesondere auf die Augen. Verwende die Spitze eines Copic Markers B60, um einen weichen Schatten auf die Sklera beider Augen zu malen. Konturiere dann sanft beide Augenlider mit einem Copic Marker W-2 und verwende einen walnussbraunen Stift, um das Auge und seine Pupille zu definieren. Ergänze eine Linie zwischen den Lippen und kleine Punkte für die Nasenlöcher. Fahre mit der Konturierung fort, wo immer du es für sinnvoll hältst, etwa an den Ohren, am Gesicht und auch am Arm auf der linken Seite.

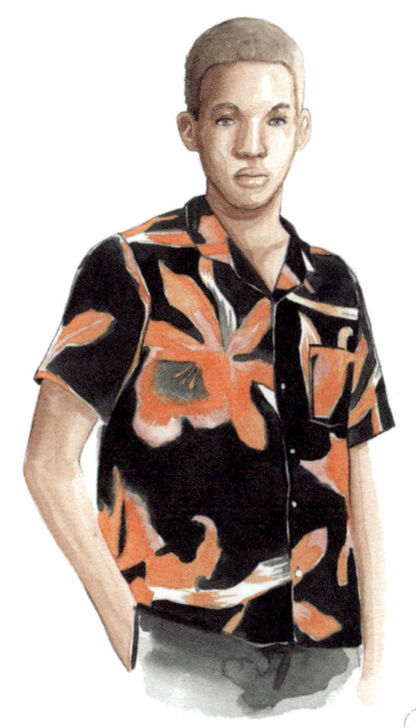
7

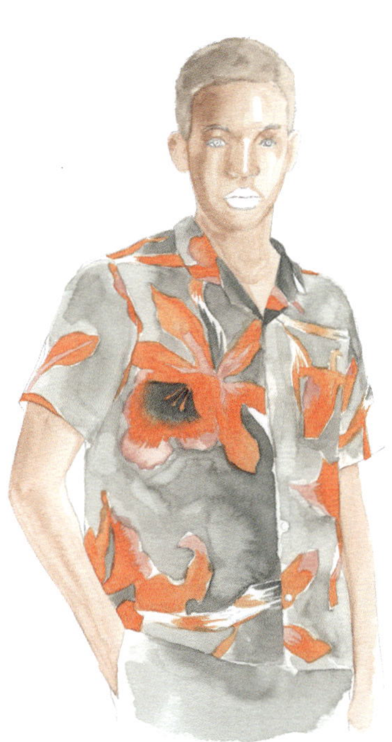
4

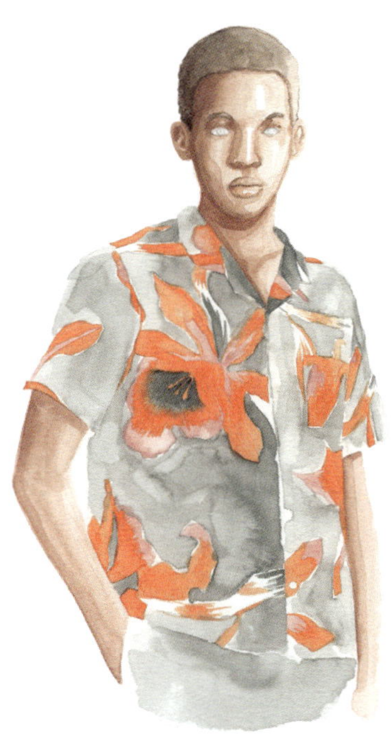
5

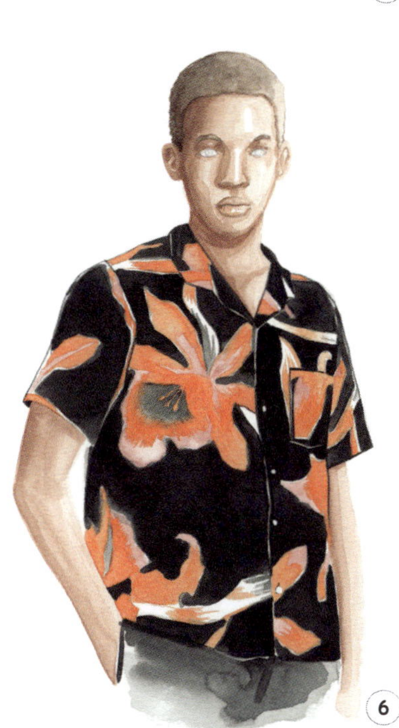
6

Vintage-Schmuck

NIVEAU: HOCH **MARKE:** YVES SAINT LAURENT

Nun haben wir das höchste Level unserer Tutorials erreicht – den letzten Teil unserer Reise in die faszinierende Welt der Modeillustration, in dem du einige ganz besondere Projekte erstellen wirst. Beginnen wir mit diesem wunderschönen Schmuckset. Das Nachbilden von außergewöhnlichem Accessoire wie diesem ist etwas, das eine ziemlich wichtige Rolle in der Mode spielt.

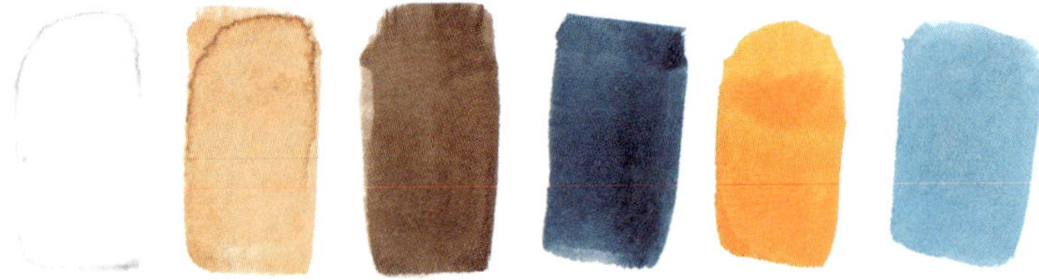

MATERIALIEN

Unverzichtbar:
- Feiner Bleistift
- Radiergummi

Papier:
- Aquarellpapier DIN A4, 300 g

Pinsel:
- Verwaschpinsel Größe 2
- Rundpinsel synthetisch Größe 0
- Rundpinsel synthetisch Größe 1
- Rundpinsel synthetisch Größe 2

Farben:
- Chinese White
- Yellow Ochre Light
- Vandyke Brown
- Indigo
- Cadmium Yellow
- Cerulean Blue

Buntstifte:
- Raw Umber 180
- Cold Gray 235
- Indanthrene Blue 247

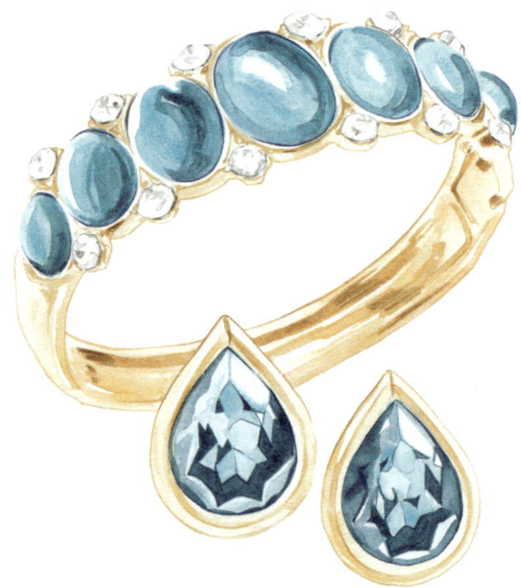

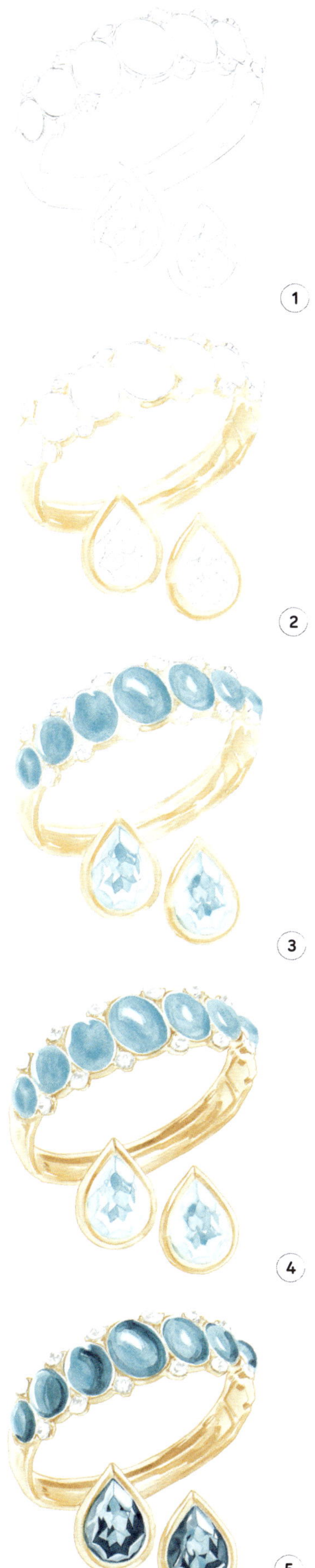

1. Wie bei allen vorherigen Tutorials ist eine lockere Skizze der gesamten Illustration der erste Schritt. Achte hier ganz besonders darauf, genügend Orientierungspunkte einzufügen, insbesondere für die blauen Steine der Ohrringe.

2. Beginnen wir mit dem Mittelton für die goldenen Teile des Armbands und der Ohrringe. Mische Yellow Ochre Light, Cadmium Yellow und Chinese White. Trage die Farbe mit einem Rundpinsel 0 auf die kleinen Bereiche zwischen den Steinen des Armbands auf und wechsle zu einem Rundpinsel 2 für den Rest der Metallteile.

   Achte darauf, einige weiße Stellen zu belassen, um mit dem Aufbau der glänzenden Oberfläche des Schmucks zu beginnen. Nimm beim Auftragen der Farbe etwas mehr sauberes Wasser mit dem Pinsel auf, um eine schöne glatte Schattierung zu erzielen.

3. Füge dann den Steinen mit etwas Cerulean Blue Farbe hinzu. Ich trug die Farbe mit dem Verwaschpinsel auf die Steine des Armbands auf, wobei ich einige weiße Bereiche für die Glanzlichter freiließ.

   Für die Ohrringe empfehle ich den Rundpinsel 0. Hier musst du sehr präzise und akribisch arbeiten und kleine Farbflächen erzeugen, um die facettierte Oberfläche der Steine nachzubilden. Lass auch hier einige Bereiche frei, die als Glanzlichter fungieren.

4. Für die klaren Steine mischst du etwas Indigo mit Vandyke Brown. Nimm reichlich Wasser, um den richtigen Farbton zu erhalten, und verwende den Rundpinsel 0, um vorsichtig einige Striche hinzuzufügen und so die geschliffene Oberfläche anzudeuten.

   Wenn alles getrocknet ist, radiere alle noch sichtbaren Linien deiner Bleistiftskizze aus.

   Füge dem Gold mit Yellow Ochre Light einige dunkle Töne hinzu. Beginne mit dem oberen Teil des Armbands, indem du die Farbe mit dem Rundpinsel 0 aufträgst und mit kleinen Strichen die Struktur aufbaust. Wechsle anschließend zum Rundpinsel 2 für den unteren Teil des Armbands, um die Schatten anzudeuten.

   Für die Ohrringe nimmst du wieder den Rundpinsel 0, um beide Elemente sanft zu umranden und die dunkleren Partien zu akzentuieren.

5. Nun fügst du den blauen Steinen einige dunkle Töne hinzu. Misch Cerulean Blue mit etwas Indigo und verwende den Rundpinsel 0, um einen kleinen Schatten um jeden Stein auf dem Armband hinzuzufügen.

   Gib mit der gleichen Mischung den Steinen der Ohrringe Schatten hinzu, indem du den Rundpinsel 0 im Wechsel mit der Nummer 1 verwendest, um kleine dunklere Bereiche zu erzeugen und Tiefe zu suggerieren. Denk daran, dass du die Mischung verdünnen könntest, um verschiedene Farbtöne zu erzeugen, und lass ein bisschen Papierweiß für die Glanzlichter frei.

6. Für den letzten Schritt verwendest du Buntstifte, um eine Kontur hinzuzufügen. Beginne mit dem grauen Stift und ziehe einige dünne Linien auf den klaren Steinen. Nimm dann den blauen Stift, um die blauen Steine auf dem Armband zu definieren und die Steine auf den Ohrringen zu konturieren.

   Zum Schluss konturierst du die Ohrringe mit dem braunen Stift, insbesondere den Bereich, der das Armband überlappt. Falls erforderlich, dunkelst du einige Partien im Inneren des Armbands ab.

Experimentiere mit der Zugabe von mehr Wasser an einigen Partien der Steine, um einen funkelnden Effekt zu erzielen und einen schönen Rhythmus zu erzeugen.

Menswear-Komposition

NIVEAU: HOCH **MARKE:** OFF-WHITE C/O VIRGIL ABLOH

In diesem Tutorial lade ich dich dazu ein, eine Komposition mit verschiedenen Charakteren zu erstellen. Ich fand diese Art der Illustration schon immer sehr reizvoll, weil man damit verschiedene Seiten einer Kollektion in einer einzigen Modeillustration zeigen kann.

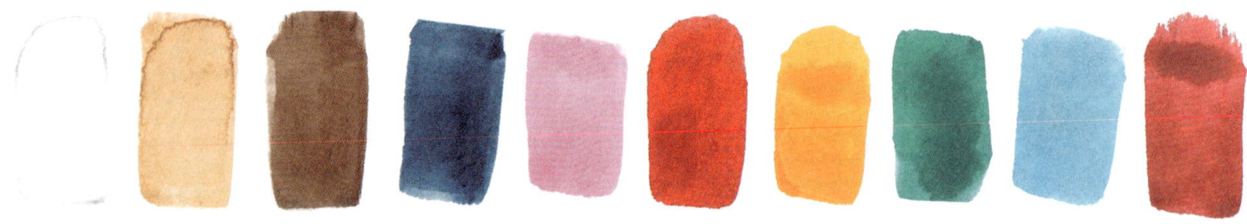

MATERIALIEN

Unverzichtbar:
- Feiner Bleistift
- Radiergummi

Papier:
- Aquarellpapier DIN A4, 300 g

Pinsel:
- Verwaschpinsel Größe 2
- Rundpinsel synthetisch Größe 0
- Rundpinsel synthetisch Größe 1
- Rundpinsel synthetisch Größe 2

Farben:
- Chinese White
- Yellow Ochre Light
- Vandyke Brown
- Indigo
- Opera Rose
- Cadmium Red
- Cadmium Yellow
- Cobalt Turquoise
- Cerulean Blue
- Winsor Red Deep

Buntstifte:
- Walnut Brown 177
- Cinnamon 189
- Black 199

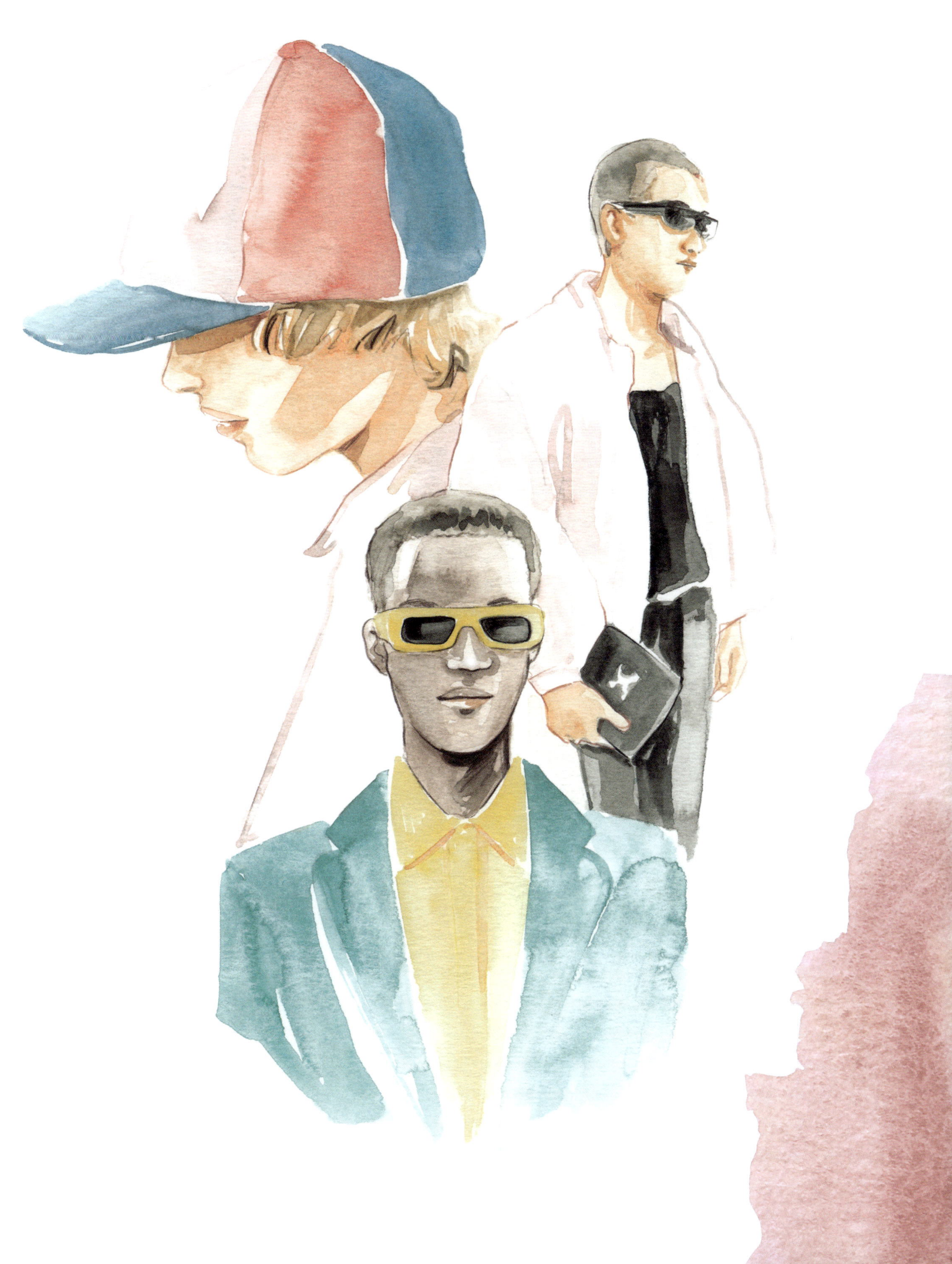

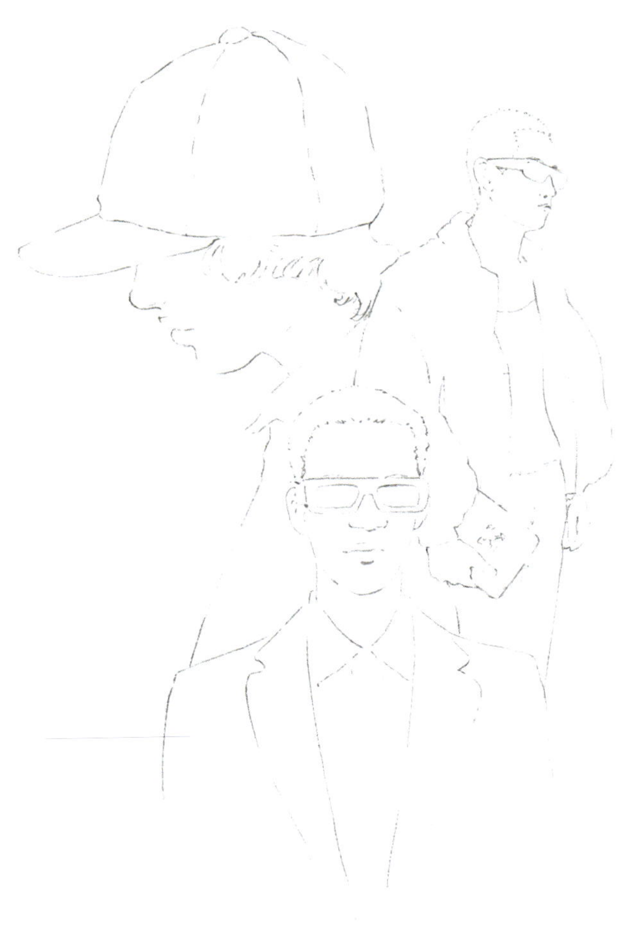

1. Da es sich um eine Komposition handelt, kann deine erste Skizze etwas mehr Zeit in Anspruch nehmen als üblich. Stelle sicher, dass du alle benötigten Orientierungspunkte einbeziehst, ehe du mit dem nächsten Schritt fortfährst.

2. Hier erstellen wir einen Mittelton für die Haut und die Haare jeder der drei Figuren. Mische für die Haut der beiden oberen Figuren Cadmium Red, Cadmium Yellow und Chinese White. Trage diese Mischung mit dem Rundpinsel 2 für die Figur auf der linken Seite und mit dem Rundpinsel 1 für das Model auf der rechten Seite auf. Für die Figur in der Mitte mischst du Cadmium Red, Cadmium Yellow, Chinese White, Vandyke Brown und etwas Indigo und trägst es mit dem Rundpinsel 1 auf.

   Für die Haare der Figur auf der linken Seite habe ich etwas Yellow Ochre Light verwendet. Bei den beiden anderen malte ich mit einer leicht verdünnten Mischung aus Vandyke Brown und Indigo. Benutze den Rundpinsel 1 für alle drei Figuren.

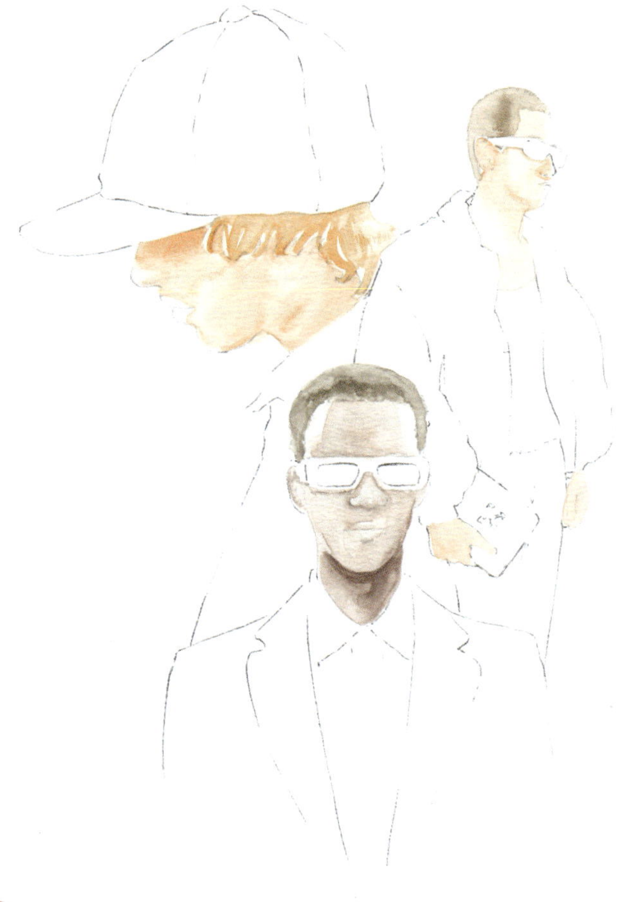

Baue das plastische Erscheinungsbild deiner Figuren von der ersten Farbschicht an auf. Beginne bei der Haut mit den Bereichen, die im fertigen Werk am dunkelsten sein werden. Bei dem Jungen auf der linken Seite habe ich zum Beispiel mit dem Mittelton begonnen, den Schatten der Mütze auf dem Gesicht anzudeuten; bei der mittleren Figur habe ich bereits einen Schatten unter dem Kinn erzeugt.

3. In diesem Schritt fügen wir der Kappe mit dem Verwaschpinsel etwas Farbe hinzu. Mische zunächst Cadmium Red mit etwas Winsor Red Deep und bemale den mittleren Teil des Hutes. Mische dann Cerulean Blue und etwas Indigo, um das vordere Schild und den rechten Teil der Kappe zu bemalen.

4. Mische etwas Opera Rose, Cadmium Red, Chinese White und ein wenig Cerulean Blue. Trage diese Mischung mit dem Verwaschpinsel auf, um dem verbleibenden Teil der Mütze etwas Volumen zu verleihen. Wiederhole den Vorgang bei seinem Hemd. Konturiere den linken Rand der Mütze zart mit dieser Mischung; dabei verwendest du den Rundpinsel 0.

   Verwende die gleiche Mischung auch für die Jacke des Models auf der rechten Seite, ebenfalls mit dem Rundpinsel 1. Umrande die Jacke an einigen Stellen mit dem Rundpinsel 0.

   Mische nun Vandyke Brown und Indigo, wobei du etwas mehr Wasser als üblich hinzufügst, um einen weichen Schwarzton zu erhalten. Trage diese Mischung mit dem Rundpinsel 0 auf die Sonnenbrille und die Tasche der Figur auf der rechten Seite auf. Lass einen kleinen weißen Bereich auf der Tasche, um das Logo der Marke anzudeuten. Verwende die gleiche Mischung mit dem Verwaschpinsel auf dem Oberteil und der Hose desselben Models.

   Fahre mit der gleichen dunklen Mischung fort, um die Gläser der Sonnenbrille des mittleren Models mit dem Rundpinsel 0 zu malen.

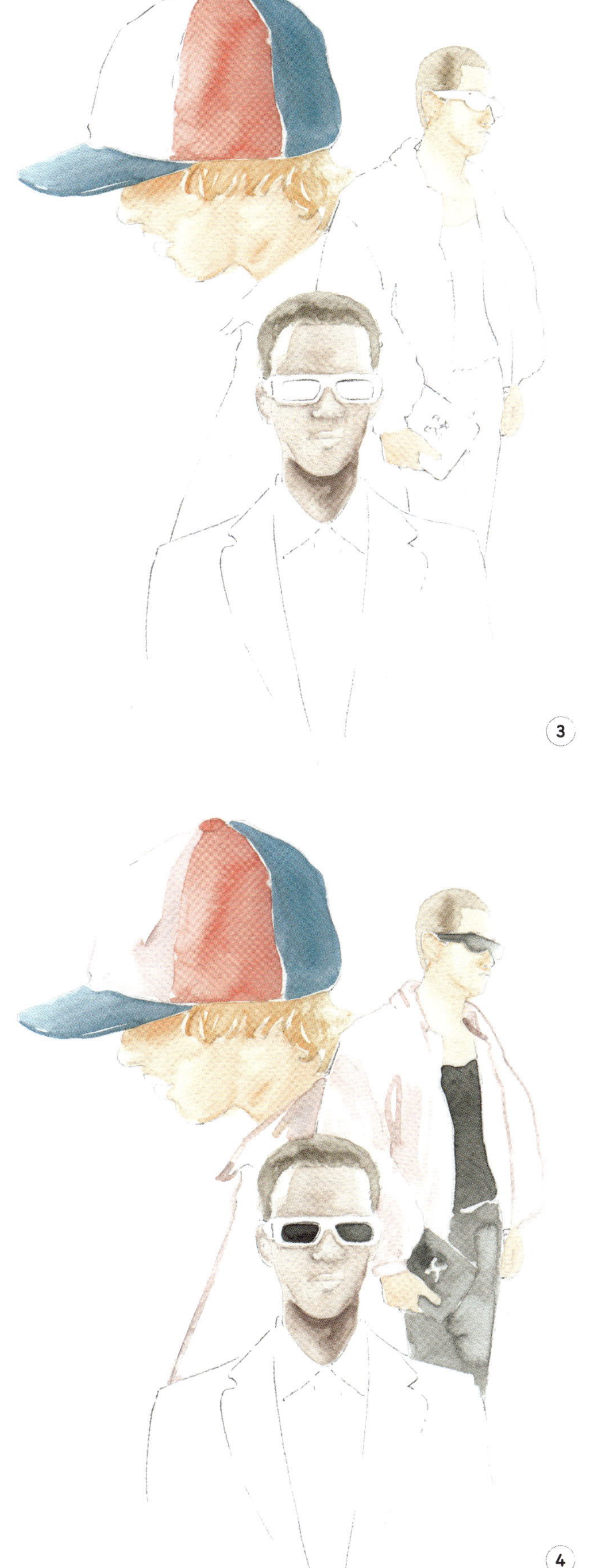

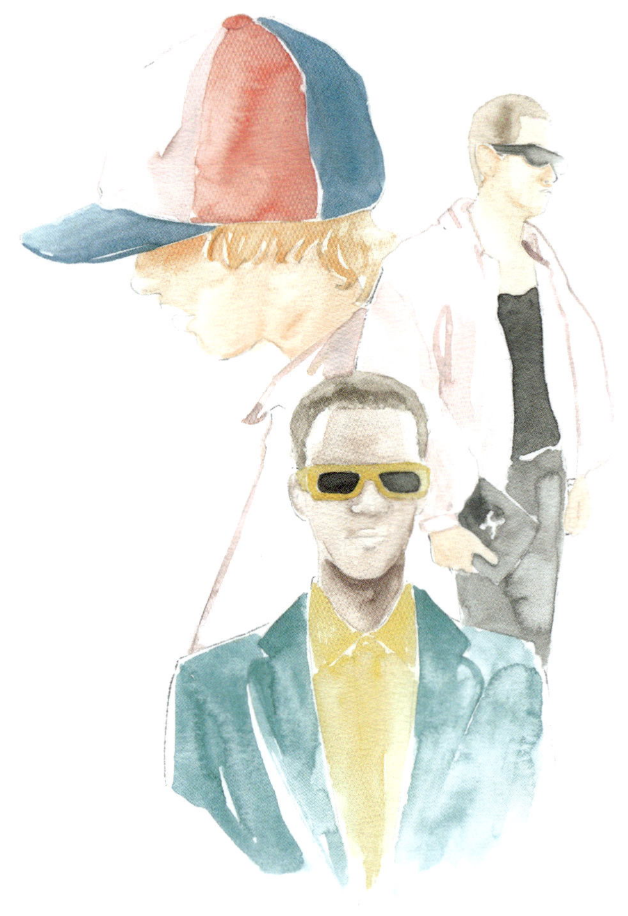

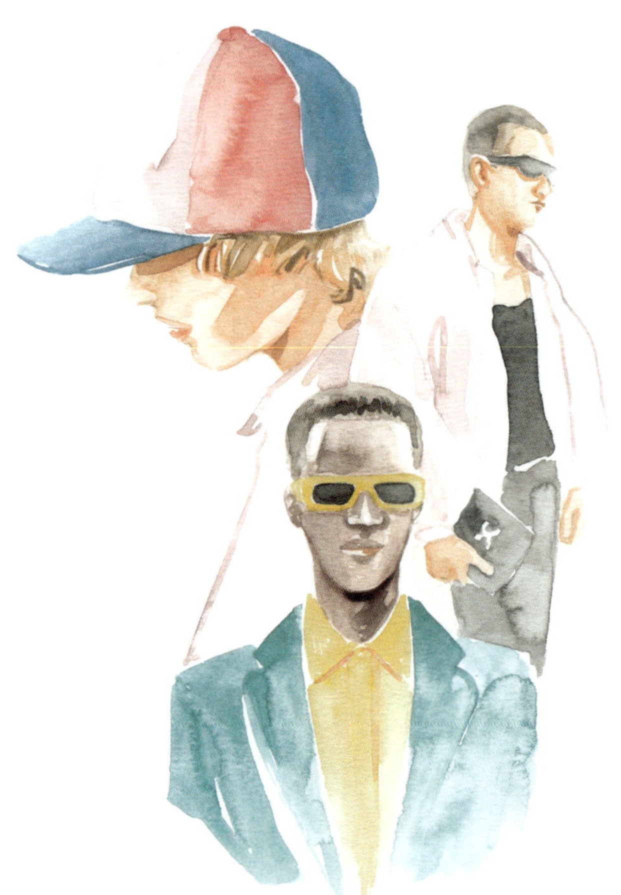

5. Mische etwas Cadmium Yellow mit etwas Chinese White und verwende den Rundpinsel 0, um die Fassung der Sonnenbrille des mittleren Models zu kolorieren. Verteile die gleiche Mischung mit dem Rundpinsel 2 auf sein Hemd.

Verwende nun etwas Cobalt Turquoise und den Verwaschpinsel, um die Jacke zu bemalen. Nimm hier etwas mehr Wasser mit dem Pinsel auf, wenn du nach rechts unten kommst, damit die Farbe sanft verblasst.

6. Nun hast du die erste Schicht fast der gesamten Illustration fertiggestellt. Radiere alle verbleibenden Bleistiftlinien aus und füge den Hauttönen der drei Models einige dunkle Schattierungen hinzu. Dafür verwenden wir die Mischung aus Schritt 2 (Cadmium Red, Cadmium Yellow und Chinese White). Für noch dunklere Bereiche wie den Schatten, den das Schild der Mütze wirft, mischen wir etwas Vandyke Brown hinzu.

Male die Oberlippe des mittleren Models mit dem dunklen Farbton und füge etwas Opera Rose hinzu, um die Unterlippe noch etwas heller zu machen.

Gib mit Vandyke Brown einige dunkle Töne zu den Haaren der rechten und mittleren Figur dazu. Nimm für das Model auf der linken Seite auch noch etwas Yellow Ochre Light.

Um diesen Schritt abzuschließen, mischst du etwas Cadmium Yellow und ein wenig Cadmium Red. Definiere mit dem Rundpinsel 1 den Kragen des gelben Hemdes.

7. Um die Kolorierung abzuschließen, fügst du noch etwas von der schwarzen Mischung (Vandyke Brown und Indigo) auf dem Körper und der Tasche des Models rechts hinzu und lässt alles trocknen.

8. Jetzt gibst du deiner Illustration mit einigen Buntstiften den letzten Schliff. Verwende den Cinnamon-Stift, um die Haut der beiden oberen Figuren zu definieren, insbesondere das Profil des linken Models. Mit demselben Stift akzentuierst du Teile der Jacke auf der rechten Seite.

   Der Walnut-Brown-Stift kann nützlich sein, um den Haaren der Figur, die die Mütze trägt, mehr dunkle Töne zu verleihen und um die Lippen aller zu definieren. Verleihe mit diesem Stift auch den Haaren und dem Gesicht des mittleren Models mehr Kontur, inklusive Augenbrauen und Sonnenbrille.

   Verwende einen schwarzen Stift, um die Gläser der Sonnenbrille und alle anderen dunklen Teile des rechten Models zu präzisieren.

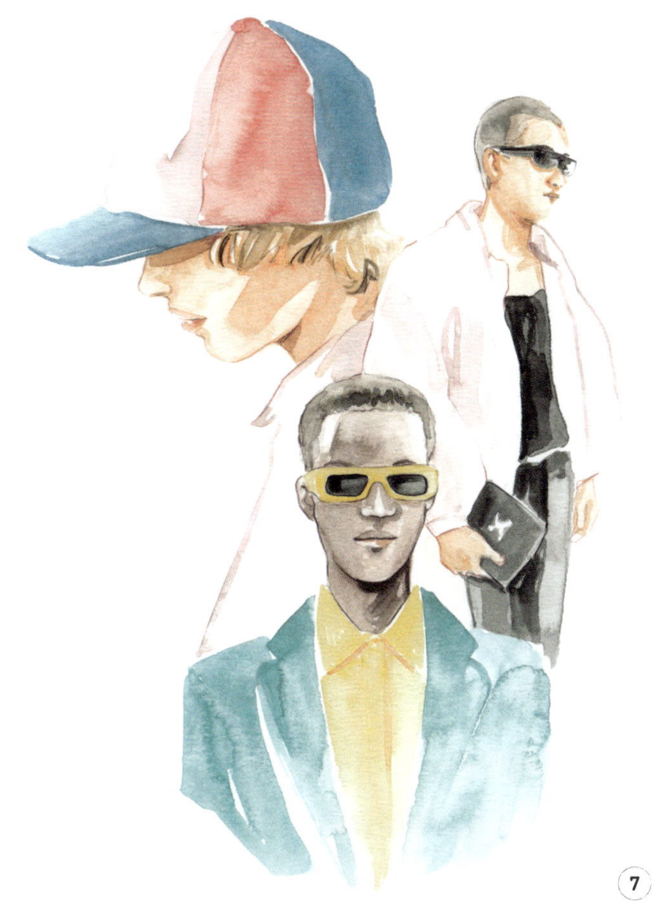

7

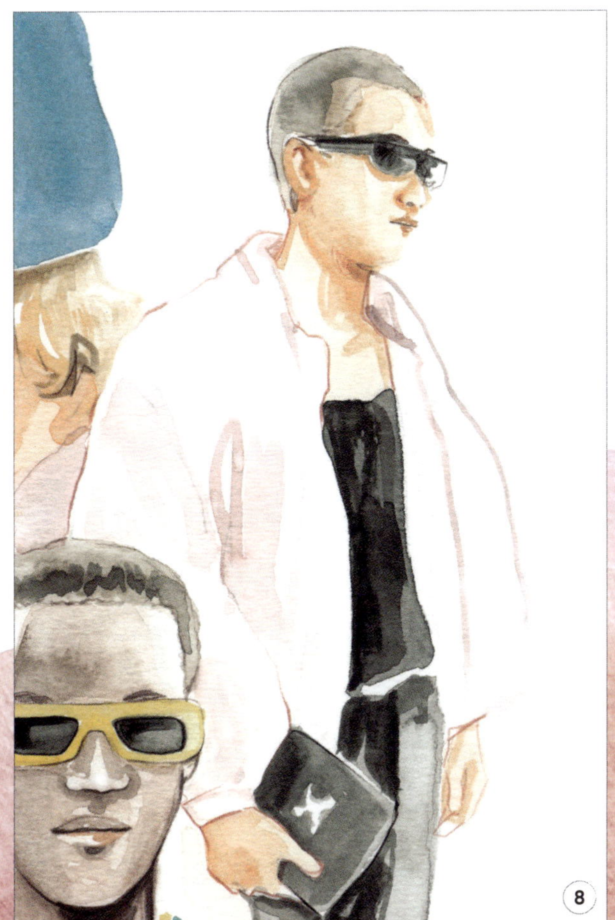

8

Auf dem Laufsteg

NIVEAU: HOCH **MARKE:** LOUIS VUITTON

In diesem Tutorial geht es darum, die Atmosphäre einer Modenschau einzufangen – den »Catwalk-Moment«. Dabei solltest du etwas instinktiver vorgehen und mehr Wert auf die Darstellung der energiegeladenen Stimmung als auf Präzision im Detail zu achten. Genieße einfach die Pinselstriche mit deinen Aquarellfarben!

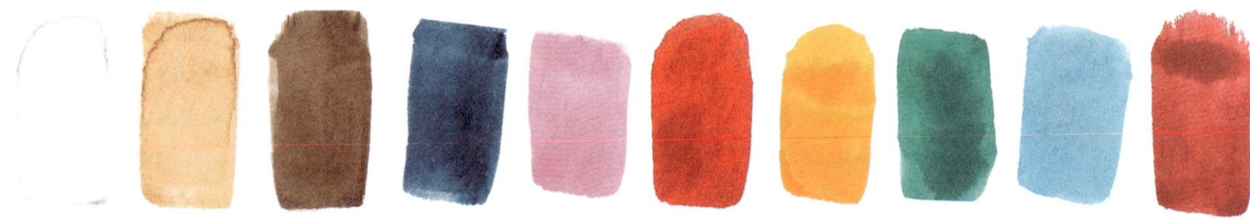

MATERIALIEN

Unverzichtbar:
- Feiner Bleistift
- Radiergummi

Papier:
- Aquarellpapier DIN A4, 300 g

Pinsel:
- Verwaschpinsel Größe 2
- Rundpinsel synthetisch Größe 0
- Rundpinsel synthetisch Größe 1

Farben:
- Chinese White
- Yellow Ochre Light
- Vandyke Brown
- Indigo
- Opera Rose
- Cadmium Red
- Cadmium Yellow
- Cobalt Turquoise
- Cerulean Blue
- Winsor Red Deep

Buntstifte:
- Walnut Brown 177
- Cinnamon 189
- Raw Umber 180

Copic Ciao Marker:
- Pale Fruit Pink E000

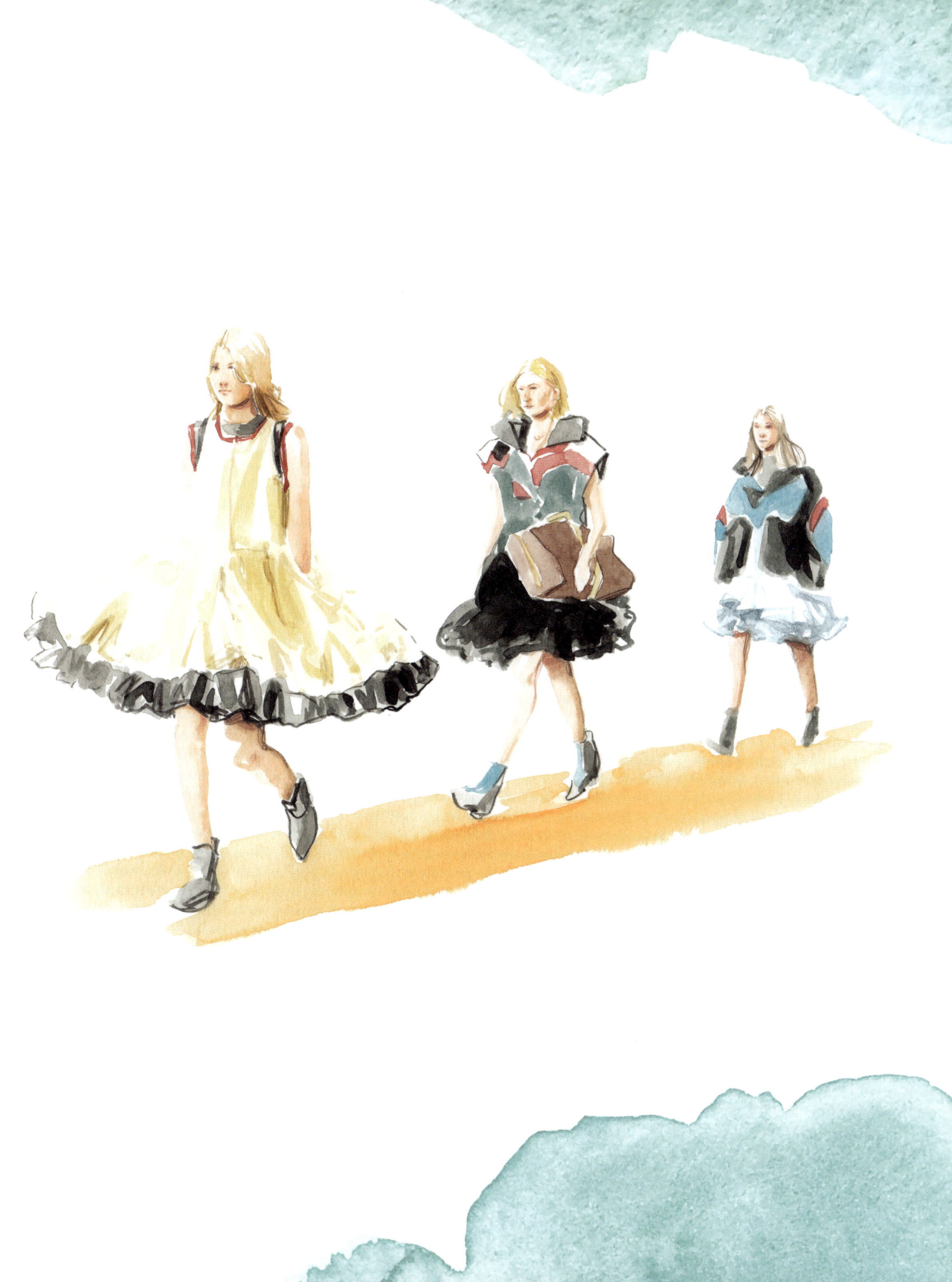

1. Die lockere Skizze der gesamten Illustration solltest du einfach halten! Zeichne hier nicht zu viele Details, um dich stattdessen auf den Gesamteindruck konzentrieren zu können.

2. Füge zunächst jedem der drei Charaktere einen Hautton und eine Haarfarbe hinzu. Für die Haut mischst du Cadmium Red, Cadmium Yellow und Chinese White. Da die Hautflächen in dieser Illustration klein sind, fügen wir jetzt alle Schattierungen hinzu, indem wir die Mischung bei Bedarf mit Wasser verdünnen und Vandyke Brown hinzugeben, um die dunkleren Töne zu erzeugen, die ich zum Beispiel für die Schatten auf den Hinterbeinen der Models verwendet habe. Für die Haare des ersten Models verwendete ich Yellow Ochre Light, für die des zweiten Cadmium Yellow und Yellow Ochre Light sowie beim dritten Vandyke Brown. Wechsle bei diesem Schritt zwischen den Rundpinseln 0 und 1, je nach Größe der zu bemalenden Fläche.

3. In diesem Schritt arbeiten wir am Kleid des ersten Models sowie an einigen anderen Details. Für das Kleid mischst du Cadmium Yellow, Chinese White und etwas Yellow Ochre Light. Trage die Farbe mit dem Verwaschpinsel auf das Kleid auf, wobei du vor allem die Spitze verwendest. Sobald die Farbe getrocknet ist, fügst du einige dunklere Linien hinzu, um die kleinen Falten des Stoffes anzudeuten. Dann gibst du zu deiner Mischung eine sehr kleine Menge Vandyke Brown und trägst sie mit dem Rundpinsel 0 auf.

Die gleiche Mischung kannst du auch verwenden, um die gelben Details auf der Tasche des zweiten Models zu malen.

Mische nun etwas Cadmium Red und Winsor Red Deep und male mit dem Rundpinsel 0 die roten Details auf allen drei Models.

Um die Skizze locker zu halten, markiere die wichtigsten Orientierungspunkte wie die Umrisse und Hauptmerkmale der Kleidungsstücke und Accessoires. Du musst keine detaillierten Gesichtszüge einfügen oder die Muster akribisch einzeichnen.

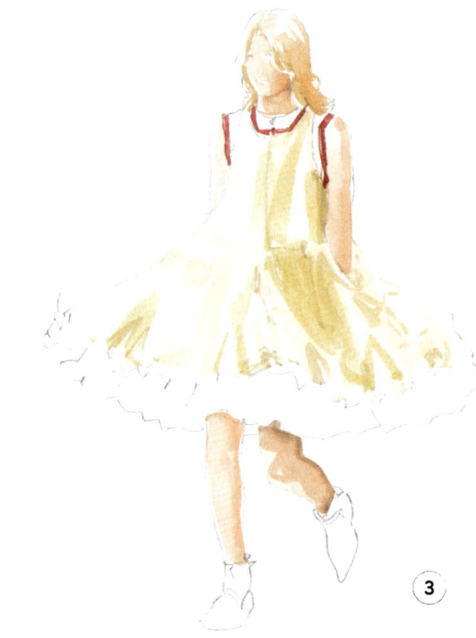

4. Nun bauen wir unsere Illustration weiter auf, indem wir mehr Farbe hinzufügen. Verwende etwas Cerulean Blue mit dem Rundpinsel 1, um den Schuhen des zweiten Models und der Jacke des dritten Details hinzuzufügen. Füge etwas Vandyke Brown zu Cerulean Blue hinzu und male die Brust des zweiten Models, immer noch mit dem Rundpinsel 1.

   Mische dann Cobalt Turquoise und etwas Opera Rose, um einen schönen Violett-Ton zu erhalten. Verwende diese Mischung und den Rundpinsel 0, um das Volumen des weißen Rocks des dritten Models vorsichtig zu verstärken – male nur die dunklen Teile des Rocks und lass den Rest papierweiß.

   Jetzt verwendest du etwas Vandyke Brown und den Rundpinsel 1, um die Tasche, die das zweite Model hält, fertigzustellen.

5. Erstelle eine wässrige Mischung aus Vandyke Brown und Indigo für einen weichen Grauton und füge alle schwarzen Partien unserer Illustration hinzu: die Details am Körper und den unteren Rock des ersten Models, den Kragen und den Rock von Model zwei sowie die Jacke unserer letzten Figur. Verwende den Verwaschpinsel, vor allem mit der Spitze, um die Striche lebendig zu halten. Male auch alle Schuhe an.

   Wenn alles getrocknet ist, radierst du die sichtbaren Skizzenlinien aus.

   Verwende die gleiche Mischung aus Vandyke Brown und Indigo, aber diesmal mit weniger Wasser, um unserem Laufsteg ein tieferes Schwarz zu verleihen. Verwende den Rundpinsel 0 oder 1 für präzisere Striche, um die Falten der Röcke und andere Details darzustellen.

6. Jetzt kommen noch einige letzte Details hinzu, aber nicht zu viele, sonst geht der skizzenhafte Charakter der Modeillustration verloren. Akzentuiere die Schatten und definiere einige andere Bereiche mit dem Cinnamon-Stift. Nimm denselben Stift zusammen mit dem Walnut-Brown-Stift, um den Gesichtern einige Details hinzuzufügen: die Augen, Nasenlöcher, Lippen. Ergänze auch an den Beinen einige dunkle Töne, vor allem dort, wo die Röcke einen Schatten werfen.

   Fahre mit dem Walnut-Brown-Stift fort, um die Haare des dritten Models zu definieren, und konturiere die Tasche, die das zweite Model hält. Wechsle zum Raw-Umber-Stift für die Haare des ersten und zweiten Models und füge dem Kleid des ersten Models noch ein paar Linien hinzu.

   Für den Laufsteg mischst du etwas Cadmium Yellow und ein wenig Cadmium Red und ziehst mit dem Verwaschpinsel eine weiche diagonale Linie unter den Füßen der drei Models.

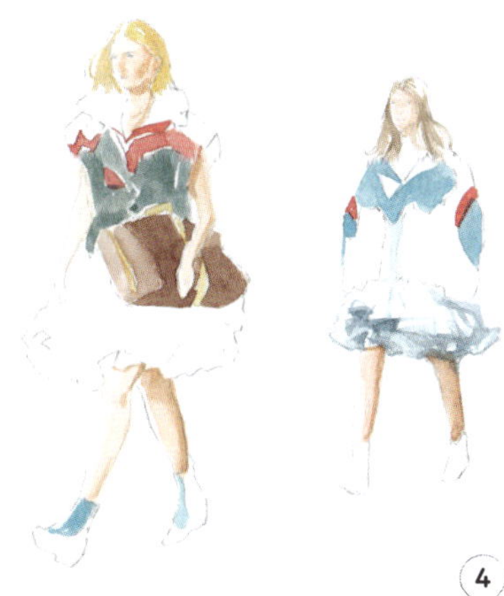

4

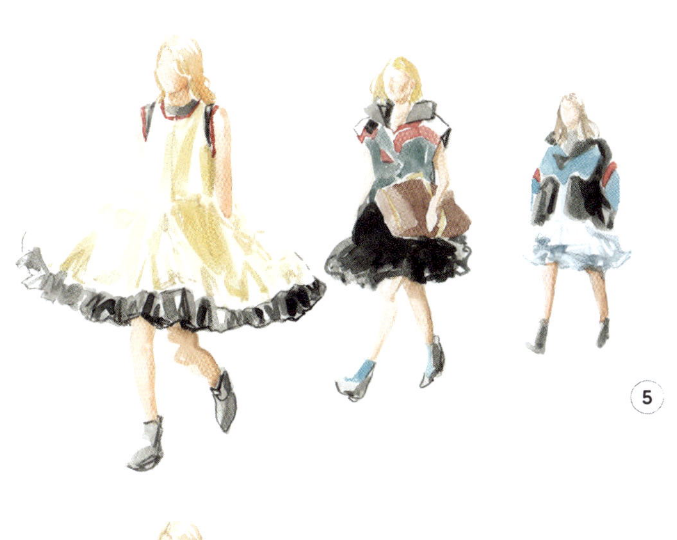

5

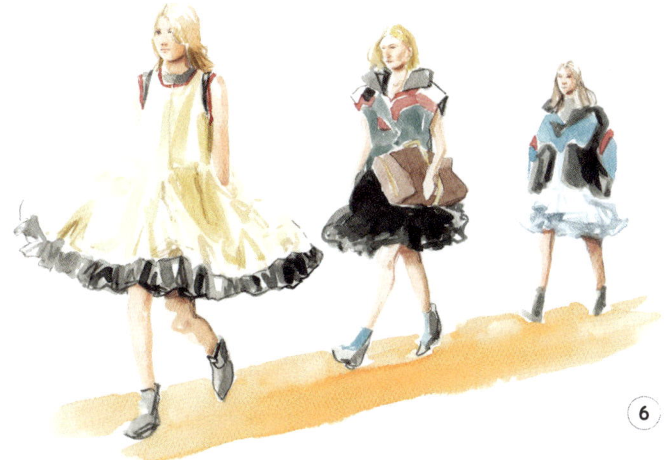

6

Close-up: Beauty-Look

NIVEAU: HOCH **MARKE:** PAT MCGRATH MAKEUP FOR VALENTINO

Jetzt nähern wir uns dem Ende unserer Reise in die Welt der Modeillustration. Deshalb habe ich mir für dieses Tutorial etwas Besonderes ausgedacht: die Nahaufnahme eines aufwendig gestalteten Make-ups in Kombination mit einem auffälligen Blumenprint. Dabei musst du konzentriert und geduldig bei der Sache sein und sehr präzise arbeiten!

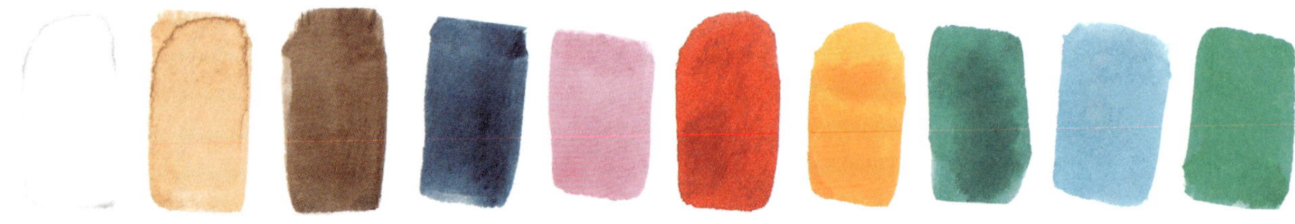

MATERIALIEN:

Unverzichtbar:
- Feiner Bleistift
- Radiergummi

Papier:
- Aquarellpapier DIN A4, 300 g

Pinsel:
- Verwaschpinsel Größe 2
- Rundpinsel synthetisch Größe 0
- Rundpinsel synthetisch Größe 1
- Rundpinsel synthetisch Größe 2
- Flachpinsel synthetisch Größe. 10

Farben:
- Chinese White
- Yellow Ochre Light
- Vandyke Brown
- Indigo
- Opera Rose
- Cadmium Red
- Cadmium Yellow
- Cobalt Turquoise
- Cerulean Blue
- Viridian

Copic Ciao Markers:
- Frost Blue B00
- Pale Blue Gray B60
- Warm Gray No.2 W-2
- Pale Fruit Pink E000

Buntstifte:
- Walnut Brown 177
- Cinnamon 189
- Beige Red 132
- Black 199
- Cobalt Turquoise 153
- Light Cadmium Red 117

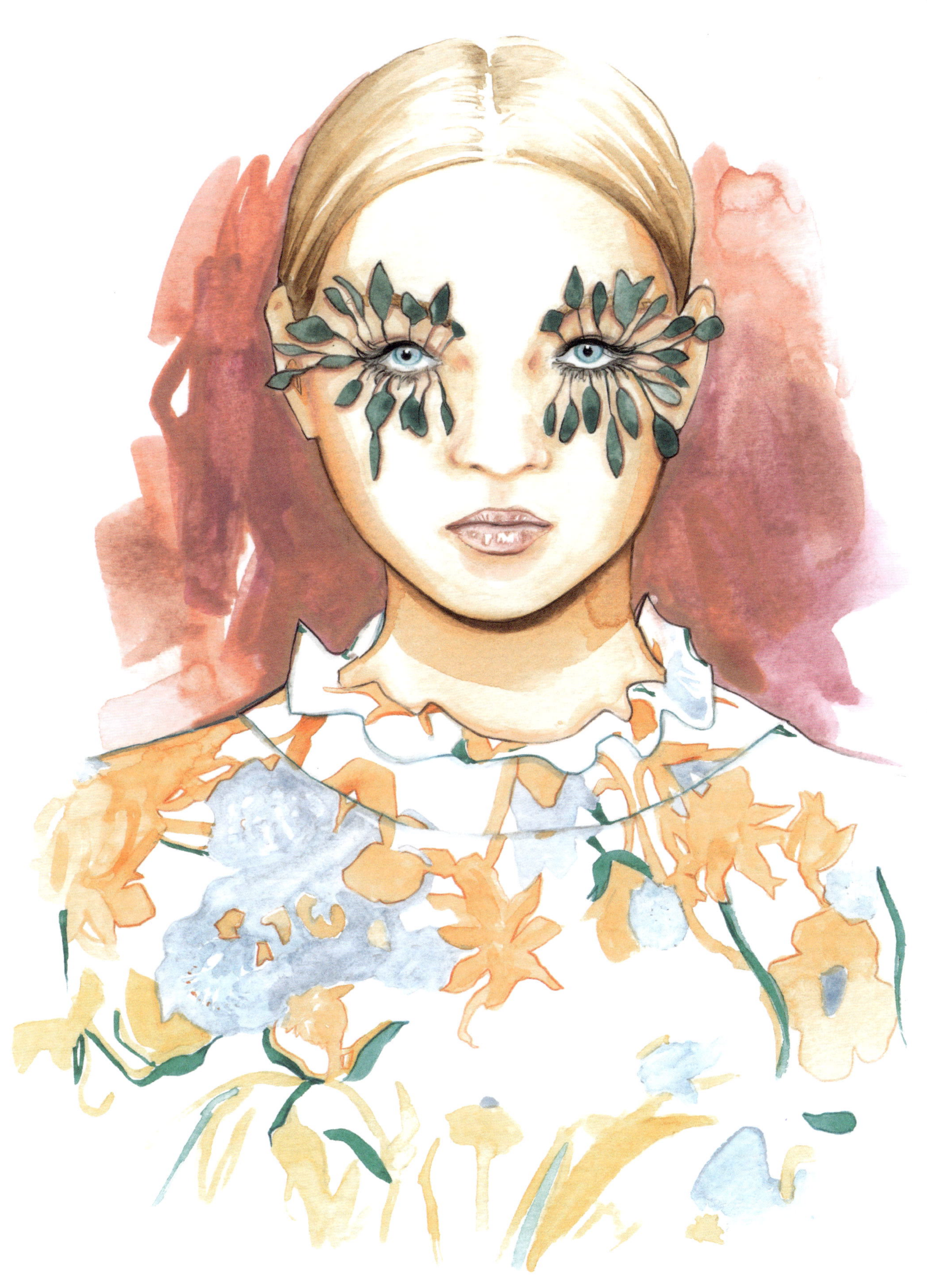

1. Diese Bleistiftskizze solltest du so detailliert wie möglich zeichnen, vor allem bei den Blattmotiven um die Augen und dem Print auf dem Kleid. Vergewissere dich, dass alle benötigten Orientierungspunkte enthalten sind, und denke daran, die Linien so hell wie möglich zu halten, damit die Skizze sauber bleibt.

Prüfe, bevor du die Farbe aufträgst, ob du Bleistiftlinien ausradieren kannst, die du für überflüssig hältst. An diesem Punkt der Reise durch die faszinierende Welt der Modeillustration, nach all den Tutorials, die du bisher gemacht hast, kannst du gut selbst beurteilen, welche Orientierungspunkte du noch brauchen wirst.

1

2. Konzentriere dich in diesem Schritt auf das Gesicht und den Hals. Für den Hautton mischen wir Cadmium Red, Chinese White und ein bisschen Cadmium Yellow. Für diese Illustration arbeiten wir mit frontalem Licht, damit die Arbeit ausgewogen und sauber ist und das Make-up richtig zur Geltung kommt.

Sobald du den richtigen Farbton für die Haut gefunden hast, ziehst du mit dem Rundpinsel 1 eine sanfte Kontur um Gesicht und Hals, wobei du nach innen hin einige hellere Bereiche auslässt.

Nimm den Rundpinsel 2, um über einige dunklere Stellen zu gehen, z. B. entlang der Nase am inneren Augenrand, an der Innenseite der Ohren, unter dem Kinn und an den Seiten des Gesichts.

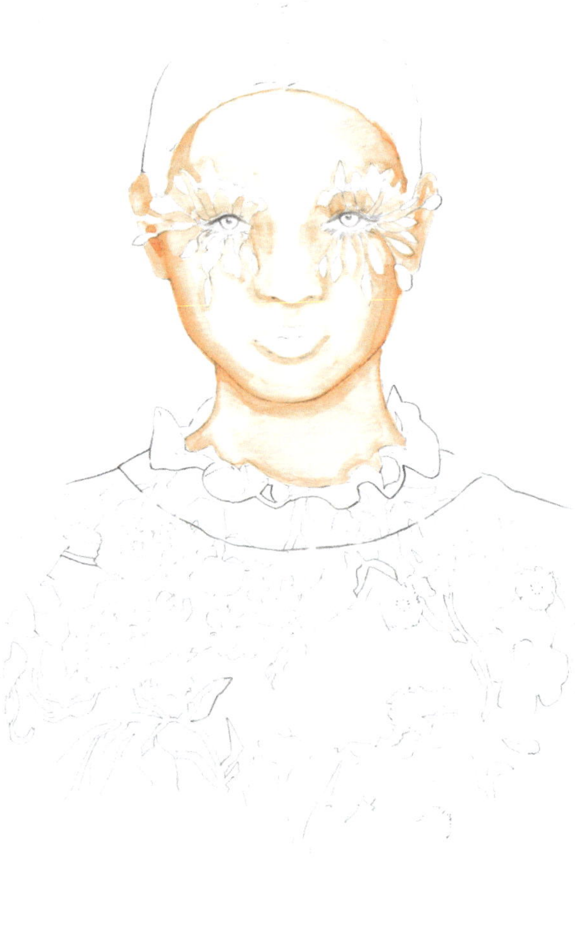

2

3. Male mit Yellow Ochre Light und dem Rundpinsel 1 einen mittleren Farbton für den Haaransatz. Beginne oberhalb des Ohrs und stufe die Farbe sanft ab, wobei du das Papierweiß als Glanzlicht frei lässt, wenn es heller wird. Du kannst noch einige kleine Pinselstriche in der Mitte des Kopfes hinzufügen, um der Frisur mehr Volumen zu verleihen. Fahre dann mit Yellow Ochre Light und dem Rundpinsel 1 fort, um die Augenbrauen dort zu färben, wo sie zwischen den Blattmotiven sichtbar sind. Versuche auch hier so präzise wie möglich zu arbeiten.

   Um diesen Schritt abzuschließen, mischst du etwas Chinese White und Opera Rose und fügst dann einen winzigen Hauch von Cadmium Yellow hinzu. Verteile mit dem Rundpinsel 1 etwas Farbe auf die Lippen. Arbeite sehr sorgfältig und lass einige kleine Punkte unbemalt, um mit dem Papierweiß die Glanzlichter auf den Lippen darzustellen.

4. Gib mit dem Rundpinsel 1 etwas Farbe auf das Kleid für die Blumen und Blätter. Beginne mit den hellen Farben, etwa den blauen Immergrün-Blüten, indem du Chinese White mit Cerulean Blue und einem Hauch von Opera Rose mischst.

   Für die orangefarbenen Blumen mischst du Cadmium Red, Cadmium Yellow und Chinese White. Füge nach und nach immer mehr Cadmium Yellow hinzu, sodass die Blumen zum unteren Rand der Illustration hin zu verblassen scheinen. Die untersten Blumen haben eine blasse, fast gelbe Farbe.

   Füge die dünnen grünen Blätter hinzu, indem du Viridian mit etwas Chinese White und ein wenig Cobalt Turquoise mischst. Vervollständige den Print mit der Immergrün-Mischung (Chinese White, Cerulean Blue und ein bisschen Opera Rose). Konturiere vorsichtig den Rüschenkragen, die Nahtlinie am unteren Rand und die Schultern.

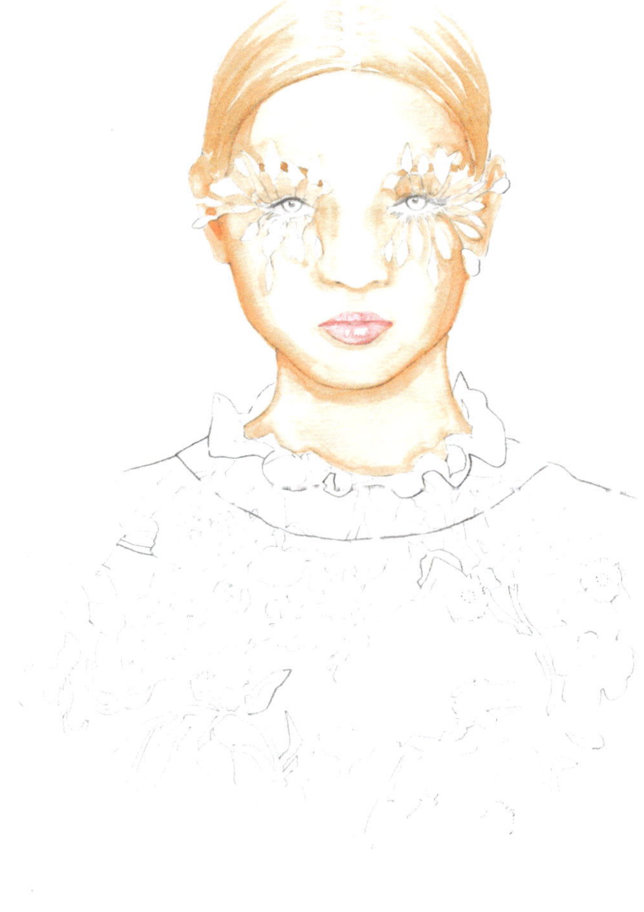

3

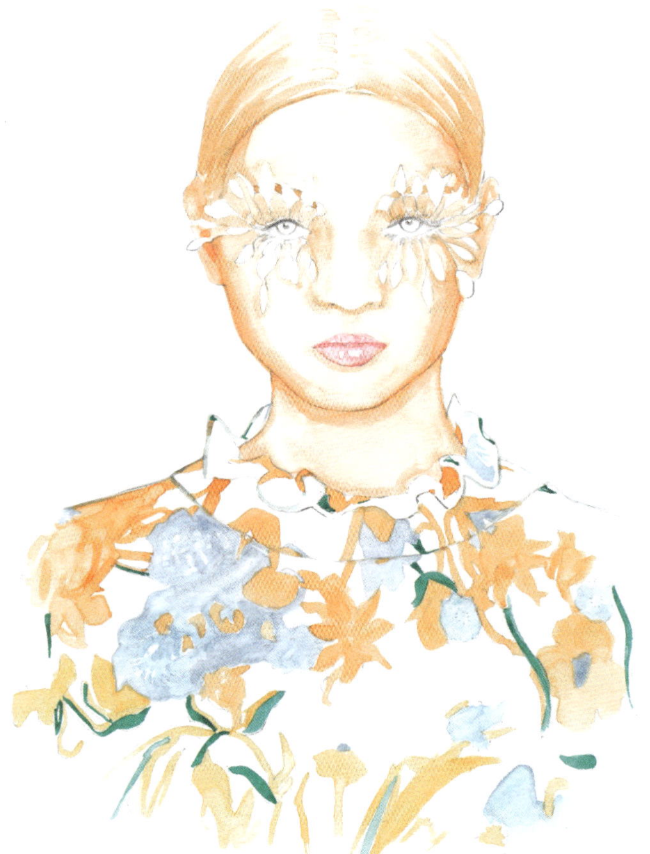

4

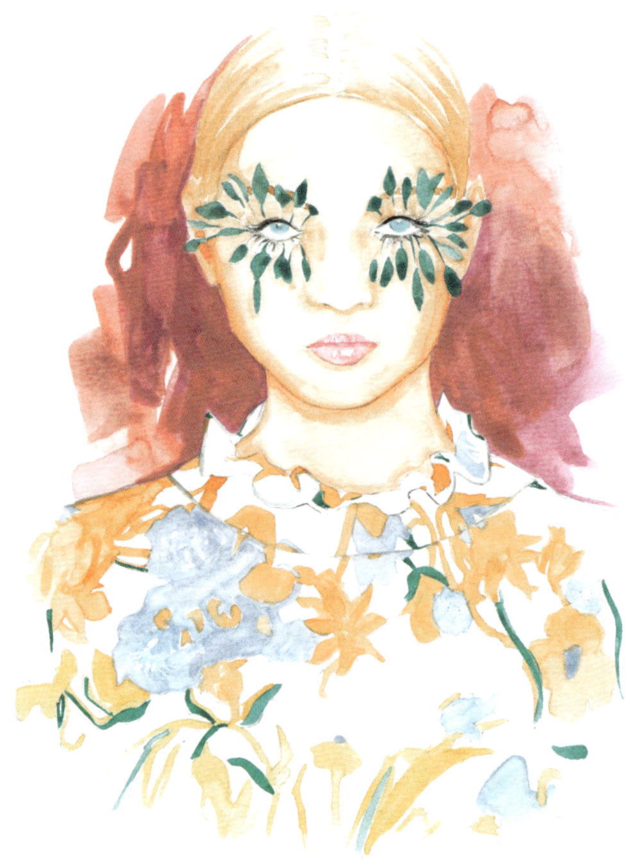

5

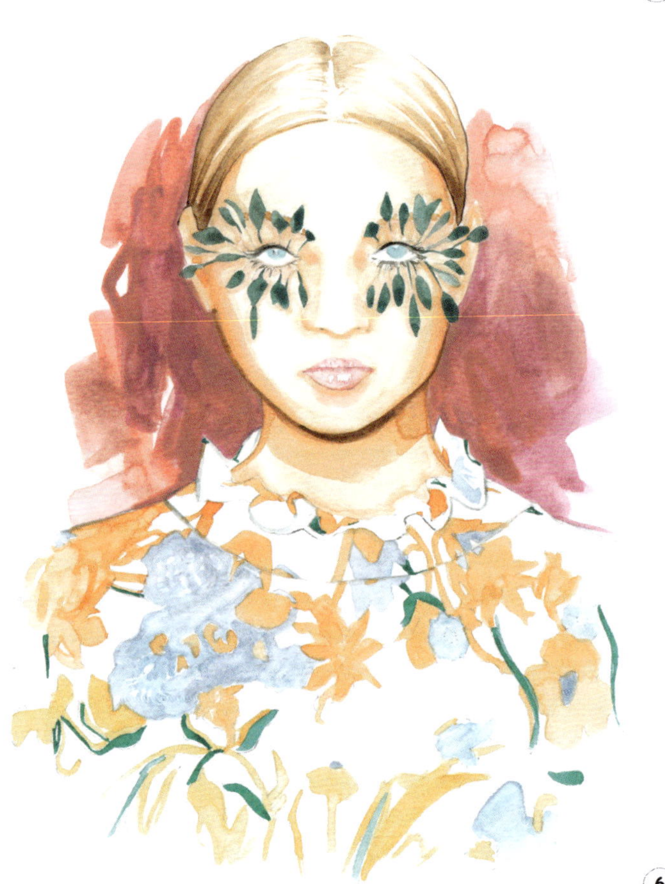

6

5. Als Nächstes fügen wir dem Hintergrund einen Farbklecks hinzu, damit das Gesicht und das Make-up richtig zur Geltung kommen. Mische dazu etwas Opera Rose, Chinese White und Cadmium Yellow. Verwende den Rundpinsel 1, um die Figur zu umreißen, und nimm dann den Verwaschpinsel 2 für den Rest des Hintergrunds, ohne die bereits geleistete Arbeit im Gesicht zu beschädigen. Gehe etwas spielerisch mit dem Hintergrund um – verwende für die äußeren Teile mehr Wasser, um die Kanten weicher zu machen. Um einen lebendigen Eindruck zu erzielen, verwendest du einen flachen Synthetikpinsel 10.

Verwende den Rundpinsel 1, um die Blattmotive des Make-ups mit einer Mischung aus Viridian und Chinese White zu färben. Bei diesen Blättern musst du sehr konzentriert und präzise arbeiten.

Sobald der Hintergrund getrocknet ist, radierst du die Skizzenlinien um die geschminkten Blattmotive herum aus. Male mit einer Schwarzmischung aus Vandyke Brown und Indigo mit einem Rundpinsel 0 das obere und untere Augenlid sowie die oberen und unteren Wimpern aus. Verwende zum Ausmalen der Iris den Copic Marker B00.

6. Radiere nun alle verbleibenden Bleistiftlinien vom Aufdruck des Kleides und an anderen Stellen aus. Mische etwas Vandyke Brown und Yellow Ochre Light und füge mit dem Rundpinsel 2 einige dunkle Töne zu den Haaren hinzu, beginnend oberhalb der Ohren. Sobald die Farbe getrocknet ist, malst du mit dem walnussbraunen Stift einige schöne Konturen an den Seiten des Kopfes hinzu.

Um mehr Tiefe zu schaffen, fügst du mit einem Verwaschpinsel den dunklen Hautton am Hals, direkt unter dem Kinn, hinzu. Nach dem Trocknen malst du mit einer Mischung aus Vandyke Brown und Yellow Ochre Light noch eine dünne Linie direkt unter dem Kinn hinzu. Konturiere auch ein wenig die Seiten des Gesichts mit dem Rundpinsel 1. Um diesen Schritt abzuschließen, kannst du das Gesicht mit dem Pale

Fruit Pink Copic Marker E000 weiter bearbeiten. Füge bei Bedarf einige dunkle Töne hinzu, unter den Augenbrauen etwa und um die Lippen. Für kleinere Partien wie die Augenwinkel kannst du auch die Stifte Cinnamon und Beige Red verwenden.

7. Konzentriere dich nun auf die Augen, die Augenbrauen und die geschminkten Blattmotive. Verwende für jedes Auge den Copic Marker B60, um einen weichen Schatten auf der Sklera, direkt unter den Oberlidern, zu zeichnen. Umreiße beide Augenlider mit dem Copic Marker W-2. Ein schwarzer Stift eignet sich perfekt, um weitere Wimpern hinzuzufügen, und dann verwendest du einen kobalttürkisen Stift, um die Hornhaut zu konturieren. Vervollständige die Augen mit einem schwarzen Stift, um die Pupillen zu zeichnen, und lass einen kleinen weißen Punkt auf jeder Pupille als Glanzlicht frei.

   Mit dem walnussbraunen Stift zeichnest du eine sehr dünne Kontur auf die geschminkten Blätter um die Augen. Mit dem Cinnamon-Stift kannst du den Blättern mehr Tiefe verleihen, indem du dünne Schatten unter jedes Blatt zeichnest. Mit dem Cinnamon- und dem Beige-Red-Stift kannst du, falls erforderlich, die Nase etwas betonen und mit dem Walnut-Brown-Stift kleine Nasenlöcher zeichnen.

   Füge nun einige dunkle Töne zu den Lippen hinzu, um sie besser zu definieren. Ziehe mit dem Cinnamon-Stift eine zarte Linie zwischen Ober- und Unterlippe und unterstreiche diese bei Bedarf.

   Zum Abschluss dieses Schritts konturieren wir die Seiten des Gesichts und den Hals mit dem Walnut Brown-Stift und fügen einige kleine Punkte hinzu, um die Augenbrauen zu definieren.

8. Zuletzt ergänzen wir am Kleid noch einige Details. Umrande insbesondere einige der orangefarbenen Blumen mit dem Light-Cadmium-Red-Stift. Definiere den Rüschenkragen, die Nahtlinie darunter und die Schultern mit dem kobalttürkisen Stift.

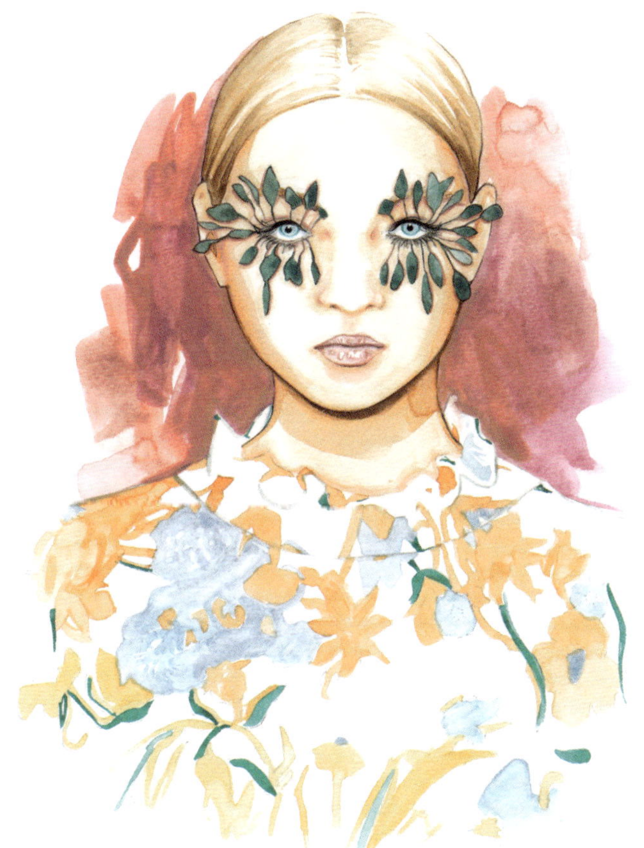

7

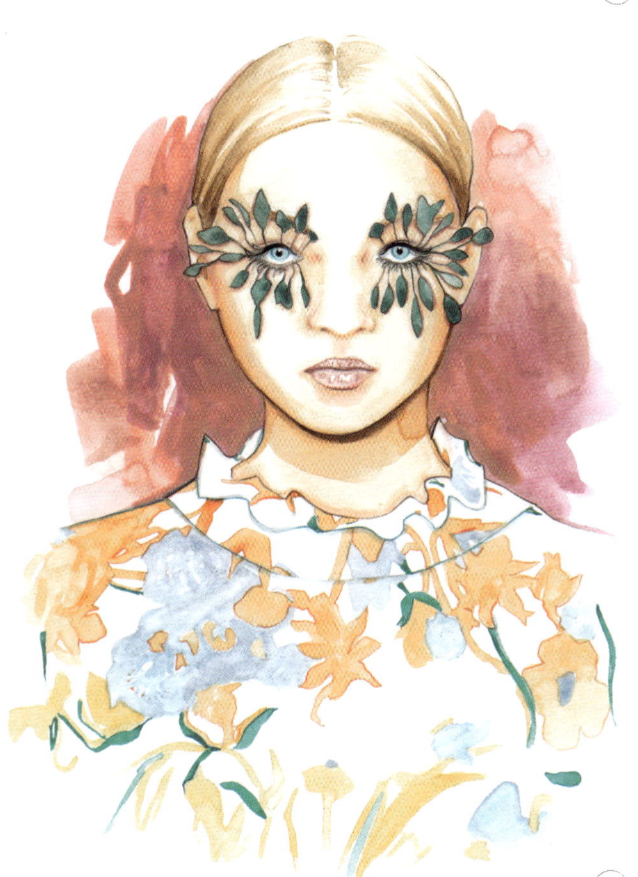

8

Womenswear-Komposition

NIVEAU: HOCH **MARKE:** VALENTINO

Nun kommen wir zu einer weiteren anspruchsvollen Komposition, dieses Mal für eine Damenbekleidung. Die Illustration zeigt zwei Figuren, von denen eine extravagant gestaltete Ohrringe trägt. Wir werden einen Hintergrund hinzufügen, um alles noch überzeugender und vollkommener zu machen.

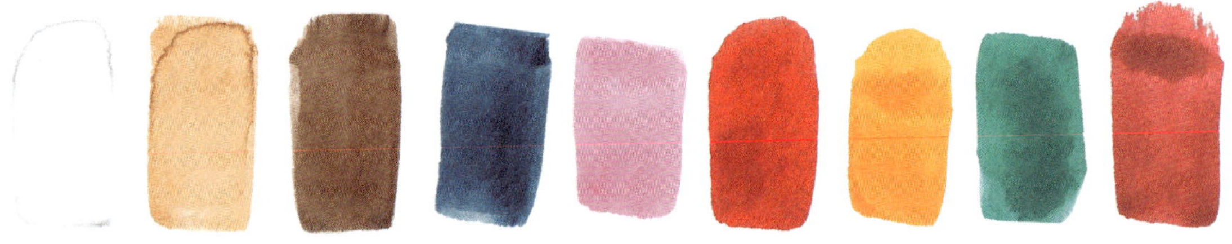

MATERIALIEN

Unverzichtbar:
- Feiner Bleistift
- Radiergummi

Papier:
- Aquarellpapier DIN A4, 300 g

Pinsel:
- Verwaschpinsel Größe 2
- Rundpinsel synthetisch Größe 0
- Rundpinsel synthetisch Größe 2

Farben:
- Chinese White
- Yellow Ochre Light
- Vandyke Brown
- Indigo
- Opera Rose
- Cadmium Red
- Cadmium Yellow
- Cobalt Turquoise
- Winsor Red Deep

Buntstifte:
- Walnut Brown 177
- Cinnamon 189
- Beige Red 132
- Black 199
- Cobalt Turquoise 153
- Indanthrene Blue 247
- Cold Gray 235
- Raw Umber 180

Copic Ciao Markers:
- Pale Fruit Pink E000
- Warm Gray No.2 W-2
- Pale Blue Gray B60

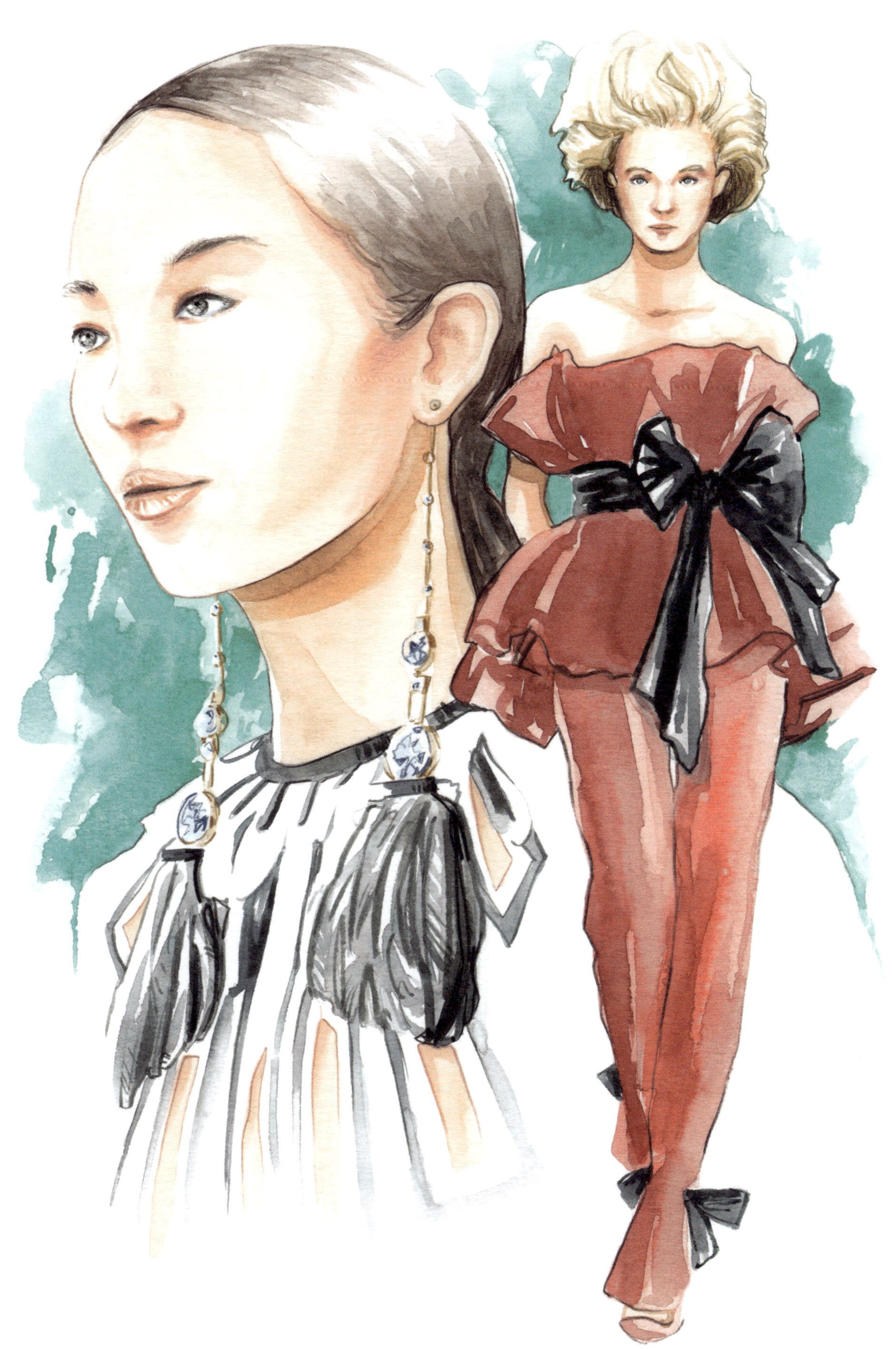

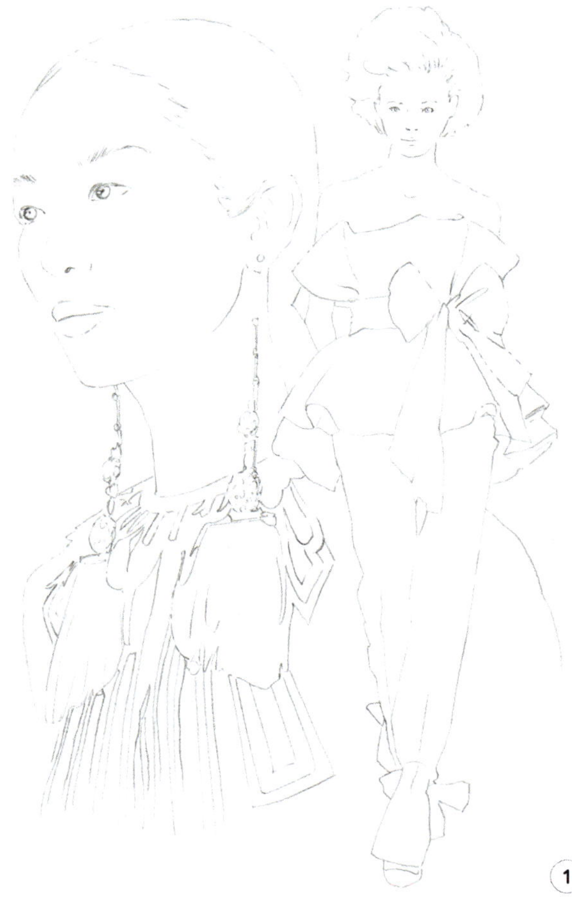

1

1. Wegen der Komplexität dieser Komposition sollte deine erste Bleistiftskizze alle Orientierungspunkte enthalten, die du während des gesamten Malprozesses brauchst. Konzentriere dich insbesondere auf die Ohrringe und die Details auf dem Kleid des linken Models. Vergewissere dich, dass du die komplexe Struktur des Kleides erfasst hast, bevor du an das Hinzufügen von Farbe denkst.

2. Erstelle nun einen Mittelton für die Haut der beiden Figuren, indem du Cadmium Red, Cadmium Yellow und Chinese White mischst. Nimm den Verwaschpinsel für das linke Model: Beginne im dunkelsten Bereich unter dem Kinn und schattiere danach sanft den Rest des Halses und des Gesichts. Male dann mit einem Rundpinsel 0 die kleinen Hautpartien, die durch das Kleid hindurch sichtbar sind.

   Fahre nun mit dem rechten Model fort und male mit dem Rundpinsel 0 vorsichtig das Gesicht, den Körper, den Arm und den kleinen Teil des Fußes, der im Schuh sichtbar ist.

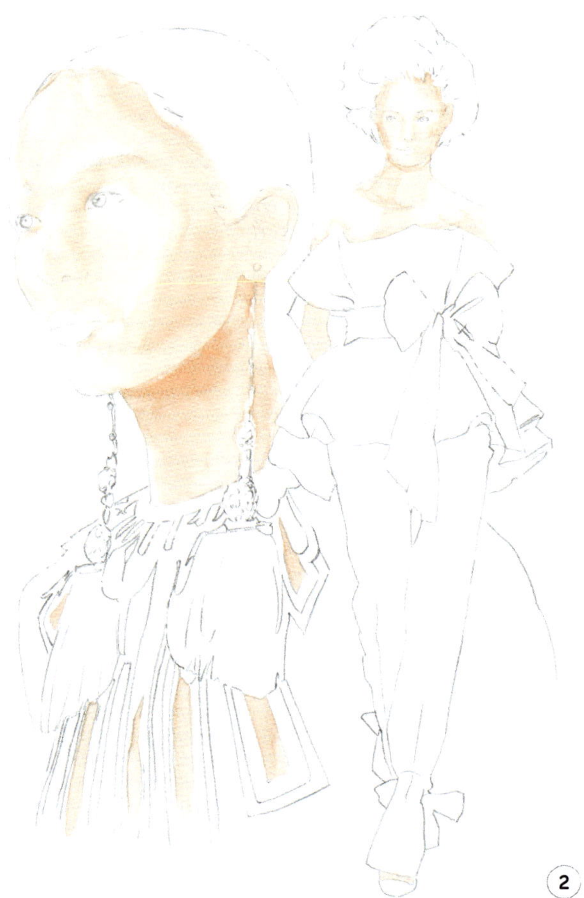

2

Da die Komposition hier sehr artikuliert ist, habe ich ein diffuses Licht gewählt, um alles im Gleichgewicht zu halten, ohne zu viele harte oder dramatische Schatten.

3. Jetzt fügen wir dem Haar etwas Farbe hinzu. Mische etwas Vandyke Brown, Chinese White sowie ein wenig Cobalt Turquoise und Opera Rose, um einen Mittelton für das Haar des Models auf der linken Seite zu schaffen. Trage die Mischung zunächst mit dem Rundpinsel 2 auf, wobei du einige weiße Bereiche als Strähnchen frei lässt, und verwende dann den Rundpinsel 0 für die kleineren Bereiche einschließlich der Augenbrauen.

   Für das andere Model mischst du Yellow Ochre Light mit etwas Chinese White und trägst es mit dem Rundpinsel 0 auf. Fahre mit der gleichen Mischung und demselben Pinsel fort, um die goldenen Teile der Ohrringe des ersten Models hinzuzufügen.

4. In diesem Schritt fügen wir dem Kleid und dem Schuh des rechten Models einen mittleren Farbton hinzu. Mische Cadmium Red mit ein wenig Winsor Red Deep und trage es mit dem Verwaschpinsel auf, wobei du die Spitze des Pinsels für die kleinen Bereiche verwendest.

   Kombiniere nun die Hautmischung aus Schritt 2 (Cadmium Red, Cadmium Yellow und Chinese White) mit etwas von der Mischung, die wir für das Kleid erstellt haben (Cadmium Red mit etwas Winsor Red Deep). Male mit dem Rundpinsel 0 vorsichtig die Lippen des linken Models aus, wobei du wie immer Glanzlichter setzt.

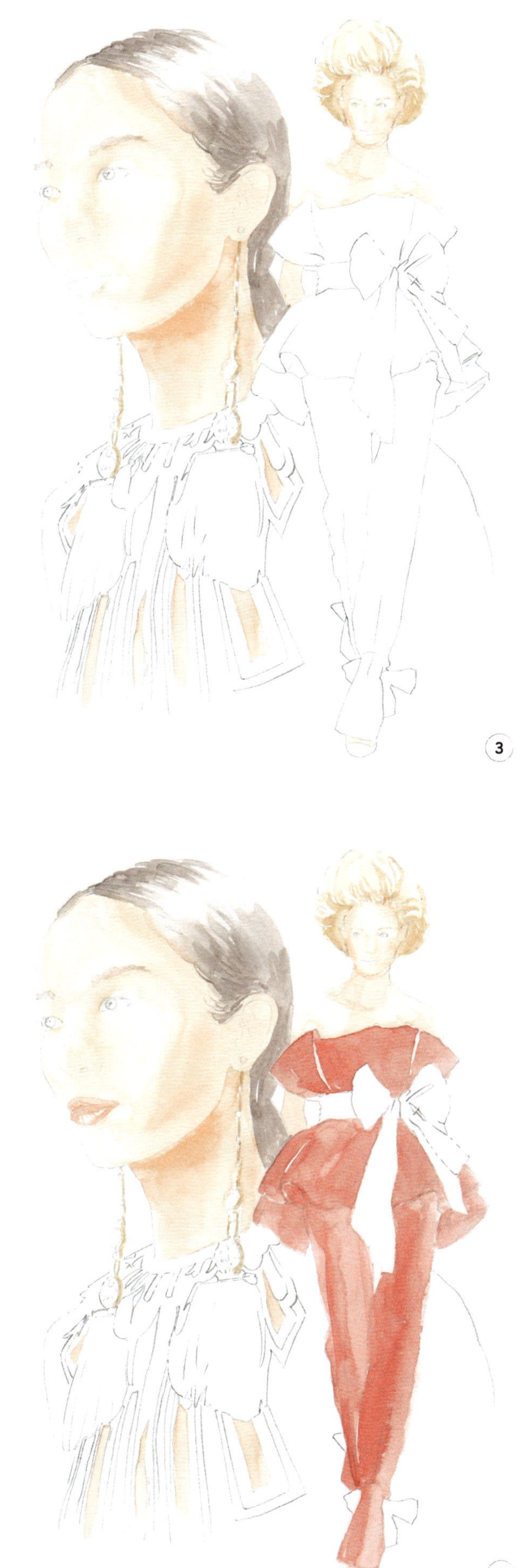

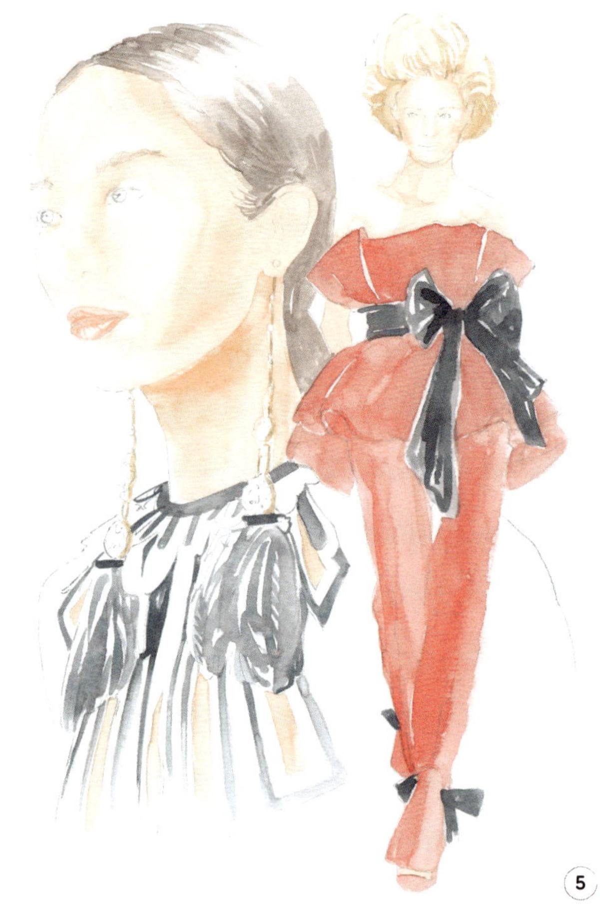

5

5. Für die dunklen Details des Kleides auf der linken Seite mischst du etwas Cobalt Turquoise, Opera Rose und ein wenig Vandyke Brown. Trage diese Mischung mit dem Rundpinsel 0 auf und male die Iris mit der gleichen Mischung. Wechsle zum Verwaschpinsel und füge die unteren, federartigen Teile der Ohrringe hinzu.

   Verwende die gleiche Mischung mit dem Rundpinsel 2, um die Schleifen an der Taille und an den Knöcheln des rechten Models hinzuzufügen.

6. In diesem Schritt fügen wir einen abstrakten Hintergrund in einer schönen Kontrastfarbe hinzu. Mische Cobalt Turquoise mit ein wenig Chinese White und male einige Striche um die Figuren herum, wobei du das Ganze verspielt, aber ausgewogen gestaltest. Verwende den Verwaschpinsel für die freieren Striche und gib der Mischung mehr Wasser hinzu, um die Farbe an einigen Stellen weicher zu machen. Den Rundpinsel 0 verwendest du für kleinere Bereiche wie um den Arm des Models rechts.

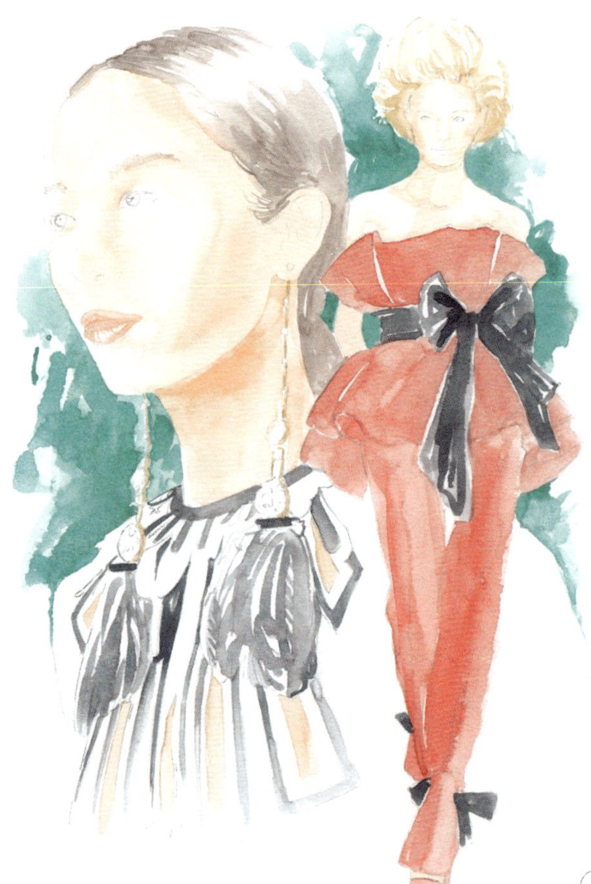

6

Sei sehr vorsichtig, wenn du den Hintergrund neben dem Hals und dem Ohrring des Models auf der linken Seite hinzufügst. Das ist ein empfindlicher Bereich, und du möchtest vermeiden, die Haut und den Ohrring zu berühren, damit alles ausgeglichen bleibt.

7. Nachdem wir nun die erste Farbschicht für fast die gesamte Illustration aufgetragen haben, kannst du alle überflüssigen Bleistiftlinien ausradieren und dich mehr auf die Haut und die Haare der beiden Figuren konzentrieren.

   Beginne damit, der in Schritt 2 erstellten Hauttonmischung (Cadmium Red, Cadmium Yellow und Chinese White) ein wenig Vandyke-Braun hinzuzufügen. Nimm den Verwaschpinsel, um diese Mischung unter dem Kinn des Models auf der linken Seite hinzuzufügen, und wechsle dann zum Rundpinsel 0, um das Gleiche für das Model auf der rechten Seite zu tun. Füge noch einen Schatten auf dem Arm hinzu, der durch das Kleid entsteht. Lass alles trocknen.

8. Um die Haut zu verschönern, verwende den Copic Marker E000 und füge beiden Models weitere dunkle Töne hinzu: unter den Augenbrauen, um die Nasen herum und dann ein wenig auf den Wangen und den Ohren. Vergiss nicht die kleinen Bereiche, die unter dem Kleid des linken Models oder dem Körper des anderen Models auf der rechten Seite sichtbar sind.

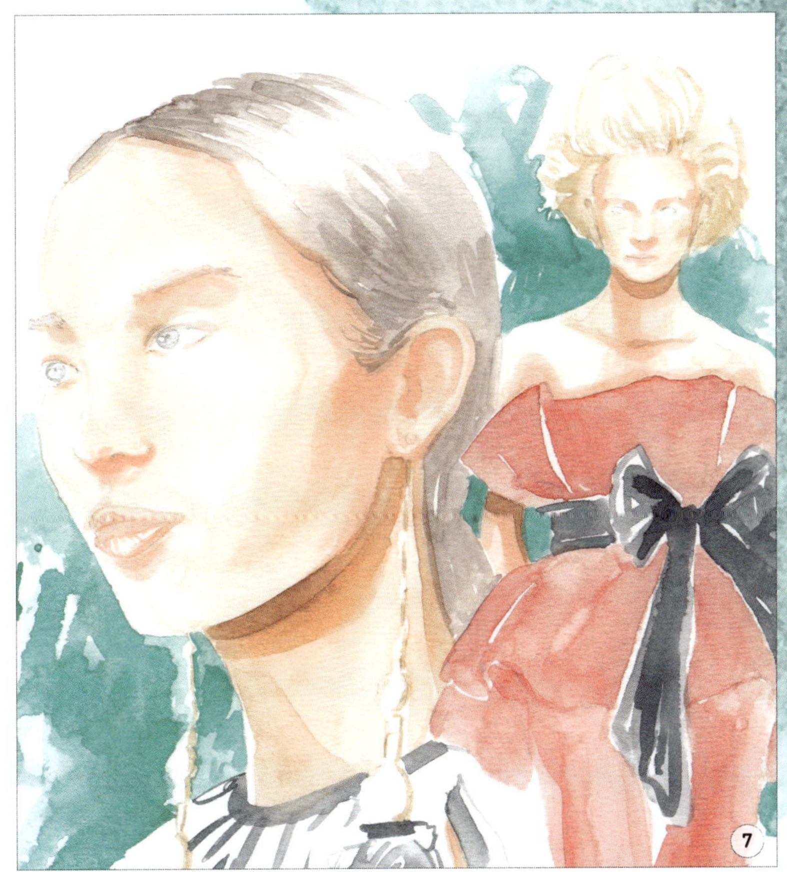

7

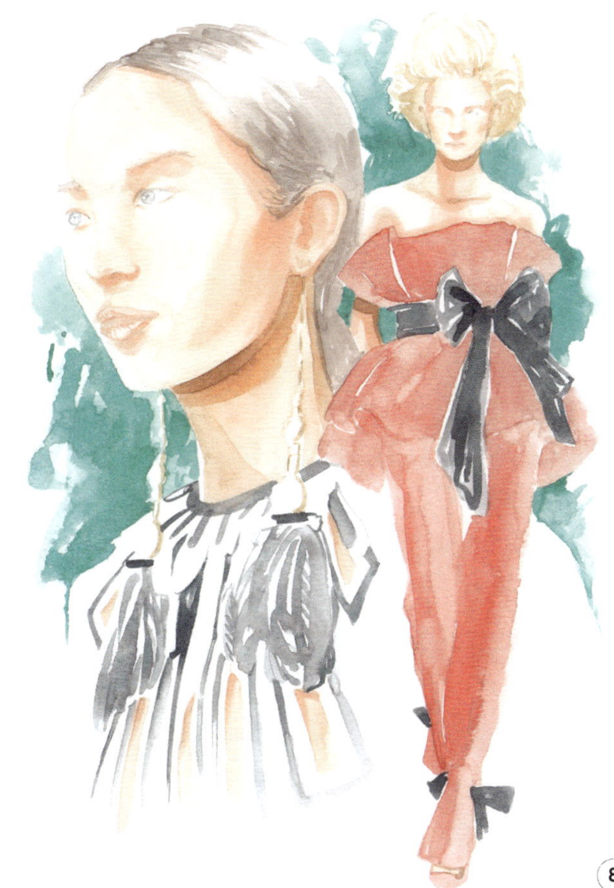

8

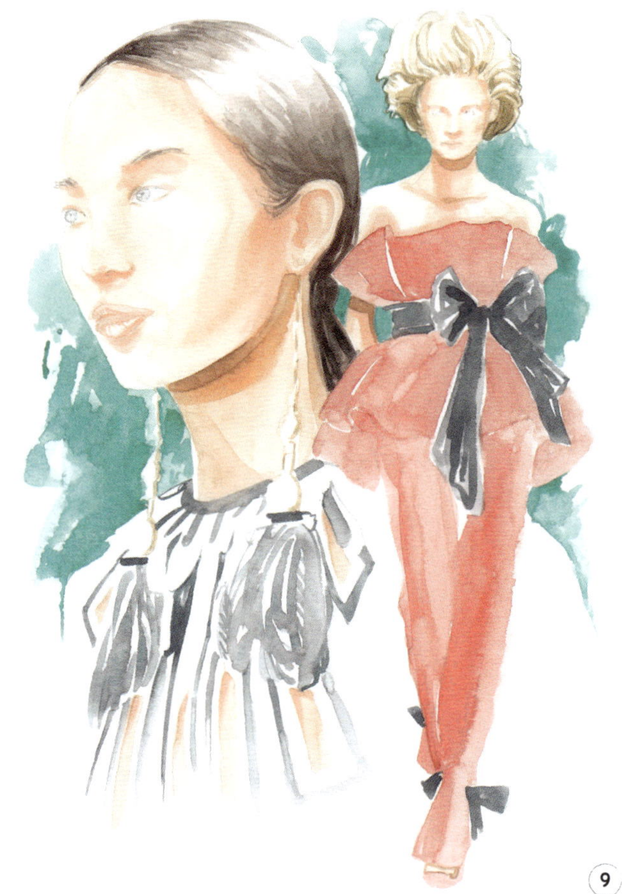

9

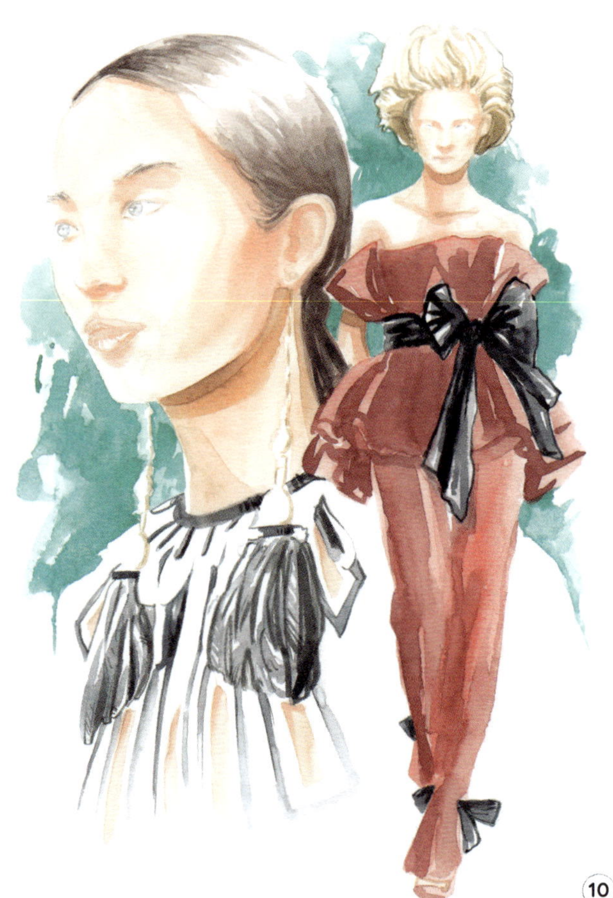

10

9. In diesem Schritt konzentrieren wir uns auf die Haare der beiden Models. Verwende etwas Vandyke Brown, um dem Haar des linken Models einige Schatten hinzuzufügen. Nimm den Rundpinsel 2 für den unteren Bereich neben dem Hals und den Ohren und wechsle zum Rundpinsel 0 für den oberen Teil des Kopfes.

Fahre mit dem Rundpinsel 0 fort, um dem Haar des zweiten Models eine Mischung aus Yellow Ochre Light und ein wenig Vandyke Brown hinzuzufügen. Konturiere auch die voluminöse Frisur ein wenig.

10. Mische nun etwas Winsor Red Deep mit etwas Vandyke Brown und verwende den Verwaschpinsel, um dunkle Töne in die Haare des zweiten Models zu bringen. Mische Indigo und Vandyke Brown, um einen schönen natürlichen Schwarzton zu erhalten, und trage diesen auf die Schleifen an der Taille und um die Knöchel am Kleid auf. Verwende dazu den Rundpinsel 2 und wechsle bei Bedarf zum Rundpinsel 0, um kleinere, präzisere Striche zu erzielen.

Trage die gleiche Schwarzmischung auf die Federohrringe des ersten Models auf, wiederum abwechselnd mit den Rundpinseln 2 und 0. Zum Schluss definierst du die Details ihres Kleides mit dem Rundpinsel 0.

11. Jetzt fügen wir dem Model auf der linken Seite den letzten Schliff hinzu. Verwende den Copic Marker B60, um einen weichen, dünnen Schatten auf der Sklera beider Augen zu zeichnen, und zwar direkt unter den Oberlidern. Umreiße die oberen Augenlider mit dem Copic Marker W-2 und verwende einen walnussbraunen Stift, um das obere Augenlid darzustellen. Füge die Pupille hinzu und wechsle zum schwarzen Stift, um ihr mehr Ton zu geben.

Nimm die Buntstifte Cinnamon und Beige Red, um die Bereiche um die Augen, unter den Augenbrauen, die Nasenlöcher und das Ohr zu verdunkeln. Mit dem Cinnamon-Stift definierst du sanft die linke Gesichtshälfte, fügst den Lippen einige dunkle Töne hinzu und konturierst die Ausschnitte des Kleides, wo die Haut durchscheint.

Wechsle wieder zum Walnut-Brown-Stift, um den Augenbrauen einige Striche hinzuzufügen, eine feine Linie zwischen den Lippen zu ziehen und dem Nasenloch mehr Plastizität zu verleihen.

Bei den Ohrringen verwendest du den Copic Marker B60, um den Steinen einen Ton zu geben. Mit dem Indanthrene-Blue-Stift verfeinerst du sie weiter, indem du die reflektierende Oberfläche imitierst. Nimm dann den Raw-Umber-Stift, um den goldenen Teilen einige dunkle Töne hinzuzufügen und sie ihrerseits zu verfeinern.

Um die Schultern herum malst du mit dem Cold-Gray-Stift eine zarte Linie.

12. Zur Vervollständigung dieser Illustration konzentrieren wir uns auf das zweite Model. Zeichne mit dem Cobalt-Turquoise-Stift die Pupillen sanft ein und wechsle dann zum Walnut-Brown-Stift, um den Rest der Augen zu definieren. Füge mit demselben Stift einige dunkle Töne für das Haar, eine feine Linie zwischen den Lippen und eine Kontur für die Schultern und das Kleid hinzu, wo etwas Definition erforderlich ist.

Verwende die Stifte Cinnamon und Beige Red, um die Lippen zu ergänzen und der Haut einige dunkle Töne zu geben – fertig!

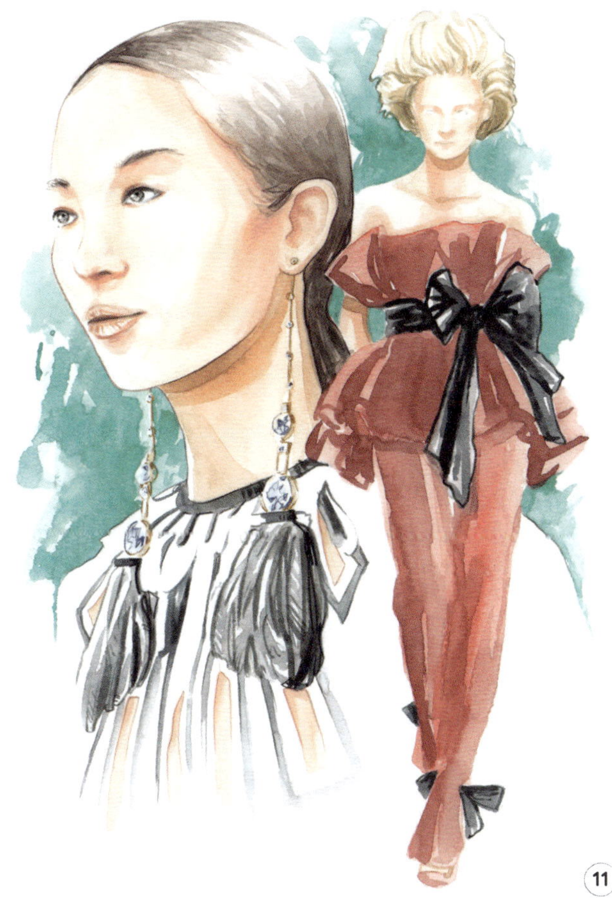

11

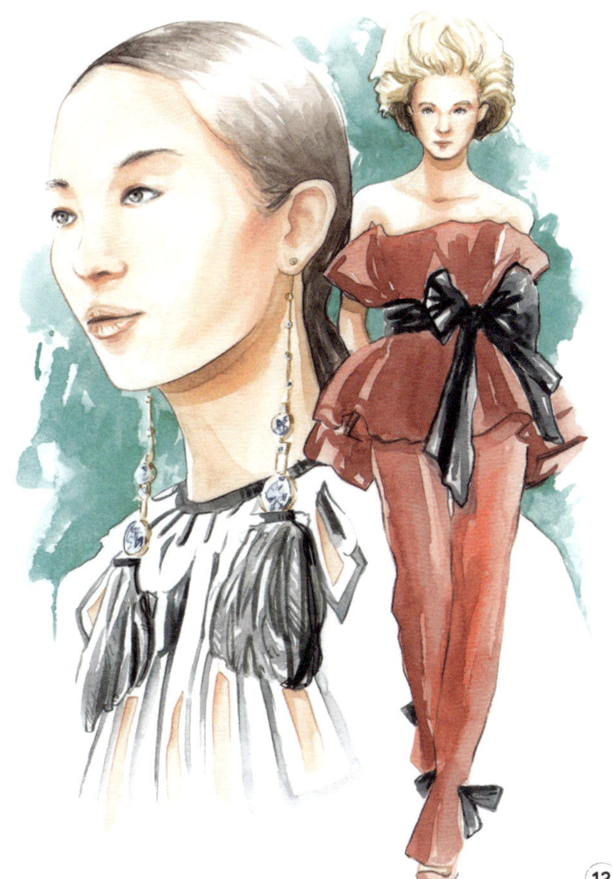

12

Editorial mit Hintergrund

NIVEAU: HOCH

MARKE: COMME DES GARÇONS + EYTYS PHOENIX + ISSEY MIYAKE

In unserem letzten Tutorial wollen wir eine Figur in eine Umgebung stellen. Bisher haben wir mit weißen oder abstrakten Hintergründen gearbeitet, aber das Hinzufügen einer Szenerie verleiht noch mehr Tiefe. So bekommt dein Bild einen redaktionellen Charakter, wie auf den Seiten eines Modemagazins. Unsere Szene hier ist ein Blick von der Themse aus, mit Londons ikonischem Wolkenkratzer The Shard im Hintergrund.

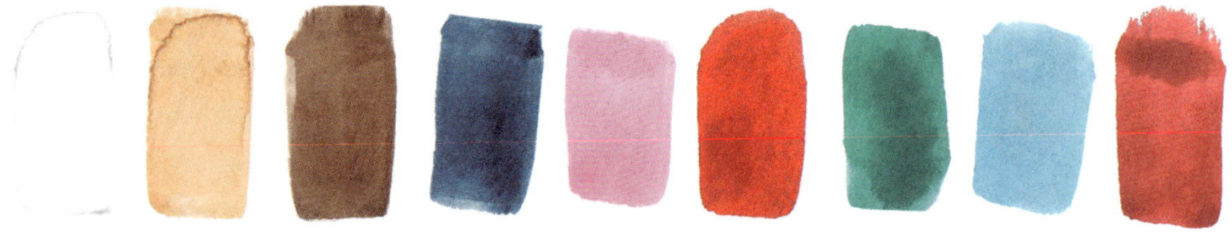

MATERIALIEN

Unverzichtbar:
- Feiner Bleistift
- Klebeband
- Radiergummi

Papier:
- Aquarellpapier DIN A4, 300 g

Pinsel:
- Verwaschpinsel Größe 2
- Rundpinsel synthetisch Größe 0
- Rundpinsel synthetisch Größe 1
- Rundpinsel synthetisch Größe 2

Farben:
- Chinese White
- Yellow Ochre Light
- Vandyke Brown
- Indigo
- Opera Rose
- Cadmium Red
- Cobalt Turquoise
- Cerulean Blue
- Winsor Red Deep

Bleistifte
- Walnut Brown 177
- Venetian Red 190
- Black 199
- Cold Gray 235

Copic Ciao Marker:
- Soft Sun E21

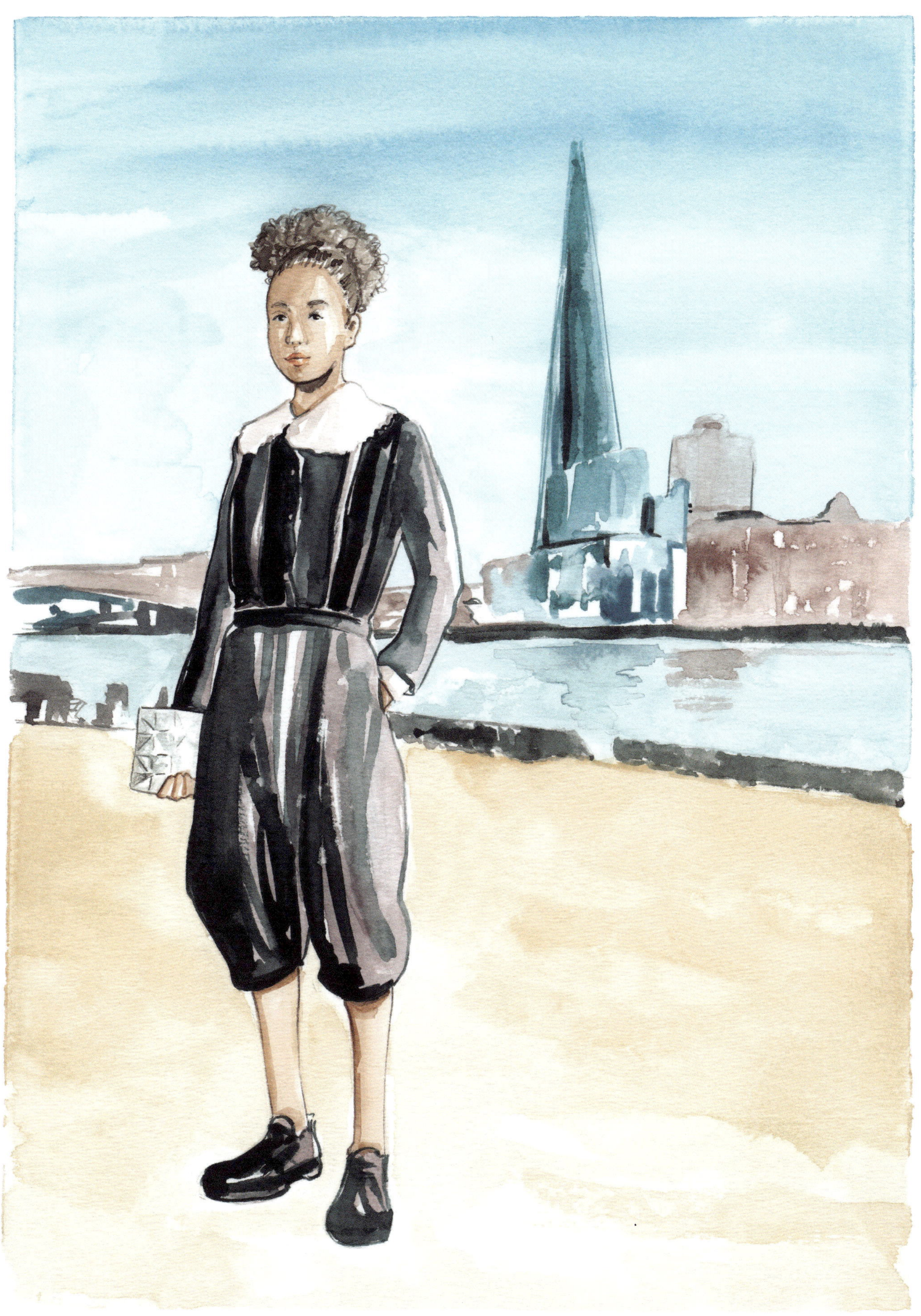

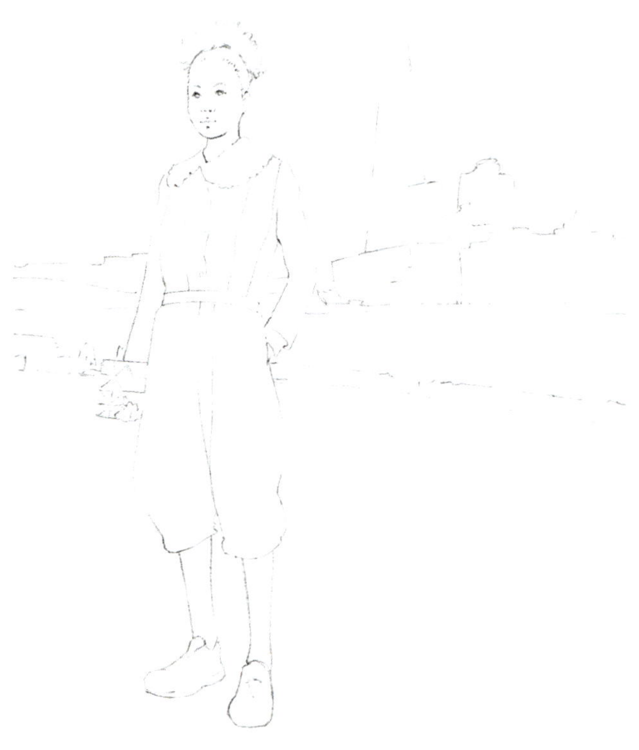

1

1. Mit der ersten Bleistiftskizze solltest du die Figur erfassen, aber den Hintergrund recht hell halten. Auch wenn wir eine Szenerie hinzufügen wollen, sollten die Figur und die Kleidungsstücke immer im Mittelpunkt unseres Illustration stehen.

2. Jetzt können wir mit dem Hintergrund beginnen und gleich die erste Ebene aufbauen. Klebe zunächst die Ränder mit Papierklebeband ab (siehe Tipp). Mische etwas Cerulean Blue mit Chinese White und beginne damit, den Himmel oben auf dem Papier zu lavieren (siehe S. 14: Lasieren und Lavieren). Nähere dich der Figur vorsichtig, besonders im Bereich des Gesichts und des Kragens. Anderenfalls füllst du den gesamten Raum und deckst den größten Teil der Gebäude ab – auf diese Weise erhältst du das gleichmäßigste Ergebnis, und wir werden später dunklere Farben darüber verwenden. Gib nun eine winzige Menge Vandyke Brown zu deiner Mischung und male den Fluss ein. Verwende Yellow Ochre Light auf dem unteren Teil des Papiers für den Sand. Für diesen Schritt habe ich den Verwaschpinsel verwendet, um eine weiche Struktur und eine gleichmäßige Farbe zu erhalten.

   Sobald die Farbe vollständig getrocknet ist, entfernst du das Klebeband vom Papier. Löse es sehr vorsichtig ab, um keinen Schaden anzurichten.

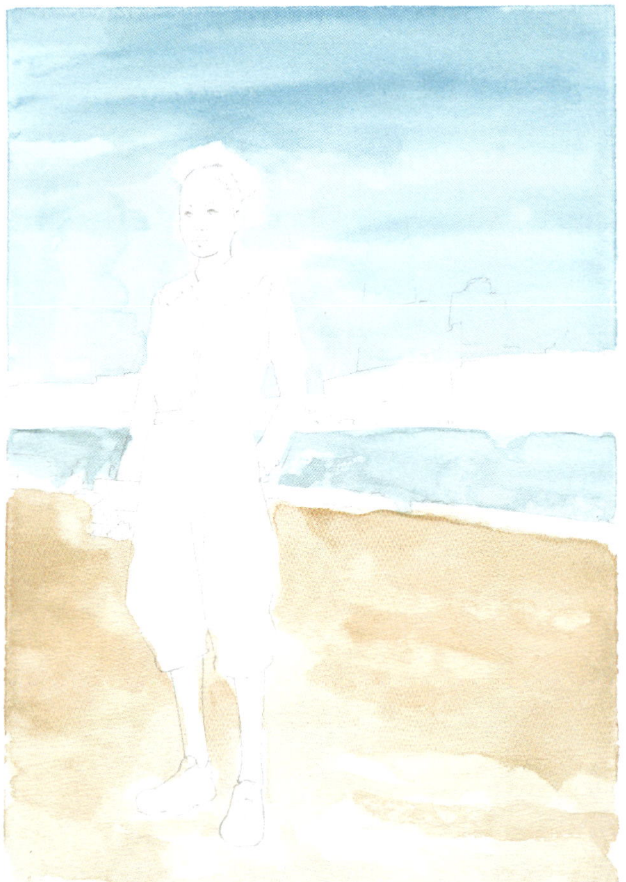

2

Klebe die Ränder des Aquarellpapiers mit Papierklebeband (z.B. Tesakrepp, das sich rückstandslos entfernen lässt) ab, bevor du die Hintergrundfarben hinzufügst. So erhältst du saubere, gerade Linien an den Rändern der Illustration.

3. Nun geht es um die erste Schicht für Haut und Haare. Für den Hautton mischst du Yellow Ochre Light, Cadmium Red und Vandyke Brown. Trage diese Mischung mit einem Rundpinsel 0 auf das Gesicht und die Hände auf, für die Beine nimmst du den Rundpinsel 1. Für die Haare verdünnst du etwas Vandyke Brown und trägst es mit dem Rundpinsel 0 auf.

4. Beginnen wir mit der Kleidung. Dazu mischst du etwas Opera Rose, Vandyke Brown und Chinese White. Verwende nun den Rundpinsel 0, um den weißen Kragen und die Hemdmanschette ein wenig zu umreißen und auch einige Farbtöne hinzuzufügen.

   Mische dann etwas Winsor Red Deep und Cobalt Turquoise, um einen violetten Farbton zu erhalten, und verwende diesen auf der Kleidung und den Schuhen als Mittelton. Falls nötig, wechselst du zwischen den Rundpinseln 1 und 2.

   Nimm ordentlich Wasser für eine Mischung aus Indigo und Vandyke Brown, um einen hellen Grauton zu erhalten, und trage diesen mit dem Rundpinsel 0 auf die Handtasche auf.

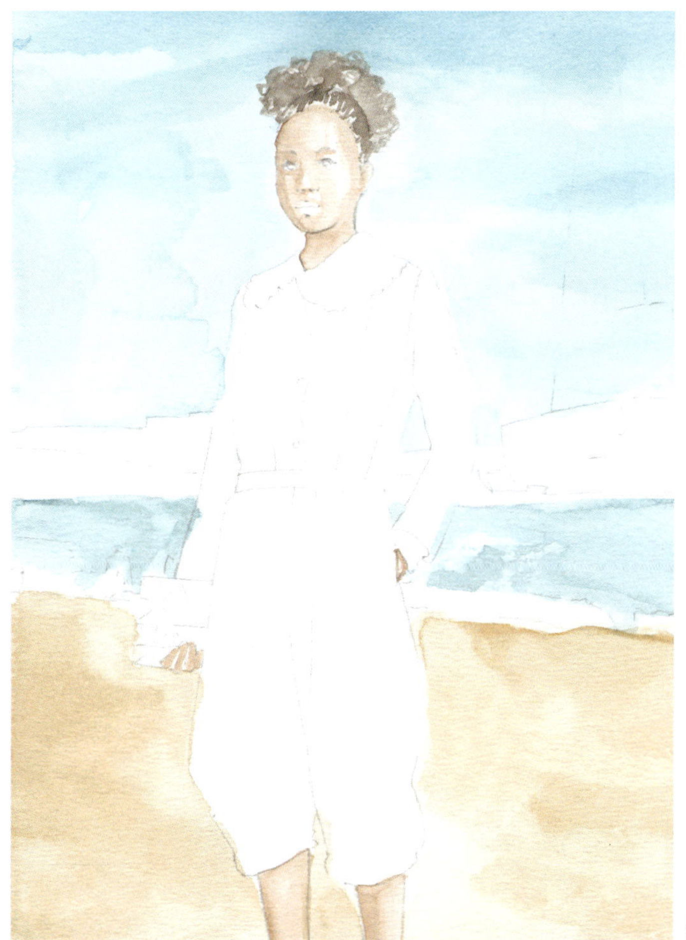

3

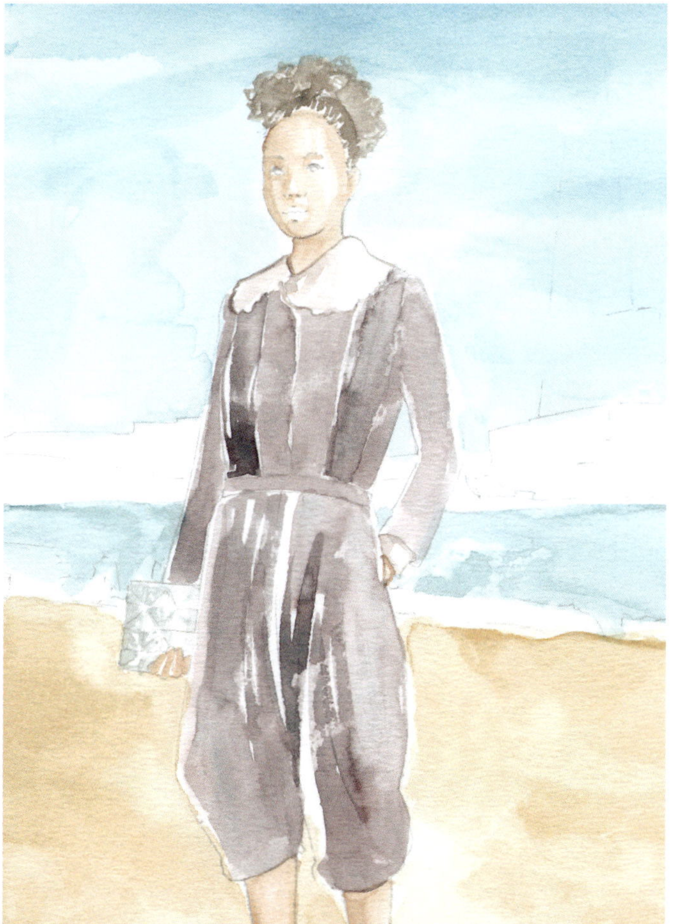

4

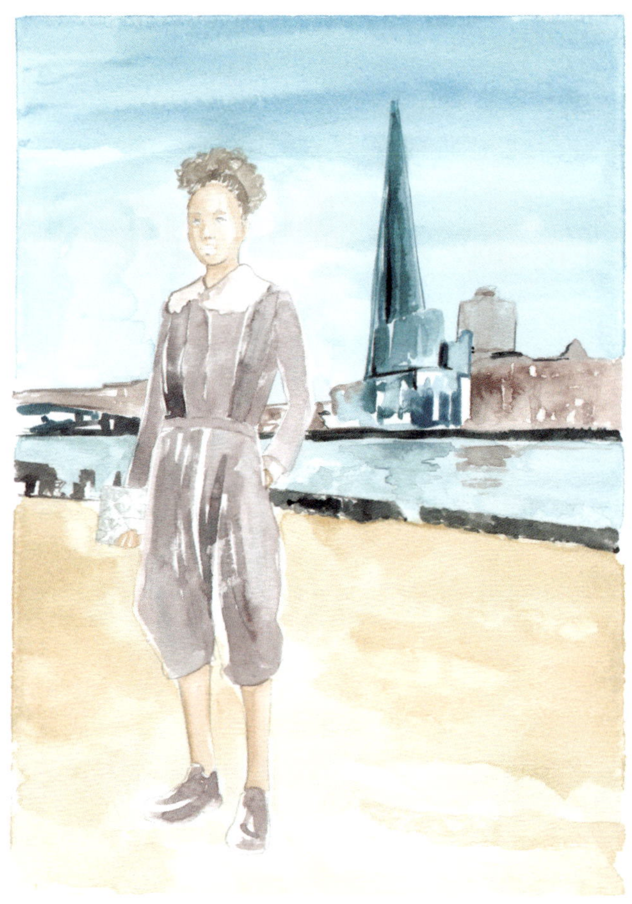

5

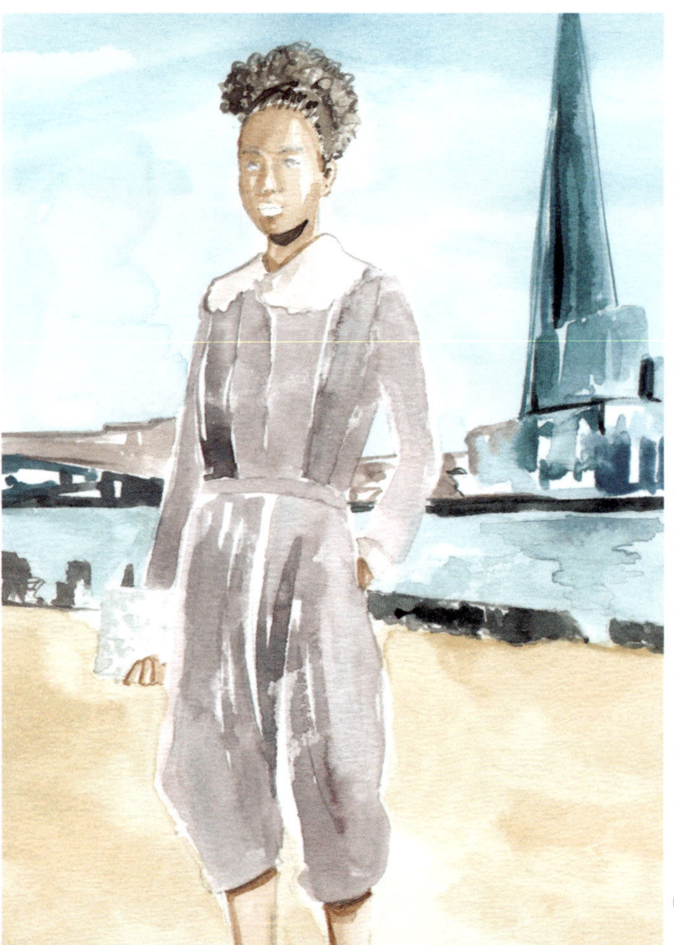

6

5. Jetzt kehren wir zum Hintergrund zurück, um die Gebäude zu malen. Bemühe dich um einen fast impressionistischen Eindruck, ohne allzu viele Details, damit der Fokus auf dem Model bleibt. Wir verwenden blaue, braune und schwarze Farbtöne, um alles homogen zu halten. Füge den Flussufern einige dunklere Töne hinzu und male, um ein noch realistischeres Gefühl zu vermitteln, auch einige Spiegelungen der Gebäude im Wasser. Wechsle auch bei diesem Schritt je nach Bedarf zwischen den Rundpinseln 0 und 1.

6. Radiere alle verbleibenden Bleistiftlinien weg und konzentriere dich nun wieder auf die Figur, um deren Haut einige dunkle Töne hinzuzufügen. Verwende dazu die Mischung aus Schritt 3 (Yellow Ochre Light, Cadmium Red und Vandyke Brown) sowie den Rundpinsel 0.

Gib etwas Vandyke Brown dazu, um den Haaren dunkle Töne zu verleihen und einen ausgeprägteren Schatten unter dem Kinn und am Ohr hinzuzufügen.

7. Kombiniere Vandyke Brown und Indigo und trage diese Mischung mit den Rundpinseln 0, 1 oder 2 auf die Kleidungsstücke und Schuhe auf, je nach Größe der Fläche. Male über dem Stoff, um Volumen zu schaffen und die Falten nachzubilden. Füge bei Bedarf mit dem Rundpinsel 0 sanfte Konturen hinzu.

8. Im letzten Schritt konzentrieren wir uns auf einige Details. Verwende den Copic Marker E21, um die Lippen zu zeichnen, und füge mit dem Stift Venetian Red noch einige kleine Schattierungen hinzu.

   Verwende den walnussbraunen Stift, um das Gesicht, den Hals, die Hände und die Beine zu definieren. Zeichne mit demselben Stift die Augenbrauen. Füge weitere Haare hinzu und ziehe eine feine Linie zwischen den Lippen.

   Zum Zeichnen der Augen ist ein schwarzer Stift die beste Wahl.

   Zur Vervollständigung deiner Illustration nimmst du den Cold-Gray-Stift, um die Handtasche zu definieren und letzte Details hinzuzufügen.

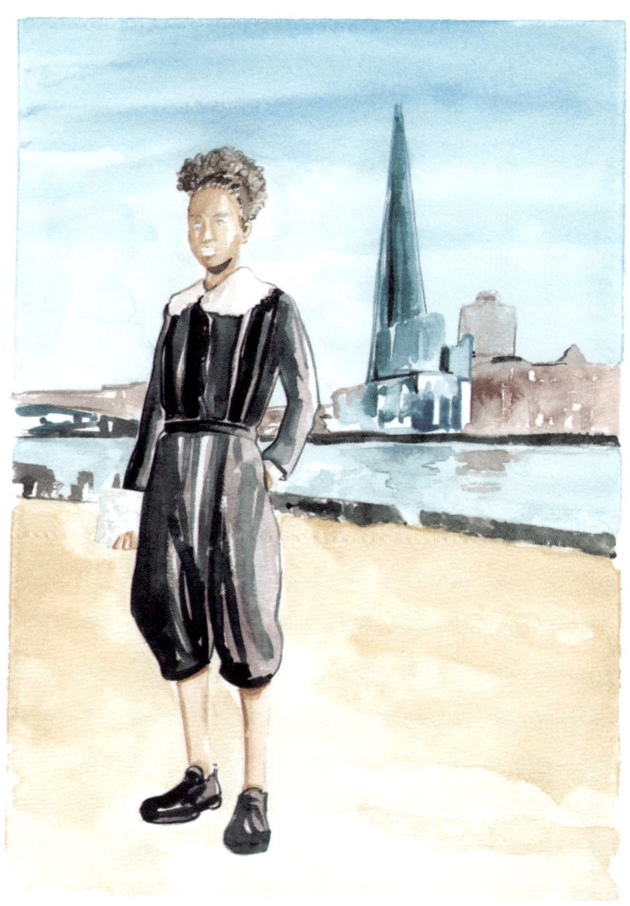

7

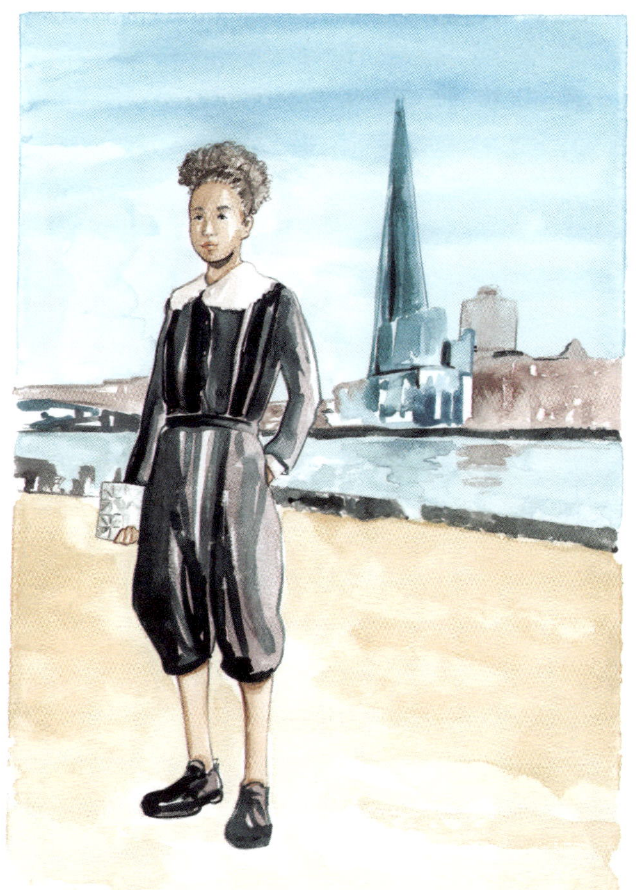

8

»READY FOR BUSINESS«

In diesem Kapitel werden wir uns jene Aspekte der Modeillustration etwas genauer ansehen, die für eine erfolgreiche Karriere wichtig sind. In einer zunehmend digitalen Welt ist es von entscheidender Bedeutung, dass du digitale Dateien deiner Arbeit erstellen kannst. Daher befassen wir uns zunächst mit der Digitalisierung deiner Illustrationen, um sie online zu veröffentlichen, ein digitales Portfolio und Kundenpräsentationen erstellen zu können sowie vieles andere mehr. Außerdem geht es darum, wie du deine Dateien in gemischten Medien verwenden kanns. Zuletzt werde ich auch noch ein bisschen was über mein Live-Zeichnen erzählen.

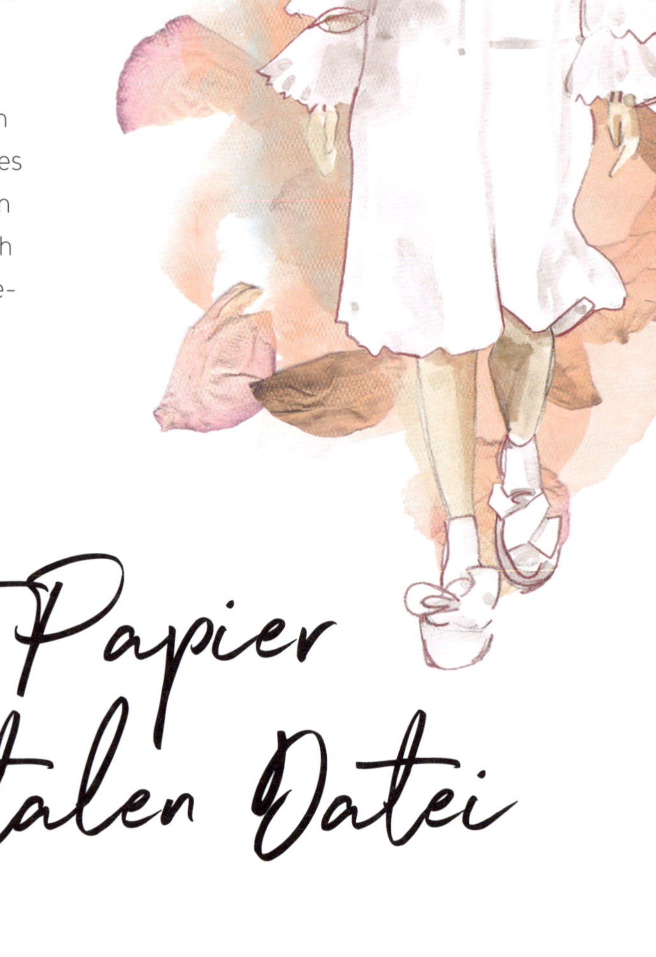

Vom Blatt Papier zur digitalen Datei

Für professionelle Illustrator:innen ist es wichtig, dass sie ihre Arbeiten optimal präsentieren können – idealerweise in digitaler Form. Für diese Präsentation ist die Bearbeitung in Photoshop ein wichtiges Instrument. Das betrachten wir im Folgenden etwas genauer.

SCANNEN

Auch wenn ich manchmal einfach mein Handy benutze, um Bilder in den sozialen Netzwerken zu posten, ist die beste Möglichkeit, Illustrationen in eine digitale Form zu bringen, ein Scanner. Die heutigen Scanner sind recht erschwinglich, und die Anschaffung eines solchen Geräts ist eine lohnende Investition. In der Regel genügt ein A4-Scanner – wenn du mit größeren Formaten arbeitest, unterteile deine Arbeit in mehrere Scans und füge sie im Photoshop, einem Programm von Adobe, zusammen. Die Auflösung deiner Scans sollte immer 300 dpi (dots per inch/Bildpunkte per Zoll) betragen. Das reicht für die meisten professionellen Anwendungen aus, aber im Zweifelsfall solltest mit deinen Kunden Rücksprache halten. Denke daran, deinen Scanner sauber zu halten, ohne Staub oder Flecken auf der Oberfläche.

BEARBEITUNG IM PHOTOSHOP

Sobald du deine Illustration digitalisiert hast, musst du sie im Photoshop bearbeiten und abspeichern. Auf alle Möglichkeiten einzugehen, die du mit diesem Programm hast, würde den Rahmen dieses Buches sprengen. Deshalb beschränke ich mich an dieser Stelle auf diejenigen Tools, die mir in meiner täglichen Arbeit eine wertvolle Hilfe sind.

Organisiere zunächst deinen Arbeitsbereich (Fenster > Arbeitsbereich, um einige Vorlagen zu erhalten) und lass nur diejenigen Fenster offen, die du am häufigsten verwendest. Bei mir sind das die Fenster Ebenen und Verlauf. Außerdem ziehe ich Farbfelder der Farbpalette vor, da ich sie praktischer finde (siehe die Abb. »Mein bevorzugter Arbeitsbereich«).

Als Nächstes öffnest du deine gescannte Datei, um den Weißgrad des Papiers anzupassen. Aquarellpapier ist oft nicht perfekt weiß. Manche ziehen es vor, den leicht gelben Farbton des Papiers nach der Digitalisierung beizubehalten, aber ich möchte das gern so weiß wie möglich haben. Am einfachsten geht das mit der Option Gradationskurven (Curves). Dazu drückst du einfach die Tastenkombination »Strg+M«. Verwende die Pipette, um den weißesten Punkt deiner Illustration abzutasten (siehe die Abb. »Die Option Gradationskurven«). Wenn du an einer Schwarz-Weiß-Illustration arbeitest, kannst du auch den schwärzesten Punkt abtasten. Manchmal ist diese Funktion zu stark, dann nimmst du besser weitere Optionen wie Helligkeit/Kontrast hinzu. Wenn du mehr darüber wissen willst, siehst du dir am besten ein Video auf Youtube dazu an (einfach die Suchbegriffe »bildbearbeitung #gradationskurven« eingeben).

Eine frisch gescannte Datei sieht im Vergleich zum Original vielleicht etwas flau aus, aber ein wenig mehr Kontrast und etwas weniger Helligkeit sind in der Regel alles, was du brauchst, um sie wieder in ihrem ursprünglichen Glanz erstrahlen zu lassen.

Eine weitere nützliche Funktion ist die Farbbalance (Tastenkombination »Strg+B«. Durch das Verschieben der Zeiger kannst du hier den Farbeindruck deiner Illustration anpassen (siehe die Abb. »Die Option Farbbalance«). Diese Funktion ist nützlich, um eine Farbe zu korrigieren, die sich nicht richtig anfühlt, oder um den Lichteinfall zu verstärken, etwa durch einen Hauch von Gelb. Damit ersetzt du die Farben nicht, sondern passt sie nur leicht an. Mit dem Auswahlwerkzeug kannst du diese Bearbeitung auf bestimmte Bereiche deiner Arbeit anwenden. Aktiviere bei allen Funktionen das Kontrollkästchen »Vorschau«, um die Ergebnisse zu sehen, bevor du dich festlegst.

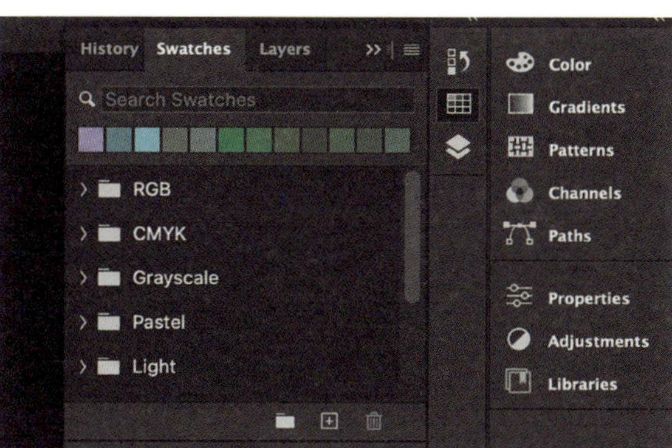

Mein bevorzugter Arbeitsbereich

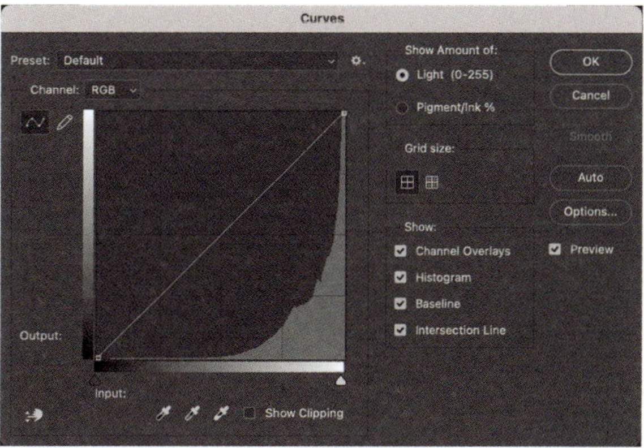

Die Option Graduationskurven (Curves)

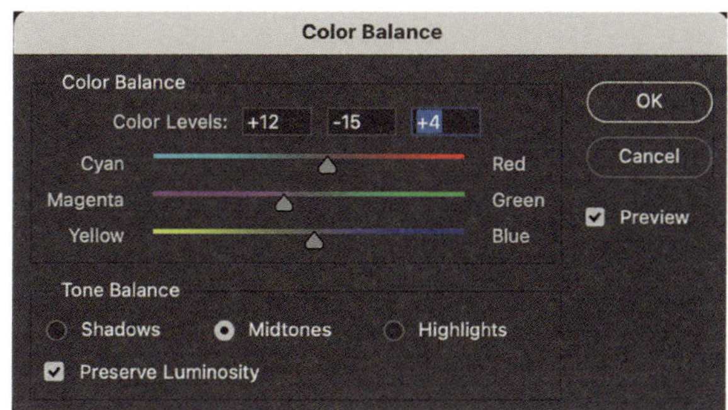

Die Option Farbbalance (Color Balance)

VERWENDUNG DER WERKZEUGPALETTE

Auf der linken Seite deines Arbeitsbereiches findest du die Werkzeugpalette, die zusätzliche Tools enthält, die dir bei der Bildbearbeitung hilfreich sein können. Fahre einfach mit der Maus über jedes Werkzeug, um seinen Namen und eine kurze Beschreibung zu sehen. Hier sind die Werkzeuge, die ich am häufigsten verwende:

- **Radiergummi:** Nachdem du die Helligkeit und den Kontrast deiner Illustration eingestellt hast, kann das Radiergummi-Werkzeug hilfreich sein – vor allem, wenn du wie ich in der Regel viele weiße Bereiche in deinen Arbeiten hast. Mit diesem Werkzeug kannst du alle Markierungen oder Flecken auf deiner Illustration entfernen.

- **Bereichsreparatur-Pinsel** zum Ausbessern von Flecken: Im Gegensatz zum Radiergummi-Werkzeug, das mit einer weißen Fläche arbeitet, werden mit diesem Tool Pixel aus der Umgebung eines Fehlers ausgewählt und dann zusammengefügt, um den Fehler zu »reparieren«. Das ist besonders effektiv, wenn du einen Fleck in einem Bereich ausbessern möchtest, der bunt und nuancenreich ist. So kannst du den Makel zu entfernen und alles sauber halten.

- **Weichzeichner:** Mit diesem praktischen Werkzeug kannst du Bereiche, die du als zu hart empfindest, glätten und weichzeichnen.

- **Abwedler/Nachbelichter/Schwamm:** Diese drei Tools findest du auf derselben Registerkarte (s. Abb. oben), die Auswahl erfolgt über einen rechten Mausklick. Abwedeln und Nachbelichten funktioniert so ähnlich wie Helligkeit/Kontrast, aber hier wählst du die Bereiche aus, die du aufhellen oder abdunkeln möchtest. Mit dem Schwamm-Werkzeug bearbeitest du die Sättigung eines ausgewählten Bereichs – wenn du das Gefühl hast, dass einige Bereiche deiner Illustration übersättigt sind, ist dies das richtige Werkzeug für dich.

In der Optionsleiste lassen sich die Einstellungen vieler Werkzeuge anpassen. So kannst du zum Beispiel die Größe des Radiergummis auf klein einstellen (s. Abb. unten), um damit so präzise wie möglich zu arbeiten.

Es gibt noch viele weitere interessante Werkzeuge für die Bildbearbeitung – auf alle einzugehen, würde den Rahmen dieses Buches sprengen. Am besten experimentierst du selbst ein bisschen herum und suchst dir auf Youtube Anleitungen dazu, wenn du über etwas noch mehr Informationen haben möchtest.

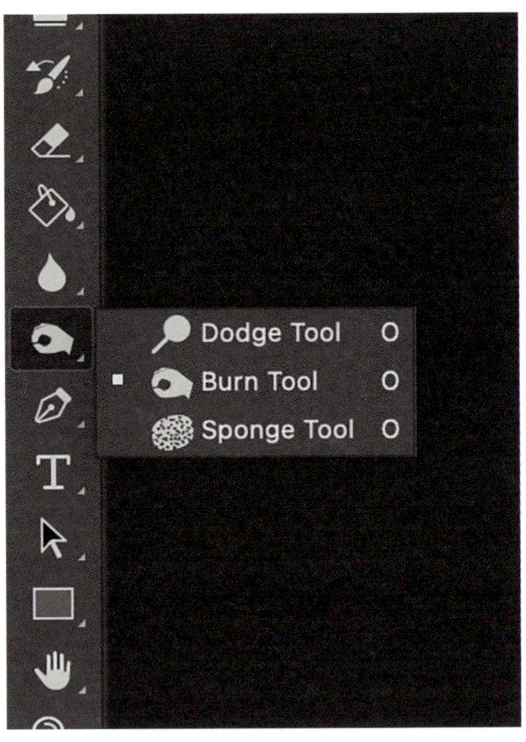

Werkzeuge (Tools): Abwedler (Dodge), Nachbelichter (Burn), Schwamm (Sponge)

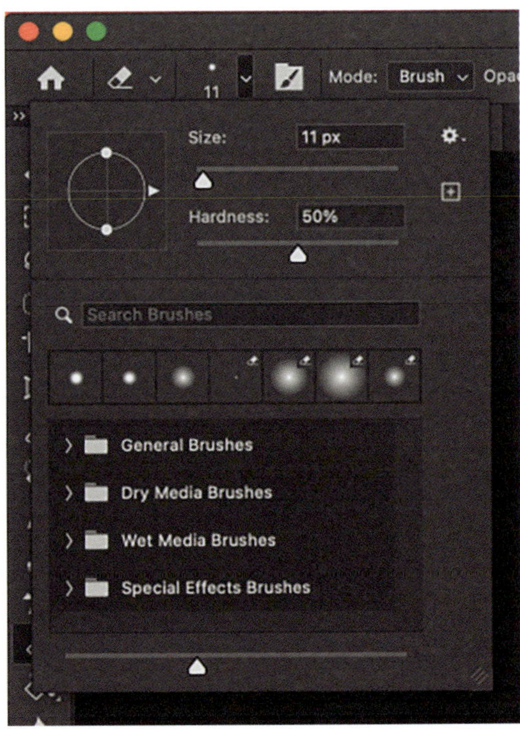

Größe des Radiergummis anpassen

ALLES ZUSAMMENFÜGEN

An der Beispiel-Illustration unten erkennst du die Vorteile einer kleinen Bildbearbeitung. Ich habe mit der Option Gradationskurven die Qualität des gescannten Bildes dem Original angeglichen und danach alle Flecken bereinigt. Außerdem dunkelte ich mit dem Abwedler einige Bereiche ab, z. B. die Innenseite des Rocks am unteren Rand der Illustration, um mehr Kontrast zu erzeugen und so eine bessere Balance der ganzen Illustration herzustellen.

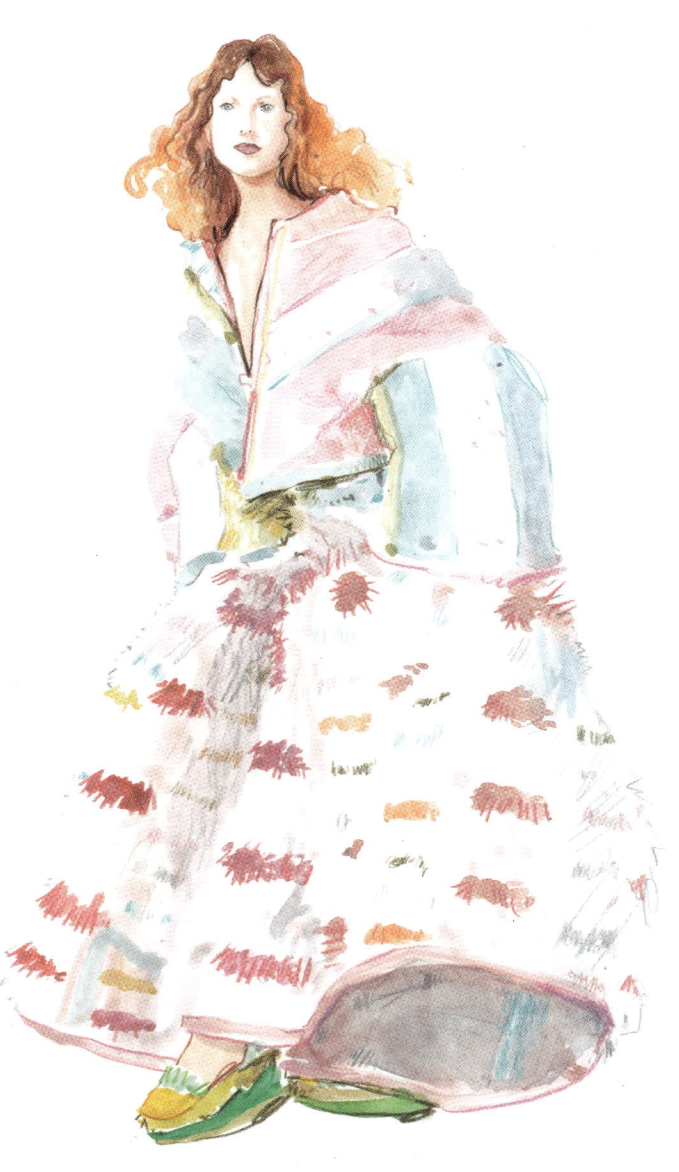

Vorher

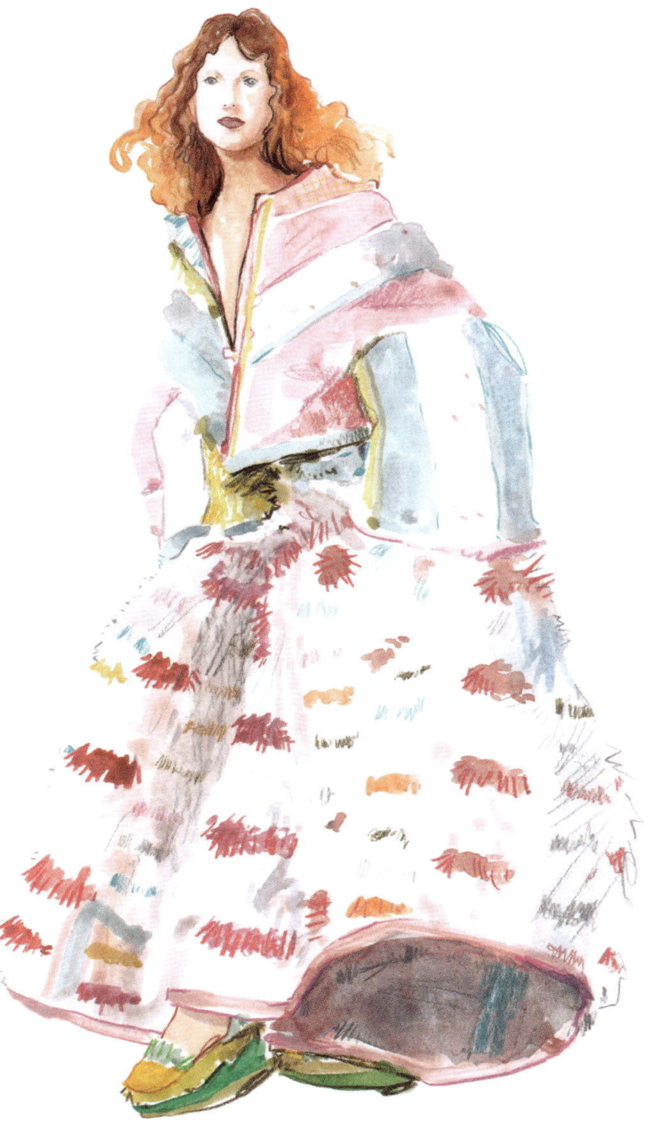

Nach

Mischtechnik

In diesem Buch habe ich wohl kein Geheimnis aus meiner Liebe zu den Wasserfarben gemacht. Aber obwohl Aquarell bei Weitem meine Lieblingstechnik ist, habe ich Freude daran gefunden, Techniken zu mischen und neue auszuprobieren. Die Ergebnisse können ungewöhnlich und überraschend sein, aber sie haben mir geholfen, zu experimentieren und neue Ziele zu erreichen. In der Modeillustration, wie auch in der Kunst im Allgemeinen, sollten wir nie aufhören zu lernen und zu erforschen, denn dadurch bleibt unsere Arbeit frisch und aufregend. Nutzen wir also alle Werkzeuge und Techniken, die uns zur Verfügung stehen, und verlassen wir unsere Komfortzone, so oft wir können!

ACRYLFARBEN

Acryl ist ein sehr anpassungsfähiges Medium. Es ist wasserlöslich, wird aber nach dem Trocknen wasserbeständig, sodass es schnelles Arbeiten erfordert. Nach dem Trocknen hat es in der Regel einen matten Farbton, der Ähnlichkeiten mit Techniken wie Ölmalerei oder Aquarell aufweist. In diesen Illustrationen unten habe ich hauptsächlich Acryl auf dem Hintergrund verwendet, um dem Bild mehr Ausdruck zu verleihen und einen Kontrast zur Zartheit der Wasserfarbe zu schaffen.

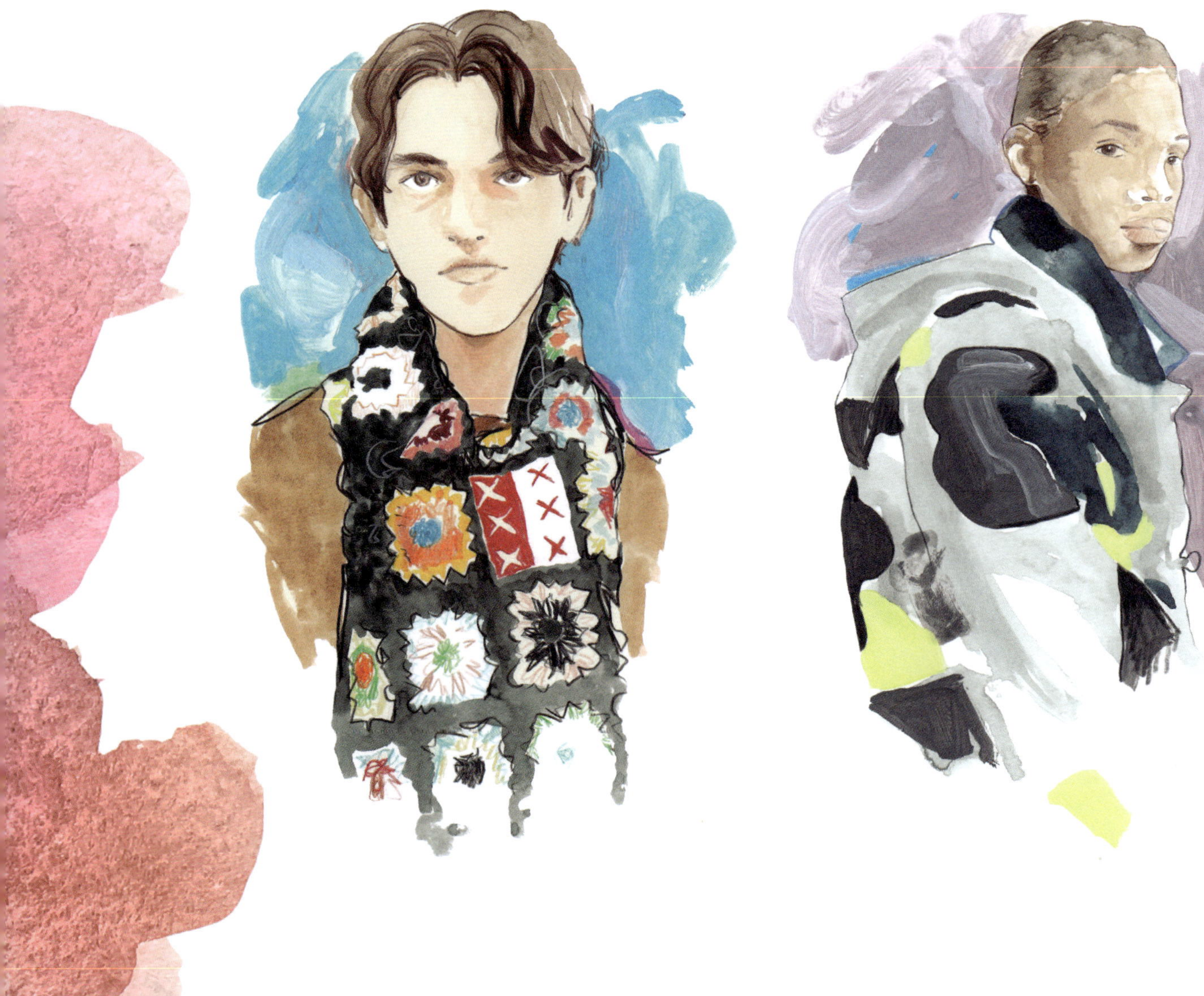

TINTE

Tinten funktionieren ähnlich wie Wasserfarben, lassen aber mehr Spielraum und können sehr überraschende Ergebnisse hervorbringen. Was wirklich beeindruckt, ist ihre Leuchtkraft, die uns helfen kann, ganz besondere Ergebnisse zu erzielen.

PASTELLKREIDEN

Pastellkreiden sind einzigartig vielseitig und haben sich einen besonderen Platz in der Arbeit vieler Künstler gesichert, da mit ihnen weiche Oberflächen geschaffen werden können, die dennoch eine feste Konsistenz haben. In der Skizze mit den Pastellkreiden auf dieser Seite habe ich einige Pastellkreiden über die Aquarellfarbe aufgetragen, um den Tupfen des Kleides mehr Struktur zu verleihen. Auch Ölpastellkreiden sind erwähnenswert – dank ihrer dickeren und dichteren Zusammensetzung können ihre Ergebnisse ganz anders aussehen als die von weichen Pastellkreiden und neue, interessante Effekte erzielen.

COLLAGEN

Die Collage, ob analog oder digital, ermöglicht eine große Flexibilität und Kreativität bei der Arbeit. Für Collage 1 habe ich einige getrocknete Blumen eingescannt und sie im Photoshop zum Hintergrund hinzugefügt, wobei ich sie mit einigen Spritzern Wasserfarbe vermischte.

Bei den Collagen 2 und 3 ging ich auf ähnliche Weise vor, indem ich einige Stoffstücke digital zum Hintergrund hinzugefügt und sie dann mit den Hauptfiguren vermischt habe.

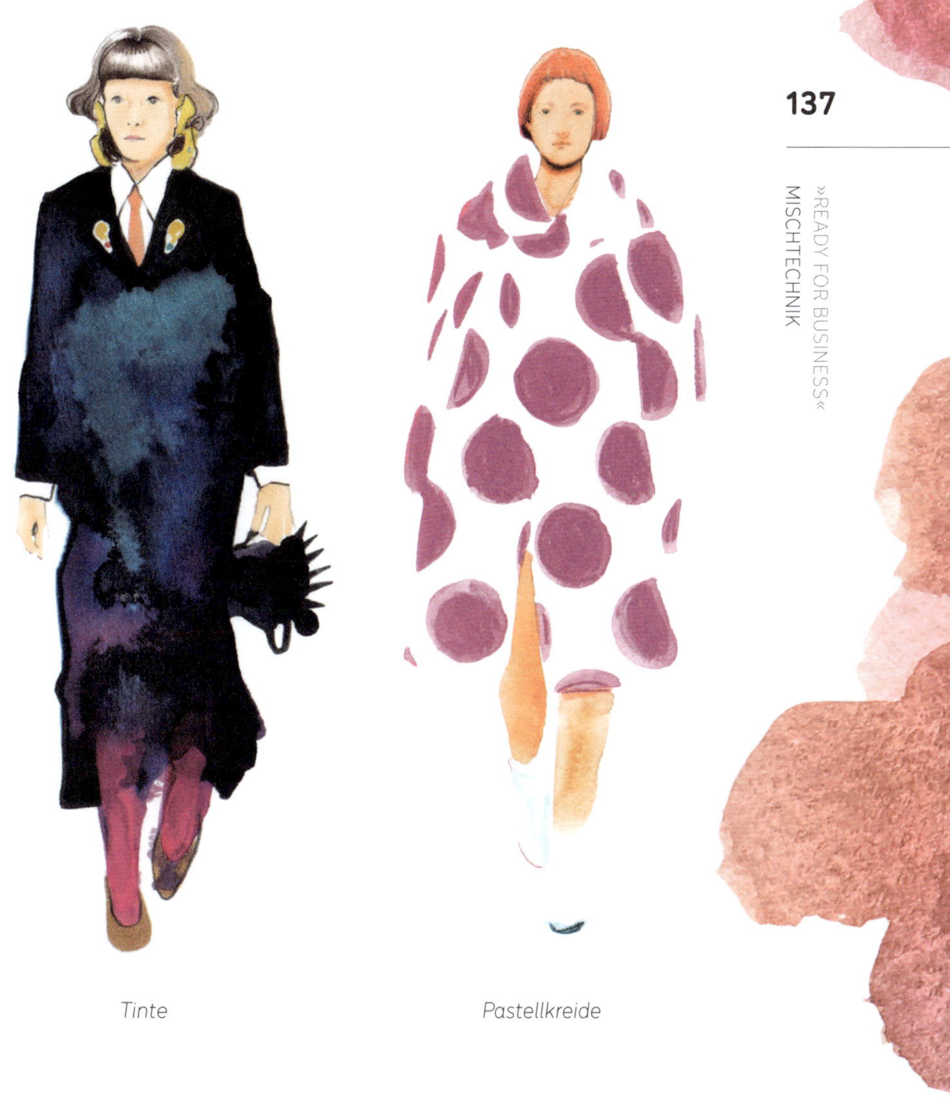

Tinte *Pastellkreide*

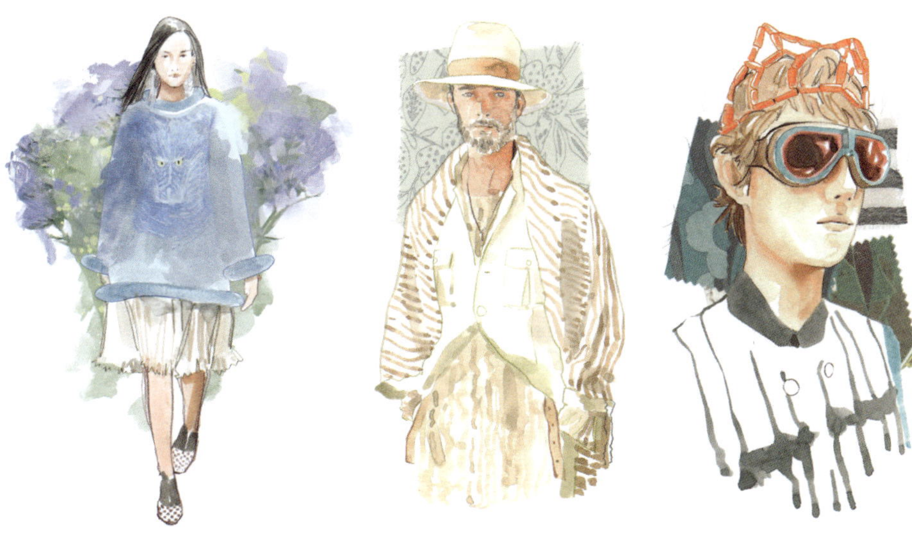

Collage 1 *Collage 2* *Collage 3*

Live-Zeichnen

Live zu skizzieren und zu malen ist ein wichtiger Teil meiner Arbeit als Illustrator. Ich hatte das Vergnügen, bei Modeschauen und Backstage bei den Londoner und Pariser Modewochen live zu arbeiten, bei exklusiven Veranstaltungen für Luxusmarken und Firmenversammlungen, und ich konnte Kunstperformances dokumentieren. Das Live-Zeichnen ist eine ziemliche Herausforderung, aber es erweitert meine Möglichkeiten und ist letztlich eine bereichernde Erfahrung. Zu lernen, wie man schnell zeichnet, hat mir geholfen, mich als Künstler weiterzuentwickeln und meine Fähigkeiten allgemein zu verbessern, was sich auch auf meine Arbeit im Studio auswirkt.

Das Live-Zeichnen erfordert eine völlig andere Denkweise als die Arbeit im Studio oder Atelier, wobei der größte Unterschied der Faktor Zeit ist. Ich denke dabei vor allem an das Chaos hinter der Bühne bei einer Modenschau: Wenn Maskenbildner, Hairstylisten und Fotografen gleichzeitig am Werk sind, ist es nicht immer leicht, einen Weg für sich zu finden. Gleichzeitig habe ich viel gelernt, und es ist eine aufregende Erfahrung. Außerdem hat mir das Live-Zeichnen einige große Projekte mit namhaften Modemarken eingebracht.

Fordere dich selbst heraus und probiere deine Fähigkeiten als Live-Zeichner aus. Übe so viel wie möglich, um Vertrauen zu gewinnen und deine Zeit optimal einzuteilen. Hier sind einige Tipps, die dir die Aufgabe erleichtern werden.

WIE GEHT'S?

Bevor du mit deiner Zeichnung beginnst, solltest du dir ein paar Sekunden Zeit nehmen, um dir die Pose zu überlegen und den Schwerpunkt deiner Illustration zu bestimmen. Visualisiere das in deinem Kopf und nicht auf dem Papier – es ist besser, einen schnellen Plan zu haben als gar keinen. Je mehr du übst, desto weniger Zeit brauchst du, um deine Idee zu visualisieren.

Im Beobachten erkennst du schnell die wichtigsten Merkmale deines Motivs, egal, ob es sich um ein Gesicht, eine komplette Figur oder um ein Kleidungsstück handelt. Bei einer schnellen Skizze kannst du nicht alle Details einbeziehen. Das Ziel ist es, eine Haltung – ein Gefühl – einzufangen, also konzentriere dich darauf.

Beim Live-Zeichnen lasse ich die Bleistiftskizze der gesamten Illustration immer weg – dafür ist einfach keine Zeit.

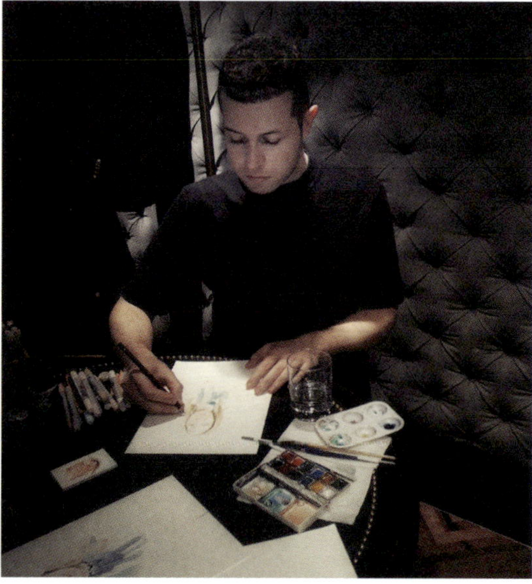

Ein Live-Luxus-Event mit Gucci in London

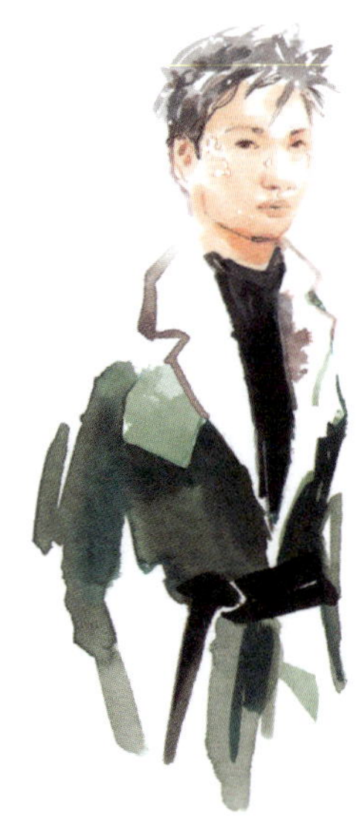

Tokyo James

WAS NEHME ICH MIT?

Beim Live-Zeichnen müssen wir nicht nur unsere Erwartungen an die fertige Illustration anpassen, sondern auch Ausrüstung und Materialien überdenken. Da wir nicht viel Zeit haben werden, sollten wir alles so einfach wie möglich halten und uns auf das Wesentliche beschränken. Nimm also nur die Materialien mit, die du am häufigsten verwendest oder von denen du weißt, dass du sie brauchen wirst (manchmal kann dir ein Kunde beispielsweise Hinweise auf eine bestimmte Farbpalette geben). Denke auch daran, dass du mit Wasserfarben in der Lage bist, jede Farbe, die du brauchst, in wenigen Augenblicken aus einem Basis-Set zu mischen und herzustellen. Es könnte nützlich sein, einige Mischungen im Voraus vorzubereiten – Hauttöne etwa oder alles andere, was du für einen bestimmten Auftrag als notwendig erachtest.

Vielleicht möchtest du auch einige Wasserpinsel ausprobieren. Diese speziellen Pinsel sind mit einem Wassertank ausgestattet, sodass du diesen nicht mitnehmen musst und außerdem schneller arbeiten kannst. Ich verwende Wasserpinsel in meinem Studio nur selten, aber beim Live-Zeichnen können sie sehr nützlich sein.

Immer alles gut trocknen zu lassen, wie das bei der Modeillustration mit Wasserfarben eigentlich üblich ist, geht beim Live-Zeichnen nicht. Ich verwende deshalb hier Marker und Bleistifte ein wenig mehr als sonst üblich, um den Trocknungsprozess so kurz wie möglich zu halten.

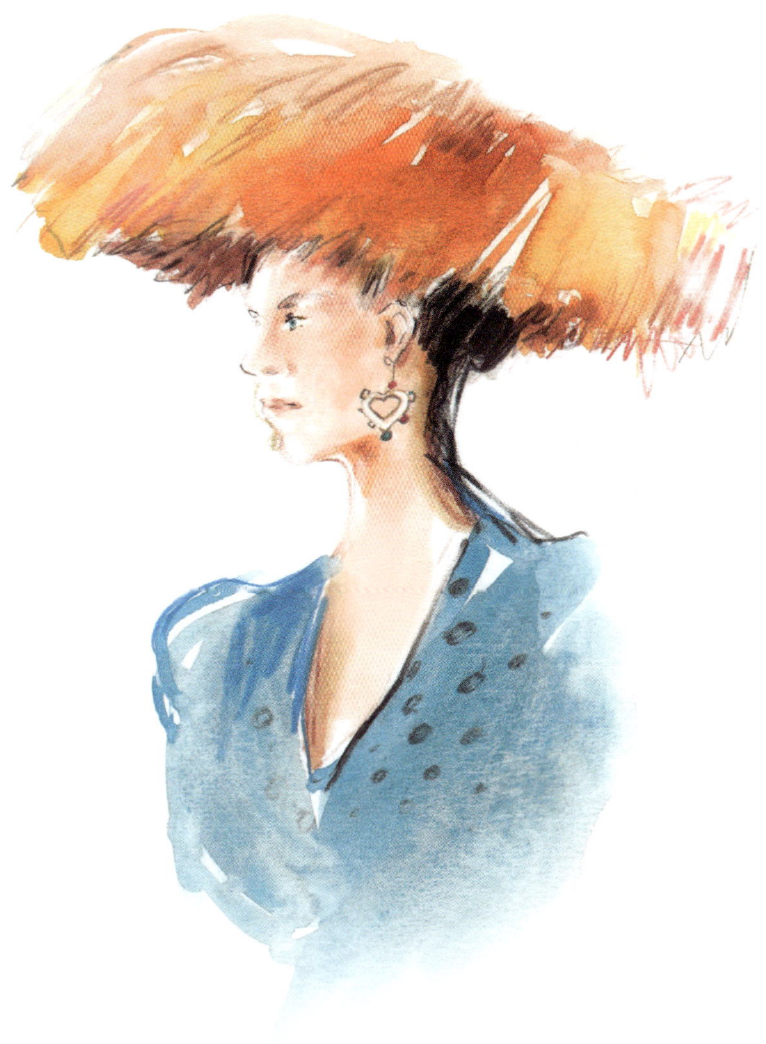

Eine Zusammenarbeit von RIXO mit Christian Lacroix

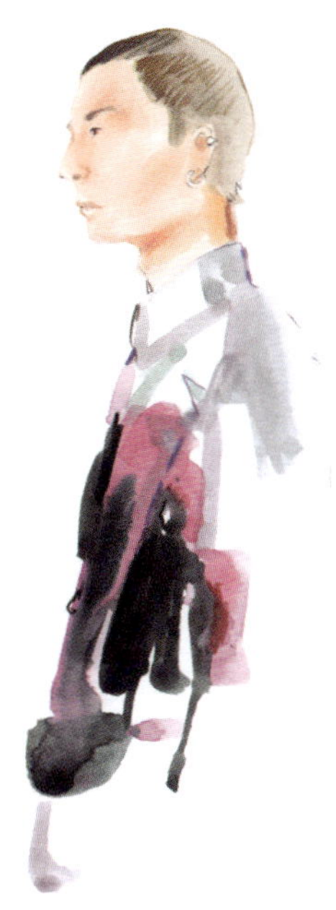

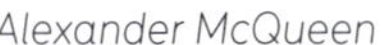

Alexander McQueen

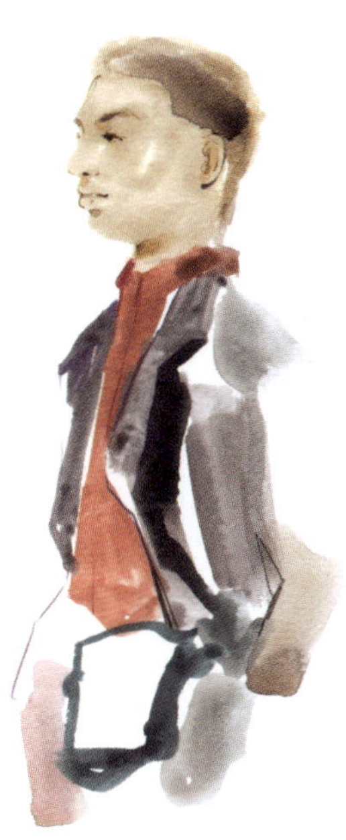

Eastwood Danso

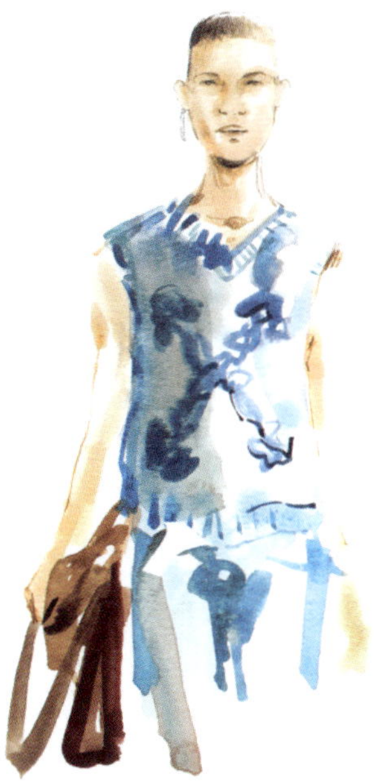

Off-White

AUF DAS WESENTLICHE REDUZIERT

Alle Skizzen auf dieser und den vorherigen Seiten entstanden innerhalb weniger Minuten während einer Modenschau oder Backstage. Wie du siehst, sind sie etwas reduzierter gehalten als meine Studio-Illustrationen, aber sie wirken auch etwas frischer, was einen ganz eigenen Wert hat. Ich musste schnell arbeiten, mit raschen Pinselstrichen, und habe alle Unvollkommenheiten in Kauf genommen, um mich auf das Ergebnis fokussieren zu können, statt mich zu lange mit Details aufzuhalten – vielleicht mit Ausnahme der Gesichter.

Nensi Dojaka

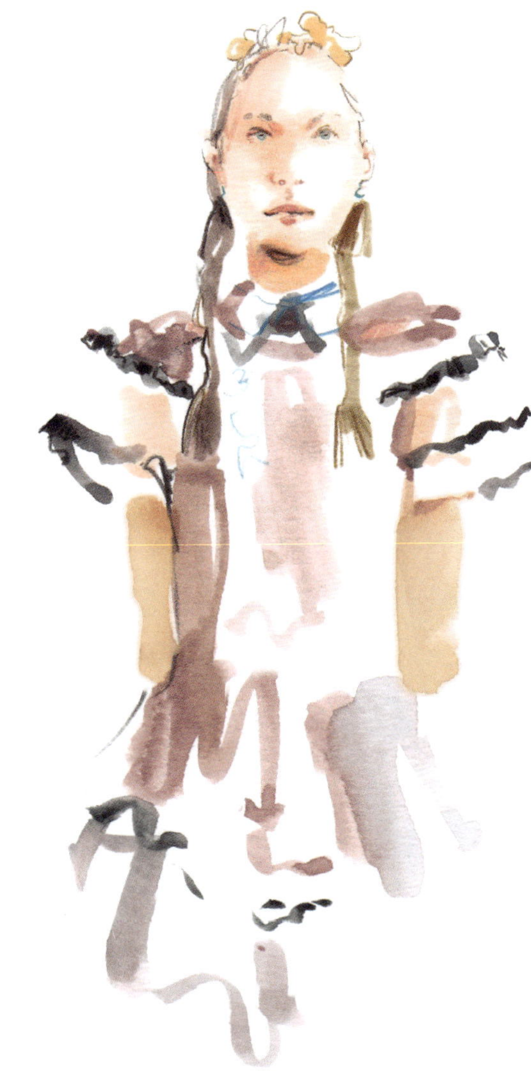

Margiela

Bora Aksu

Einen persönlichen Stil entwickeln

Für Künstler:innen und Illustrator:innen ist es wichtig, einen eigenen Stil zu entwickeln, vor allem zu Beginn der Laufbahn. Mit einem persönlichen Stil kannst du dich auch beruflich weiterentwickeln. Er macht dich einzigartig und hilft dir, dich von anderen zu unterscheiden, sodass die Leute gezielt deine Arbeit nachfragen.

Den eigenen Stil zu finden, ist wie seine eigene Stimme zu finden. Meist ist das ein Mix aus verschiedenen Dingen – eine bestimmte Farbpalette, der Gegenstand, die Art und der Schwerpunkt deiner Arbeit, einige wiederkehrende Themen oder eine unverwechselbare Art, Figuren, Formen und Strukturen zu zeichnen und zu stilisieren. Die Wahl bestimmter Medien und Techniken kann ebenfalls hilfreich sein, einen Stil zu finden oder zu definieren – und sei es, um über Trial and Error das zu erkennen, was einen selbst zum Schwärmen bringt.

Meiner Meinung nach geht ohne die regelmäßige Praxis gar nichts: Sie ist überhaupt die Grundlage, um eine individuelle Handschrift zu entwickeln. Bleib also dran beim Zeichnen und Skizzieren, sei neugierig, offen und schau dich um; betrachte die Werke der großen Meister und von zeitgenössischen Künstlern: Das bedeutet nicht, dass du andere kopieren sollst – aber ihre Arbeiten zu studieren wird dir helfen, wichtige Aspekte zu verstehen und zu erkennen, wie man bestimmte Probleme lösen kann. Auch das Live-Zeichnen ist eine gute Möglichkeit, sich zu schulen.

Ein weiterer erwähnenswerter Punkt ist, dass dein Stil nicht starr und unveränderlich sein sollte. Er entwickelt sich mit deiner Praxis und deiner Persönlichkeit weiter und passt sich deinem immer besser werdenden Geschmack an. Ich wäre nicht glücklich, wenn mein Stil in zehn Jahren noch derselbe wäre; ich möchte, dass sich mein Stil ständig weiterentwickelt. Es macht mir Spaß, auf meine alten Arbeiten zurückzublicken und zu sehen, wie ich Schwächen überwunden und Vorzüge verbessert habe. So komme ich immer weiter voran.

Ich hoffe, dass dir dieses Buch nicht nur eine neue Sichtweise auf die Modeillustration mit Wasserfarben vermitteln konnte, sondern auch dabei behilflich sein kann, deine Kreativität zu erforschen, deine Vision zu erweitern und letztendlich auch als Illustrator:in erfolgreich zu sein.

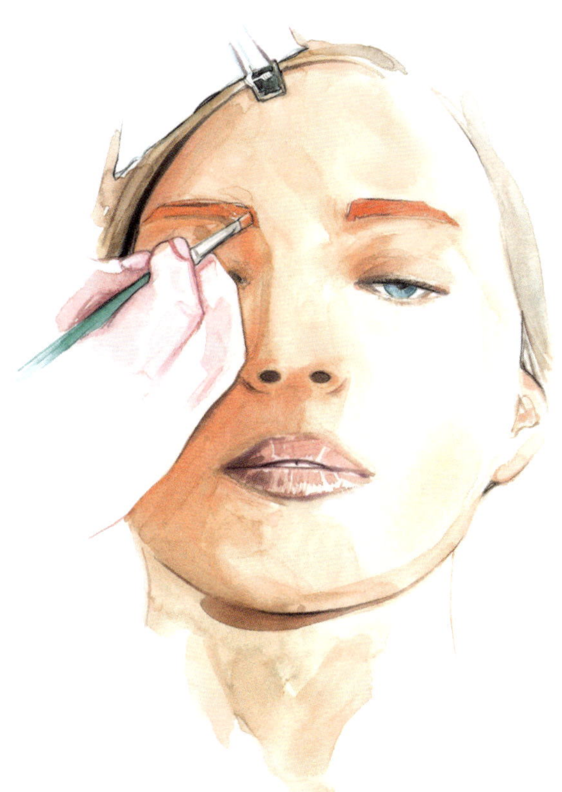

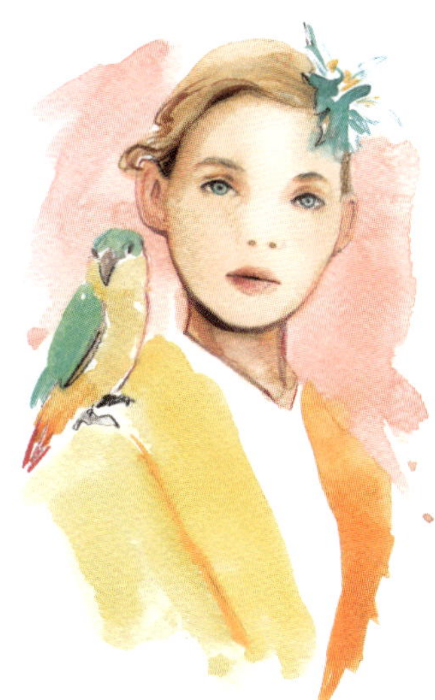

Denke nicht zu viel darüber nach, wie du deinen Stil findest, und mach dir keine Sorgen: Wenn du weiter hart arbeitest und die Schönheit des Prozesses genießt, wird sich dein Stil ganz natürlich entwickeln – und schließlich dich finden!

Über den Autor

Francesco Lo Iaconos Karriere als hauptberuflicher Modeillustrator führte ihn von Palermo nach Paris, wo er für eine Trendvorhersageagentur arbeitete; derzeit lebt er in London. Meist arbeitet er in seinem Heimstudio oder bei den Schauen der Fashion Week, wo er live hinter der Bühne oder auf den Laufstegen für Marken wie JW Anderson, Off-White und Loewe zeichnet.

Francesco hat schon mit den unterschiedlichsten Kunden zusammengearbeitet – darunter Modedesigner, High-End-Kaufhäuser und Modemagazine –, für namhafte Marken wie Dior, Louis Vuitton, Gucci, Fendi, REDValentino, Bottega Veneta, Vogue Japan, Salvatore Ferragamo, Ted Baker, L'Officiel Italia, Paul Smith, rag & bone, Paris Fashion Week, CFDA, Selfridges, Harvey Nichols und viele andere mehr. Er war auch einer der Juroren bei den ersten drei Ausgaben der Fashion Illustration Drawing Awards (Fida).

Weitere Informationen und Arbeitsbeispiele findest du auf www.francescoloiacono.com oder auf Instagram: @franloiacono. Dort kannst du ihn auch gerne markieren, wenn du dich auf eines der Projekte in diesem Buch beziehst.

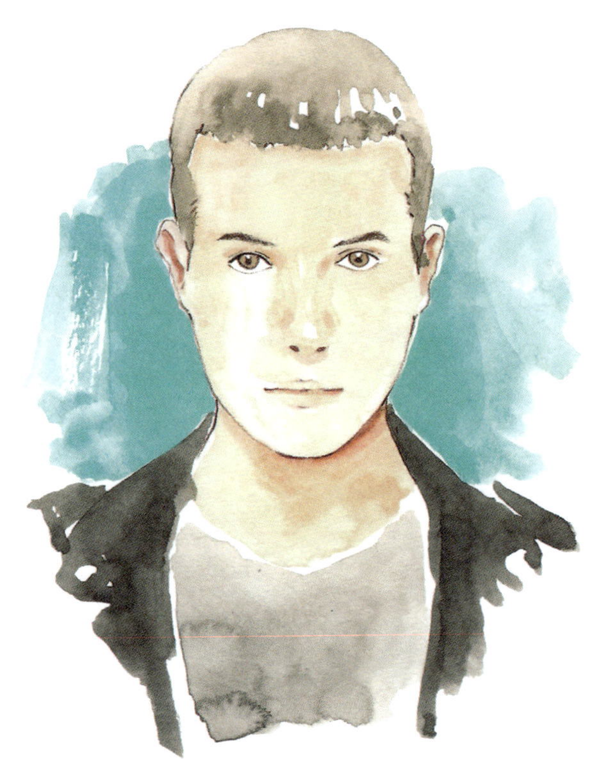

Danksagung

Für die Übungen und Anleitungen in diesem Buch verwendete ich Aquarellfarben von Winsor & Newton, Buntstifte von Faber-Castell und Copic Ciao Marker.

Ganz herzlich bedanken möchte ich mich bei:

Ame Verso, die zuerst an mich geglaubt hat, Claire Coakley, die sich um dieses Buch gekümmert hat, und bei allen Mitarbeitern von David und Charles, die mit so viel Sorgfalt und Aufmerksamkeit an diesem Projekt gearbeitet haben.

Marie-Claire Westover, meiner Agentin, die mir immer den Rücken gestärkt hat, für ihre wertvolle Hilfe.

Patrick Morgan, der freundlicherweise das Vorwort geschrieben und den Rang der Modeillustration hervorgehoben hat.

Meiner Familie, insbesondere meinen Eltern, die immer für mich da waren.

Meiner französischen Familie und insbesondere Odile für ihre aufrichtige Begeisterung.

Antonella, Elena und Gilda für ihre Freundschaft und ständige Ermutigung.

Allen, die mich im Lauf der Jahre bei meiner Arbeit unterstützt und dies möglich gemacht haben, sowie allen, die mich auf meiner Reise begleiten, die mit diesem Buch beginnt.

Vor allem Patrice für das Vertrauen in mich, die Unterstützung und Geduld während des ganzen Prozesses und meiner Karriere in den letzten Jahren.

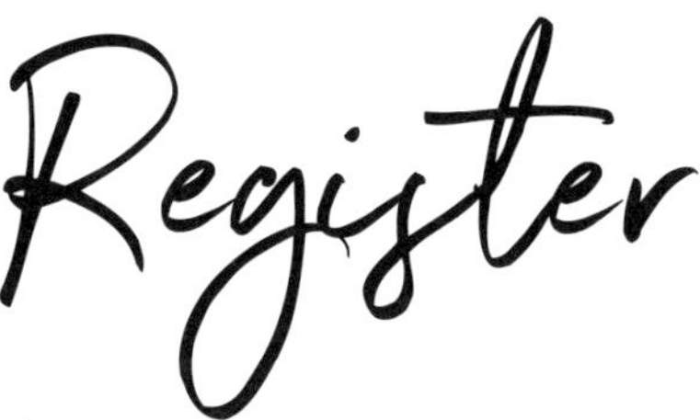

Titel der Originalausgabe: Watercolor Fashion Illustration

Bibliografische Information der Deutschen Nationalbibliothek
Die Deutsche Nationalbibliothek verzeichnet diese Publikation in der Deutschen Nationalbibliografie; detaillierte bibliografische Daten sind im Internet über http://dnb.d-nb.de abrufbar.

Übersetzung aus dem Englischen: Robert Fischer
Fachprüfung: Hannah Fischer (www.hannahfischer.com)

Satz und Redaktion der deutschen Ausgabe:
Verlags- und Redaktionsbüro München, www.vrb-muenchen.de

Wir produzieren unsere Bücher mit großer Sorgfalt und Genauigkeit. Trotzdem lässt es sich nicht ausschließen, dass uns in Einzelfällen Fehler passieren. Unter www.stiebner.com/errata/1456-9.html finden Sie eventuelle Hinweise und Korrekturen zu diesem Titel. Möglicherweise sind die Korrekturen in Ihrer Ausgabe bereits ausgeführt, da wir vor jeder neuen Auflage bekannte Fehler korrigieren. Sollten Sie in diesem Buch einen Fehler finden, so bitten wir um einen Hinweis an verlag@stiebner.com. Für solche Hinweise sind wir sehr dankbar, denn sie helfen uns, unsere Bücher zu verbessern.

ISBN: 978-3-8307-1456-9
Printed in Bosnia and Herzegovina
www.stiebner.com